새로 펴낸

종합아랍어 2

새로 펴낸

종합아람어 2

인쇄일 2013 년 11 월 16 일
발행일 2013 년 11 월 20 일

편 저 자 이규철
발 행 인 윤우상
총   괄 윤병호
책임편집 최준명
발 행 처 송산출판사
주   소 서울특별시 서대문구 통일로32 길 14 (홍제동)
전   화 (02) 735-6189
팩   스 (02) 737-2260
홈페이지 http://www.songsanpub.co.kr
등록일자 1976 년 2 월 2 일. 제 9-40 호

ISBN   978-89-7780-195-0   14790
         978-89-7780-197-4   14790 (세트)

이 도서의 국립중앙도서관 출판시도서목록(CIP)은 서지정보유통지원시스템
홈페이지(http://seoji.nl.go.kr)와 국가자료공동목록시스템(http://www.nl.go.kr/kolisnet)에서 이용하실 수
있습니다. (CIP 제어번호 : CIP2013022214)

≪새로 펴낸 종합아랍어 2≫를 내면서

　21 세기를 사는 우리들은 지식과 정보를 전세계적으로 공유하고 살아간다. 중동과 북아프리카의 아랍세계도 이제는 머나먼 이국으로만 느껴지지 않고, 가까운 이웃으로 다가온다. 우리가 지구촌의 이웃으로 살아가기 위해서는 우리와 그들의 문화를 서로 이해하고 나누어야 한다. 그러기 위해서는 서로의 언어를 아는 것이 무엇보다도 중요하다.

　아랍세계의 공용어인 아랍어를 우리나라 교육기관에서 정식으로 가르치기 시작한 지도 반세기가 되어간다. 아랍어와 그 문화를 연구하는 수많은 학자들의 그 동안의 업적은 우리나라와 아랍세계를 잇는 교량 역할을 하고 있다.

　아랍어를 교육할 수 있는 교과서의 개발도 꾸준히 이루어지고 있으며, 다양한 교재들이 후학들에게 올바른 안내자의 역할을 담당하고 있다. 이 ≪새로 펴낸 종합아랍어 1 및 2≫는 1986 년에 나온 ≪종합아랍어≫ 제 1 권이 21 세기 정보산업의 발달로 첨단의 옷을 갈아입고 나온 것이다. 이 책에서는 지난 책의 오류와 탈자가 수정되었으며, 현대적인 감각의 편집으로 학습하기가 즐겁도록 구성되어 있다. 이 책은 ≪종합아랍어≫의 기본 틀을 유지하고 있으며, 학습의 효과를 위해서 다양한 글꼴과 도안을 도입하였다. ≪종합아랍어≫ 제 1 권의 부피가 많은 것을 감안하여 ≪새로 펴낸 종합아랍어 1≫은 제 1 과부터 제 18 과까지를 다루고 있으며, ≪새로 펴낸 종합아랍어 2≫에서 제 19 과부터 제 30 과까지를 다룬다. 그러나 부록의 ‘아랍어-한국어 단어집’에는 제 1 과부터 제 30 과까지의 모든 단어를 수록하였다.

　이 책이 나오기까지는 많은 이들의 노고가 쌓여있다. 어렵고 까다로운 아랍어를 비롯한 책의 내용을 입력해 준 부산외국어대학교의 정진왕 선생의 노력이 없었으면 이 결실이 빛을 발하지 못하였을 것이다. 또한 이 책을 교육 현장에서 사용하면서 조언과 충고를 아끼지 않은 여러 선생님들과 학생들에게 감사를 드린다. 무엇보다도 어려운 출판계의 사정에서도 이 책의 출판을 허락하신 송산출판사의 윤우상 사장님과 편집진께도 감사를 드린다.

　그러나 많은 이의 노력에도 불구하고 이 책에서 발견되는 잘못된 부분은 모두 편저자의 책임으로 돌려야 할 것이다. 사용자 여러분의 아낌 없는 질정을 바라마지 않는다.

2013 년 늦은 가을에

우암골에서 편저자

초판의 머리말

우리나라에서 아랍어를 정식 학교 교과로 가르치기 시작한 지도 올해로 22 년째가 된다. 그동안 여러 선생님들의 피나는 노력으로 우리나라의 아랍어 교육도 어느 정도의 궤도에 올라 있다. 또 그분들의 정성 어린 노력의 결과로 우리말로 된 문법서와 회화책들이 많이 나오게 되었다. 그러나 아직 학교 교육을 위한 일정한 수준의 지식을 체계적이고 점진적으로 가르칠 수 있는 종합교과서가 없어서 그 필요성이 요구되어 왔다. 몇 년 전부터 한국외대에서는 미국 미시간대학의 근동연구학과에서 낸 *Elementary Modern Standard Arabic I·II*(1975)를 종합 교과서로 채택하여 많은 효과를 보고 있다. 그러나 위의 책은 영어를 사용하는 학생들을 위해 영어로 쓴 책이기 때문에 일선에서 가르치시는 여러 선생님들이나 배우는 학생들에게 어려운 점이 많았다.

이 책은 위와 같은 점을 고려하여, 우리의 실정에 맞는 우리말로 된 종합 교과서를 만들려는 의도하에 기획되었다. 또한 위의 책 I 권을 기본으로 하되, 필요에 따라 떼어버리거나 덧붙였다. 또 문법용어는, 이미 나온 우리말 문법책들을 참고하여 가능한 한 용어의 원의미를 살리기 위해 일부 용어의 변경을 감수하였다.

이 책은 다음과 같이 되어 있으며, 필요에 따라 문법·강독·언어실습에 맞게 지도할 수 있게 꾸몄다.

첫째, 각과의 구성은 기본문·단어·문법과 연습·(6 과부터) 강독·종합연습의 순으로 되어 있다.

둘째, 문법 사항은 일괄적으로 나오지 않고, 조금씩 부분적으로 다룸으로써 지루함을 느끼지 않게 되어 있다. 또 뒤의 과에서 이들 문법 사항이 종합적으로 정리되어 있다.

셋째, 기본문·단어·문법 설명·강독 부분에 나오는 아랍어에는 모두 모음부호를 정확히 붙여 놓아 초보자가 혼자 공부하기에 편리하도록 하였다. 그러나, 연습문제 부분은 모음부호가 없는 문장을 연습하도록 문맥상 꼭 필요한 경우를 제외하고는 모음부호를 붙이지 않았다.

이 책은, 아랍어의 문자와 발음을 익히기만 하면 혼자서도 쉽게 배울 수 있도록 되어 있다. 문자와 발음부터 시작하려면 다른 문법서나 *Introduction to Modern Standard Arabic Pronunciation and Writing*(1968)을 참고하기 바란다.

편저자는 이 책을 내는데 물심양면으로 많은 도움을 주신 여러분들의 노고에 감사 드린다. 먼저, 이 책을 내는데 처음부터 격려를 주신 홍순남 한국외대 중동문제연구소 소장님께 감사를 드린다. 또 재정적인 어려움에도 불구하고 이 책을 제작해 주신 송산출판사의 윤한 사장님과, 편집과 교정에 힘써 준 한국외대 아랍어과의 이동은 선생과 대학원생 이태영 조교, 한규, 류승완 군에게 감사 드린다.

이 책의 내용상의 잘못이나 오자는 모두 편저자에게 있으므로 이 책을 사용하시는 여러 선생님과 독자들의 질정을 바라마지 않는다.

1986. 2.

편저자

개정판에 붙여서

　몇 해 전에 나온 이 ≪종합아랍어≫ 제 1 권의 초판을 사용하신 여러 선생님들과 학생들의 충고와 조언을 들어 이번에 개정판을 내게 되었다. 여기에서는 초판에서 발견된 오자를 많이 고치고 필요한 부분을 추가하였다. 그러나, 아직도 완전히 흡족하지는 않다. 앞으로도 더 좋은 책을 만들기 위하여 이 책을 사용하시는 여러분들의 아낌없는 충고를 듣고자 한다. 또, 아직도 잘못된 부분이 있으면 모두 편저자의 책임으로 돌려야 하리라 믿는다.

　이번 교정에 온갖 수고를 아끼지 않은 류승완 선생에게 진심으로 감사를 드리며, 어려운 출판 여건에서도 이 개정판을 내어주신 송산출판사의 윤한 사장님께도 다시 한번 감사를 드린다.

1990. 2.

부산외대 연구실에서 편저자

이 책에서 쓰인 준말은 다음과 같다.

【준말】

[주] 주격	[소] 소유격	[목] 목적격
[단] 단수	[쌍] 쌍수	[복] 복수
[남] 남성	[여] 여성	
[집] 집합명사	[개] 개체명사	[동] 동명사
[연] 연계형대명사	[관] 관계대명사	[의] 의문대명사
[관형] 관계형용사		
[1] 1인칭	[2] 2인칭	[3] 3인칭
[4] 4자음어근		
[완] 완료형	[미] 미완료형	[직] 직설법
[접] 접속법	[축] 단축법	[수] 수동태
[부] 부사	[전] 전치사	[속] 접속사
[강] 강세사	[호] 호격사	[문] 의문사
[래] 미래사		
فعل 어근	ف 첫번째 어근자	ع 두번째 어근자
ل 세번째 어근자		
II － X 파생형		

목 차

19

اَلدَّرْسُ ٱلتَّاسِعَ عَشَرَ

اَلْبَدْوُ

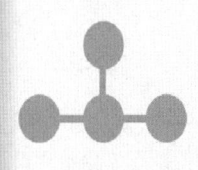

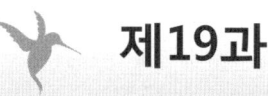

اَلْبَدْوُ

제19과

يَسْكُنُ ٱلْبَدْوُ فِي ٱلْخِيَامِ وَيَرْحَلُونَ فِي ٱلصَّحْراءِ مِنْ مَكانٍ إِلى

천막들

مَكانٍ لِلْبَحْثِ عَنِ ٱلْماءِ، وَهُمْ مَشْهُورُونَ بِحُسْنِ ٱلضِّيافَةِ : يُقْبِلُ عَلَيْهِمِ

환대

ٱلزّائِرُ فَيُظْهِرُونَ لَهُ ٱلتَّرْحِيبَ وَيُسْرِعُونَ إِلى إِكْرامِهِ فَيُقَدِّمُونَ لَهُ ٱلطَّعامَ

마실 것,
음료

وَٱلشَّرابَ.

وَٱلْمَدِينَةُ لا تُعْجِبُ ٱلْبَدَوِيَّ لِأَنَّ ٱلْحَياةَ فِيها تَخْتَلِفُ عَنِ ٱلْحَياةِ

فِي ٱلصَّحْراءِ : فَٱلْبَدَوِيُّ يُفَضِّلُ حُرِّيَّةَ ٱلصَّحْراءِ عَلى قُيُودِ ٱلْمَدِينَةِ،

(차라리)
~보다 더
좋아하다;
속박, 족쇄

لٰكِنَّ بَعْضَ ٱلْبَدْوِ يَذْهَبُونَ إِلى ٱلْمَدِينَةِ أَحْيانًا لِلتِّجارَةِ.

أَسْئِلَةٌ

١ – أين يسكن البدو عادة؟

٢ – لِمَ يرحلون من مكان إلى مكان؟

٣ – هل في الصحراء كثير من الماء؟

٤ – كيف تختلف الحياة في الصحراء عن الحياة في المدينة؟

٥ – هل تعجب البدو حياة المدينة؟

٦ – هل تعجبك حياة المدينة؟

유목민들

　유목민들은 천막에서 살며, 물을 찾아서 사막에서 이곳저곳 옮겨다닌다. 그들은 후한 대접으로 유명하다. 방문객이 그들에게 다가가면 그를 환영하고 서둘러 경의를 표하며, 그에게 음식과 마실 것을 준다.

　유목민은 도시를 좋아하지 않는데 거기에서의 생활이 사막에서의 생활과 다르기 때문이다. 유목민은 도시의 족쇄(속박)보다는 사막의 자유를 더 좋아하는 것이다. 그러나 몇몇 유목민들은 때때로 장사하러 도시로 간다.

19 유목민들

بَدَوِيٌّ – بَدْوٌ	유목민, 베두인
رَحَلَ ــَ، رَحِيلٌ	옮겨다니다, 이주하다
صَحْرَاءُ – صَحَارَى	[여] 사막
صَحْرَاوِيٌّ	(صَحْرَاءُ의 [관형]) 사막의, 황량한
مَكَانٌ – أَمَاكِنُ	장소
يُقْبِلُ عَلَى	그가 ~에 다가가다
فَ	그리고는, 그러므로, 그래서
يُظْهِرُونَ (لِـ)	그들이 (~에게) 보인다
رَحَّبَ، تَرْحِيبٌ (بِـ)	II (~을) 환영하다
يُسْرِعُونَ (إِلَى)	그들이 (~에) 서두른다, 서둘러 (~을) 한다
إِكْرَامٌ	존경(함), 경의
طَعَامٌ	음식
تُعْجِبُ	그[여]/그것[여]이 마음에 든다
لِأَنَّ	왜냐하면
حَيَاةٌ – حَيَوَاتٌ	생활, 생명
حَيَوِيٌّ – ون	(حَيَاةٌ의 [관형]) 생의, 생명의
تَخْتَلِفُ (عَنْ)	그[여]/그것[여]이 (~와) 다르다
حُرِّيَّةٌ	자유
لَكِنَّ	그러나([속]; 다. 2 참조)
أَحْيَانًا	때때로

تِجَارَةٌ 상업, 무역

☆ 보충어

أَنَّ ~이라는 것, ~이라고([속]; 다. 2 참조)

إِنَّ ~이라는 것, ~이라고([속]; 다. 2 참조)

يَخْتَلِفُ (عَنْ) 그[남]가 (~와) 다르다

1. Ⅳ형 동사와 동명사

2. 불변사 لِأَنَّ '왜냐하면', لَكِنَّ '그러나', إِنَّ '~이라는 것', أَنَّ '~이라는 것'

3. 사람의 집합명사

4. 불변사 فَ '그러고는, 그러므로'

1. Ⅳ형 동사와 동명사

ㄱ. 형

Ⅳ형 동사는 완료형 어간이 접두사 أ로 시작하는 점이 특징이다. 그러나 이 접두사는 미완료형 어간에서는 나타나지 않는다.

완료형	미완료형	
أَكْمَلَ	يُكْمِلُ	'완성하다'

완료형 어간은 أَفْعَلَ형이고, 미완료형 어간은 فْعِل형이다.

미완료형의 주어표지어의 모음은 Ⅱ형과 Ⅲ형 동사에서와 같이 ﹹ이다. 이 모음은 원형에서 Ⅹ형까지 중에서 이 세가지 형만 ﹹ이고, 나머지 원형과 Ⅴ형에서 Ⅹ형까지는 ﹷ이다.

다음에 Ⅳ형 동사의 변화표를 도시한다.

أَكْمَلَ '완성하다'

	완료형	미완료형	
		직설법	단축법
3남단	أَكْمَلَ	يُكْمِلُ	يُكْمِلْ
여단	أَكْمَلَتْ	تُكْمِلُ	تُكْمِلْ
2남단	أَكْمَلْتَ	تُكْمِلُ	تُكْمِلْ
여단	أَكْمَلْتِ	تُكْمِلِينَ	تُكْمِلِى

1 단	أَكْمَلْتُ	أُكْمِلُ	أُكْمِلْ
3남복	أَكْمَلُوا	يُكْمِلُونَ	يُكْمِلُوا
여복	أَكْمَلْنَ	يُكْمِلْنَ	يُكْمِلْنَ
2남복	أَكْمَلْتُمْ	تُكْمِلُونَ	تُكْمِلُوا
여복	أَكْمَلْتُنَّ	تُكْمِلْنَ	تُكْمِلْنَ
1 복	أَكْمَلْنَا	نُكْمِلُ	نُكْمِلْ

Ⅳ형 동사의 동명사는 إِفْعَالٌ형이다.

다음은 지금까지 나온 Ⅳ형 동사(괄호 안은 미완료형)와 그 동명사를 모은 것이다.

Ⅳ형 동사		동명사	
أَسْرَعَ (يُسْرِعُ) إِلَى	'~에 서두르다'	إِسْرَاعٌ	'서두름'
أَظْهَرَ (يُظْهِرُ)	'보이다'	إِظْهَارٌ	'보임'
أَعْجَبَ (يُعْجِبُ)	'마음에 들다'	إِعْجَابٌ	'마음에 듦'
أَخْبَرَ (يُخْبِرُ)	'알려주다'	إِخْبَارٌ	'알려줌'
أَقْبَلَ (يُقْبِلُ) عَلَى	'~에 다가가다'	إِقْبَالٌ عَلَى	'~에 다가감'
أَكْمَلَ (يُكْمِلُ)	'완성하다'	إِكْمَالٌ	'완성'
أَكْرَمَ (يُكْرِمُ)	'존경하다'	إِكْرَامٌ	'존경(함)'
أَصْدَرَ (يُصْدِرُ)	'발행하다'	إِصْدَارٌ	'발행'
أَرْسَلَ (يُرْسِلُ)	'보내다'	إِرْسَالٌ	'보냄'

ㄴ. 의 미

Ⅱ형 동사의 경우와 마찬가지로 대다수의 Ⅳ형 농사는 사역의 뜻과 타농사화(원형농사의 자동사는 타동사로, 타동사는 이중 타동사로 만듦)의 기능을 가지고 있다.

원형		IV형	
ظَهَرَ	'나타나다'	أَظْهَرَ	'(~을) 나타나게 하다, 보이다'
كَمُلَ	'완성되다'	أَكْمَلَ	'(~을) 완성되게 하다, 완성하다'
سَكَنَ	'살다, 거주하다'	أَسْكَنَ	'(~을) 묵게 하다, 숙박시키다'
سَمِعَ	'듣다'	أَسْمَعَ	'(~에게) (~을) 듣게 하다, 들려주다'

몇몇 IV형 동사는 어떤 곳으로 가거나 어떤 상태로 됨을 뜻한다.

기준형		IV형	
قُبْلٌ، قُبُلٌ	'앞(면)'	أَقْبَلَ عَلَى	'~에 다가가다'
سَرُعَ	'빠르다'	أَسْرَعَ	'서두르다'

연습1. 쓰기, 가려내기 : 원형-IV형 동사의 형

ㄱ. 아래에 주어진 IV형의 동명사의 어근과 동사를 써라.

동명사	IV형 동사	미완료형	어 근
إِكْمَالٌ	أَكْمَلَ	يُكْمِلُ	كمل
إنتاج			
إخراج			
إجلاس			
إشراف			
إعجاب			

ㄴ. 아래 각 동사의 형(Ⅱ에서 Ⅳ형)을 가려내고, 동사의 동명사를 써라.

〈عيّن (Ⅱ - تَعْيِينٌ) 〉

372

أنتج	أشرف
علّم	أثّر
حافظ	خرّج
وحّد	فسّر
أخرج	راسل

연습2. (녹음자료에 수록) 동사활용 : IV형(완료형·미완료형·단축법)

연습3. 변형 : 완료형 → 부정 → 미완료형 부정

'나는 그 회사에서 일하는 것이 마음에 들었다.' →

← أعجبني العمل في الشركة.

'나는 그 회사에서 일하는 것이 마음에 들지 않았다.' →

← لم يعجبني العمل في الشركة.

'나는 그 회사에서 일하는 것이 마음에 들지 않는다.'

لا يعجبني العمل في الشركة.

٥ – البنات أسرعن لإكرامنا.	١ – أسرعنا لإكرامه.
٦ – أكرمني أولئك الرجال.	٢ – أقبلوا على الزوّار.
٧ – أعجبته محاضرة الأستاذ عن الوضع الحاضر.	٣ – أظهرت لهم الترحيب.
٨ – هل أكملتم دراستكم؟	٤ – هل أكملت عملك؟

2. 불변사 لِأَنَّ '왜냐하면', لٰكِنَّ '그러나', إِنَّ와 أَنَّ '~이라는 것'

위의 단어들은 불변사라 하며 나음과 같은 특성을 지닌다.

(1) 절을 이끈다. (절이란 독립된 문장 또는 더 큰 문장의 일부를 이루는 문장이다.)

다. 문법과 연습

(2) 동사가 그 바로 뒤에 오지 않는다. 보통은 절의 주어 구실을 하는 명사 또는 연계형대명사가 뒤에 온다.

(3) 주어가 명사이면 목적격을 취한다. (그러나 서술어는 명사이든 형용사이든 주격이다.)

> لٰكِنَّ ٱلرَّجُلَ مَشْهُورٌ.　'그러나 그 남자는 유명하다.'

다음에 명사문과 동사문에서의 이들 불변사 보기를 든다. 보기는 짝으로 되어 있으며, 처음 것은 불변사가 없고 두번째 것은 불변사가 있다. 주어는 밑줄 친 부분이다.

<명사문>

هٰذَا ٱلْمَصْنَعُ جَدِيدٌ.	'이 공장은 새 것이다.'
لٰكِنَّ هٰذَا ٱلْمَصْنَعَ جَدِيدٌ.	'그러나 이 공장은 새 것이다.'
هِيَ ذَاهِبَةٌ إِلَى بَيْرُوتَ.	'그[여]가 베이루트로 가고 있다.'
لِأَنَّهَا ذَاهِبَةٌ إِلَى بَيْرُوتَ.	'… 왜냐하면 그[여]가 베이루트로 가고 있기 때문이다.'
فِي ٱلْمَكْتَبِ رَجُلٌ.	'사무실에 한 남자가 있다.'
لٰكِنَّ فِي ٱلْمَكْتَبِ رَجُلًا.	'그러나 사무실에는 한 남자가 있다.'

(마지막 보기에서처럼 명사문에서 주어가 비한정 명사이고 술어가 هُنَاكَ '저기' 또는 فِي ٱلْمَكْتَبِ '사무실에'와 같은 부사어 또는 부사구일 때는, 술어가 불변사 바로 뒤에 오고 주어가 그 뒤에 (목적격 상태로) 온다.)

<동사문>

ٱلْمُوَظَّفُونَ يَعْمَلُونَ كُلَّ ٱلْيَوْمِ.	'종업원들은 종일 일한다.'
لٰكِنَّ ٱلْمُوَظَّفِينَ يَعْمَلُونَ كُلَّ ٱلْيَوْمِ.	'그러나 종업원들은 종일 일한다.'
دَرَسْتَ ٱلتَّارِيخَ فِي ٱلْأَزْهَرِ.	'당신[남]은 알아즈하르에서 역사를 공부했다.'

لِأَنَّكَ دَرَسْتَ ٱلتَّارِيخَ فِي ٱلْأَزْهَرِ.	'… 왜냐하면 당신[남]이 아즈하르에서 역사를 공부했기 때문이다.'
بَعْضُ ٱلْبَدْوِ يَذْهَبُونَ إِلَى ٱلْمَدِينَةِ.	'몇몇 유목민들은 도시로 간다.'
لٰكِنَّ بَعْضَ ٱلْبَدْوِ يَذْهَبُونَ إِلَى ٱلْمَدِينَةِ.	'그러나 몇몇 유목민들은 도시로 간다.'

앞에서 나온 لٰكِنْ과 لٰكِنَّ는 뜻은 같은데 용법이 다르다. لٰكِنْ은 그 뒤에 연계형대명사가 오지 않고 동사 또는 다른 말이 온다. 그 뒤에 명사가 오게 되면 주격 상태이다.

불변사 إِنَّ와 أَنَّ는 둘 다 '~이라는 것, ~이라고'에 해당하는데, إِنَّ는 قَالَ '말하다'동사의 뒤에서 쓰이고 أَنَّ는 나머지 경우에 쓰인다.

قَالَ ٱلزَّائِرُ إِنَّهُ مِنْ بَغْدَادَ.	'그 방문객은 자기가 바그다드에서 왔다고 말했다.'
فِي هٰذَا ٱلدَّرْسِ تَعَلَّمْتُ أَنَّ ٱلْحَيَاةَ فِي ٱلصَّحْرَاءِ تَخْتَلِفُ عَنِ ٱلْحَيَاةِ فِي ٱلْمَدِينَةِ.	'이 과에서 나는 사막에서의 생활이 도시에서의 생활과 다르다는 것을 배웠다.'

이 불변사에 1인칭 대명사가 오면 다음의 두 가지가 다 가능하다.

لِأَنِّي طَالِبٌ	'왜냐하면 나는 학생이기 때문이다.'
لِأَنَّنِي طَالِبٌ	
سَمِعُوا أَنَّا نَدْرُسُ ٱلْعَرَبِيَّةَ.	'그들은 우리가 아랍어를 공부한다고 들었다.'

이 네 불변사와 앞으로 배울 몇 가지를 إِنَّ وَأَخَوَاتُهَا 'إِنَّ와 그 자매어'라고 한다.

연습 4. 쓰기, 가려내기 : إِنَّ وَأَخَوَاتُهَا

다음 밑줄 친 말에 모음부호를 붙여라.

١ – هو مصريّ لكنّ زوجته من لبنان.

٢ – قالوا إنّ الرئيس سافر إلى فرنسا.

٣ – هل سمعتم أنّ الامتحان قصير جدا؟

٤ – انتقلت إلى سوريا لأنّ عائلتها تسكن هناك.

٥ – قال إنّ المرأة هامّة جدّا في مجتمعنا.

٦ – لم يدرس الفرنسيّة لكن درستها أخته.

٧ – هل ذكرت أنّ القهوة العربيّة لا تعجبك؟

٨ – ذهبنا إلى المطار لأنّ موعد الطائرة قريب.

٩ – قرأنا أنّ اقتصاد مصر يعتمد على مياه النيل إلى أبعد حدّ.

연습 5. (녹음자료에도 수록) 변형 : 문장 → قال إنّ +절

'그의 나라는 아름답다.' → ← بلدُه جميلٌ.

'그는 자기의 나라가 아름답다고 말했다.' قال إنّ بلدَه جميلٌ.

١ – الحياة في المدينة تختلف عن الحياة في الصحراء.

٢ – السدّ العالي يساعد على تقدّم الاقتصاد.

٣ – الموظّفون يعملون كلّ اليوم.

٤ – وزارة التربية والتعليم تقرّر مناهج التعليم.

٥ – الأساتذة الجزائريّون رجعوا إلى بلدهم.

٦ – هذه الطبيبة مشهورة جدّا.

٧ – بذلوا جهودا كبيرة في بناء السدّ الأوّل.

٨ – هو مستعدّ للامتحان في التاريخ الإسلاميّ.

연습 6. 쓰기, 결합 : لِأَنَّ 또는 لٰكِنَّ 로 문장을 연결하기

ㄱ. 주어인 대명사와 함께

‘나일강은 매우 중요하다.’ +

نهر النيل هامّ جدّا. +

‘이집트 경제는 그것에 의존하다.’
→

الاقتصاد المصريّ يعتمد عليه. ←

‘나일강은 이집트 경제가 그것에
의존하기 때문에 매우 중요하다.’

نهر النيل هامّ جدّا لأنّ الاقتصاد المصريّ
يعتمد عليه.

١ – درسنا كلّ اليوم. الامتحان يشمل دروس الكتاب كلّه.

٢ – لا يعجبني هذا الصفّ. شبابيكه صغيرة.

٣ – قرأت هذا النصّ في ربع ساعة. ذلك النصّ طويل جدّا.

٤ – حرية الصحراء شيء جميل. الحياة فيها ليست سهلة.

ㄴ. 연계형대명사와 함께

‘그들은 그 노인을 공경했다.’ +

أكرموا الرجل الكبير. +

‘그는 그들의 아버지이다.’ →

هو والدهم. ←

‘그들은 그 노인이 그들의 아버지이기
때문에 공경했다.’

أكرموا الرجل الكبير لأنّه والدهم.

١ – أظهروا لي الترحيب. أنا زائر في مدينتهم.

٢ – البدو يرحلون من مكان إلى آخر في الصحراء. هم يبحثون عن الماء.

٣ – أعجبني هذا الفيلم العراقيّ. هو طويل جدّا.

3. 사람의 집합명사

عَرَبٌ ‘아랍사람들’ بَدْوٌ ‘베드윈들’과 같은 명사를 사람의 집합명사라고 하는데, 이
단어들은 그 자체가 복수의 뜻을 갖고 있으며 단수는 관계형용사를 붙여서 만든다.

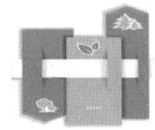

	단수 '아랍사람'	복수 '아랍사람들'
남 성	عَرَبِيٌّ	عَرَبٌ
여 성	عَرَبِيَّةٌ	عَرَبِيَّاتٌ

위에 해당되는 بَدْوٌ의 네 가지 형은 بَدَوِيَّاتٌ, بَدَوِيَّةٌ, بَدْوٌ, بَدَوِيٌّ이다.

[다른 보기] اَلْإِنْكِلِيزُ '영국사람들'(اَلْإِنْجِلِيزُ라고도 씀)

أَمْرِيكَانٌ '미국사람들'(남성 단수형은 أَمْرِيكِيٌّ 또는 أَمْرِيكَانِيٌّ이며 أَمْرِيكَا '미국'에서 파생됨)

이들 관계형용사는 남성규칙 복수형도 가질 수 있어서 أَمْرِيكِيُّونَ는 أَمْرِيكَانٌ 과 같은 뜻이다.

이들 집합명사는 단어집에 복수명사로서 나오고 단수형은 관계형용사로 나온다.

> بَدْوٌ – بَدَوِيٌّ '유목민들'

4. 불변사 فَ '그러고는, 그러므로'

وَ와 فَ는 둘 다 '그리고, 와'의 뜻이지만 용법이 다르다. وَ는 단순한 연계사이다.

> اَلْأُسْتَاذُ وَالطَّالِبُ '교수와 학생'
> اَلْقَلَمُ وَالْوَرَقَةُ '연필과 종이'
> أَكَلُوا وَشَرِبُوا '그들이 먹고 마셨다.'

반면에 فَ는 구나 절을 연결할 때 쓰이며, 앞 문장과의 긴밀한 관계 또는 약한 이유를 나타내며, 앞 문장과 주어가 바뀔 때도 쓰인다.

> رَحَّبُوا بِهِمْ فَقَدَّمُوا لَهُمُ الْقَهْوَةَ. '그들은 그들을 맞이하여 그들에게 커피를 대접했다.'

라. 강 독

د – نُصُوصٌ لِلْفَهْمِ

다음 문장을 읽고 연습 7을 하라.

동양학자   أَدْوَارْد لِين مُسْتَشْرِقٌ إِنْكِلِيزِيٌّ مَشْهُورٌ. أَقْبَلَ لِين عَلَى مِصْرَ فِي

세기   ٱلْقَرْنِ ٱلتَّاسِعَ عَشَرَ فَدَرَسَ حَيَاةَ ٱلْمِصْرِيِّينَ وَلُغَتَهُمْ، وَكَتَبَ عَنْهُمْ كِتَابًا

مَشْهُورًا.

قَالَ لِين فِي كِتَابِهِ إِنَّ ٱلْحَيَاةَ فِي مِصْرَ تَخْتَلِفُ عَنِ ٱلْحَيَاةِ فِي

أُورُبَّا، قَالَ كَذَلِكَ إِنَّ ٱلْمِصْرِيَّ يُرَحِّبُ بِٱلزُّوَّارِ وَيُكْرِمُهُمْ وَيُقَدِّمُ إِلَيْهِمِ

ٱلطَّعَامَ.

سَكَنَ فِي ٱلْقَاهِرَةِ، وَكَانَ لَهُ فِيهَا عَدَدٌ كَبِيرٌ مِنَ ٱلْأَصْدِقَاءِ.

تَحَدَّثَ فِي كِتَابِهِ عَنْ حَيَاتِهِ فِي مِصْرَ عَنْ أَصْدِقَائِهِ ٱلْمِصْرِيِّينَ فَقَالَ :

결혼;   أَخْبَرَنِي صَدِيقٌ مِصْرِيٌّ بِأَنَّ ٱلزَّوَاجَ وَاجِبٌ عَلَيَّ لِأَنَّهُ وَاجِبُ كُلِّ

나의
의무(이다)   مِصْرِيٍّ.

연습 7. 구두 작문

다음 단어를 참고하여 위의 문장에 근거한 짧막한 회화를 만들어라.

مستشرق	أدوارد لين	مشهور	درس	هنا	إنّ
أين	حياة	مصر	إنكليزيّ	كتب	هناك	بعض
هل	لغة	أوربّا	مصريّ	قال	جدّا	لـ
ماذا	زائر	القاهرة	اختلف	فقط	لم	ما
طعام	رحّب ب	أثناء	بل	من	صديق	أكرم
كلّ	متى	زوجة	قدّم إلى	لكن	واجب على	
سكن	ذلك	تحدّث عن	هو	كان	هم	
ليس	هؤلاء	معظم	لأنّ			

هـ – اَلتَّمَارِينُ ٱلْعَامَّةُ

연습 8. 쓰기. 다음 빈 칸을 채우고 모음부호를 붙여라.

동명사	동 사		한국어
	미완료형	완료형	
كِتَابَةٌ	يَكْتُبُ	كَتَبَ	'쓰다'
	يقدّم		
إسراع			'기쁘게 하다'
		أظهر	
سفر			
	يشارك		
ذهاب			'임명하다'
	يكرم		
			'읽다'
		شاهد	

연습 9. (녹음자료에도 수록) 변형 : 단수 → 복수

البدويّ يرحل من مكان إلى مكان. ←   → '유목민은 이곳저곳을 옮겨 다닌다.'

البدو يرحلون من مكان إلى مكان.   '유목민들은 이곳저곳을 옮겨 다닌다.'

٥ – هل لوح هذا الصفّ قديم؟   ١ – هذا الكتاب الأمريكيّ مشهور جدّا.

٦ – موظّف الشركة استقبل مديره.   ٢ – المرأة تقدّم الخدمات للمجتمع.

٧ – ذهب لزيارة ذلك البلد.   ٣ – أرسلت رسالة طويلة إلى عائلته.

٤ – ذلك الرجل الإنكليزيّ موظّف في الحكومة.

연습 10. (녹음자료에도 수록) 변형 : 원급 → 우선급

‘의자는 새 것이다.’ – ‘탁자’ →

‘의자는 탁자보다 새 것이다.’

الكرسيّ جديد. – الطاولة ←

الكرسيّ أجدّ من الطاولة.

٦ – المكتبة بعيدة – المتحف	١ – القراءة هامّة – الكتابة
٧ – المكتب صغير – الصفّ	٢ – السدّ العالي كبير – سدّ أسوان
٨ – الكاتب مشهور – الأستاذ	٣ – هذه الكلمة طويلة – تلك الكلمة
٩ – جهودي عظيمة – جهودك	٤ – عدد الأطبّاء كثير – عدد الطبيبات
١٠ – مكتبي قريب – مكتبك	٥ – هذا الشارع قصير – ذلك الشارع

연습 11. 쓰기, 완성하기/옮기기

다음 문장을 완성하고 우리말로 옮겨라.

١ – ذكر فريد أنّه ـــــــــ .

٢ – قلت إنّي ـــــــــ .

٣ – سافرت إلى الشرق الأوسط لـ ـــــــــ .

٤ – رجعوا إلى بلدهم بعد ـــــــــ .

٥ – كانت صديقتي مريم ـــــــــ .

٦ – بعض الطلّاب ـــــــــ .

٧ – ذهبنا إلى نيويورك فـ ـــــــــ .

٨ – هذا البناء أعلى ـــــــــ .

٩ – مراسلو الجريدة كلّهم ـــــــــ .

١٠ – موعد الامتحان في الساعة ـــــــــ .

연습 12. (녹음자료에도 수록) 쓰기, 받아쓰기

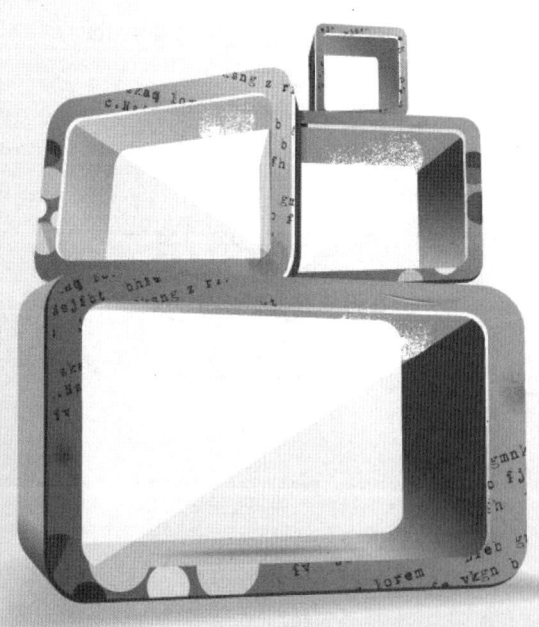

20

اَلدَّرْسُ ٱلْعِشْرُونَ

مُراسِلٌ أَجْنَبِيٌّ فِي تُونِسَ

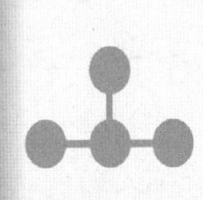

1. Ⅴ형 동사와 동명사

2. Ⅵ형 동사와 동명사

3. 미래사 : سَوْفَ 또는 سَـ +미완료형

4. 접속법

5. 기수와 서수 : 20~99

مُراسِلٌ أَجْنَبِيٌّ في تُونِسَ

제20과

تَقَدَّمَ مُراسِلٌ أَمْريكِيٌّ بِطَلَبٍ لِيَعْمَلَ في جَريدَةِ "ٱلْعَمَلُ" ٱلتُّونِسِيَّةِ وَقابَلَ

요약

ٱلْمُديرَ. وَهٰذا مُوجَزُ ٱلْمُقابَلَةِ :

ٱلْمُديرُ : شُكْرًا عَلَى تَقَدُّمِكَ بِهٰذا ٱلطَّلَبِ. كَيْفَ عَرَفْتَ أَنَّ جَريدَتَنا بِحاجَةٍ إِلَى

مُراسِلٍ أَجْنَبِيٍّ؟

ٱلْمُراسِلُ : عَرَفْتُ ذٰلِكَ مِنْ صَديقٍ.

ٱلْمُديرُ : أَيَّ ٱللُّغاتِ تَتَكَلَّمُ؟

ٱلْمُراسِلُ : أَتَكَلَّمُ ٱلْعَرَبِيَّةَ وَٱلْفَرَنْسِيَّةَ إِلَى جانِبِ ٱلْإِنْكِليزِيَّةِ.

ٱلْمُديرُ : وَأَيْنَ تَعْمَلُ ٱلْآنَ؟

ٱلْمُراسِلُ : أَعْمَلُ في جَريدَةِ "ٱلتَّايْمز". أَتَناوَلُ في مَقالاتِيَ ٱلْعالَمَ ٱلْعَرَبِيَّ.

ٱلْمُديرُ : هَلْ سَتَتَمَكَّنُ مِنَ ٱلْإِقامَةِ في تُونِسَ؟

ٱلْمُراسِلُ : لَنْ أَتَمَكَّنَ مِنْ ذٰلِكَ حَتَّى أَحْصُلَ عَلَى عَمَلٍ في جَريدَتِكُمْ.

ٱلْمُديرُ : حَسَنًا. ٱلْحُكومَةُ عادَةً تَتَعاوَنُ مَعَنا في مِثْلِ هٰذِهِ ٱلْأُمُورِ. سَوْفَ تَنْظُرُ

في طَلَبِكَ.

ٱلْمُراسِلُ : شُكْرًا. سَأَكُونُ في ٱلِانْتِظارِ.

튀니지의 한 외국인 기자

　　한 미국인 기자가 튀니지의 '알아말'지에서 일하기 위해 신청서를 제출하고 국장과 면접했다. 다음은 그 면접의 요약이다.

국장 :　이 신청서를 제출해 준 데 대해서 고맙습니다. 우리 신문에서 외국인 기자가 필요하다는 것을 어떻게 아셨습니까?

기자 :　친구를 통해 그것을 알았습니다.

국장 :　어떤 언어를 하십니까?

기자 :　영어 외에도 아랍어와 불어를 합니다.

국장 :　지금 어디에서 일하십니까?

기자 :　'더타임즈'지에서 일합니다. 내 기사에서 아랍 세계를 다루고 있습니다.

국장 :　튀니지에 체류하실 수 있겠습니까?

기자 :　귀신문사에서 일자리를 얻을 때까지는 그것이 불가능할 것입니다.

국장 :　좋습니다. 정부는 보통 이런 일에 우리와 같이 협력합니다. 귀하의 신청서를 고려해 보겠습니다.

기자 :　고맙습니다. 기다리고 있겠습니다.

20   튀니지의 한 외국인 기자

تَقَدَّمَ (بِ)	(~을) 제출하다, 제공하다
طَلَبَ ـُ، طَلَبٌ	부탁하다, 요구하다, 청하다, 신청하다
شُكْرًا (عَلَى)	(~에 대해) 고맙다
تَقَدُّمٌ (بِ)	(~의) 제출, 제공
كَيْفَ	어떻게
عَرَفَ ـِ، مَعْرِفَةٌ	[완] 알아내다, 알게 되다; [미] 알고 있다
حَاجَةٌ – ات	필요
بِحَاجَةٍ إِلَى، فِي حَاجَةٍ إِلَى	~이 필요한
تَتَكَلَّمُ	당신[남]이 말(이야기)한다
أَتَكَلَّمُ	내가 말(이야기)한다
اَلتَّايْمز	'더타임즈'
أَتَنَاوَلُ	내가 취급한다
مَقَالٌ، مَقَالَةٌ – ات	기사, 소론
سَـ	([래], + [직]) ~할 것이다
تَتَمَكَّنُ مِنْ	(+ [동]) 당신[남]이 ~을 할 수 있다
لَنْ	(+ [접]) ~하지 아니할 것이다
أَتَمَكَّنَ مِنْ	[접] 내가 ~을 할 수 있다
حَتَّى	(+ [접]) ~할 때까지, ~하도록, ~하려고; (+ [완]) ~했을 때까지
حَسَنًا	좋다!
تَتَعَاوَنُ (مَعَ)	그[여]가 (~와) 협력한다

مِثْلٌ   비슷함, 그러함

أَمْرٌ – أُمُورٌ   일, 사정

سَوْفَ   ([래], + [직]) ~할 것이다

نَظَرَ ـُـ، نَظَرٌ (فِي)   (~을) 고려하다, 검토하다, 연구하다

سَأَكُونُ   내가 있을 것이다

اِنْتِظَارٌ   기다림, 기대, 예기

سَأَكُونُ فِي ٱلِٱنْتِظَارِ   내가 기다리고 있을 것이다.

1. Ⅴ형 동사와 동명사

2. Ⅵ형 동사와 동명사

3. 미래사 : سَوْفَ 또는 سـ + 미완료형

4. 접속법

5. 기수와 서수 : 20~99

1. Ⅴ형 동사와 동명사

ㄱ. 형

Ⅴ형 동사는 어간에 تَ를 접두시키고 가운데 어근자를 중복시키는 것이 특징이다.

완료형	미완료형	
تَكَلَّمَ	يَتَكَلَّمُ	'이야기하다'

이 Ⅴ형 동사는 완료형과 미완료형의 어간이 똑같이 تَفَعَّلَ형이다. 미완료형의 주어표지어의 모음은 원형·Ⅵ형~Ⅹ형의 동사와 같이 ــَ이다.

다음에 Ⅴ형 동사의 변화표를 도시한다.

تَكَلَّمَ '이야기하다'

	완료형	미완료형	
		직설법	단축법
3남단	تَكَلَّمَ	يَتَكَلَّمُ	يَتَكَلَّمْ
여단	تَكَلَّمَتْ	تَتَكَلَّمُ	تَتَكَلَّمْ
2남단	تَكَلَّمْتَ	تَتَكَلَّمُ	تَتَكَلَّمْ
여단	تَكَلَّمْتِ	تَتَكَلَّمِينَ	تَتَكَلَّمِي

	완료형	미완료형	
		직설법	단축법
1 단	تَكَلَّمْتُ	أَتَكَلَّمُ	أَتَكَلَّمْ
3남복	تَكَلَّمُوا	يَتَكَلَّمُونَ	يَتَكَلَّمُوا
여복	تَكَلَّمْنَ	يَتَكَلَّمْنَ	يَتَكَلَّمْنَ
2남복	تَكَلَّمْتُمْ	تَتَكَلَّمُونَ	تَتَكَلَّمُوا
여복	تَكَلَّمْتُنَّ	تَتَكَلَّمْنَ	تَتَكَلَّمْنَ
1 복	تَكَلَّمْنَا	نَتَكَلَّمُ	نَتَكَلَّمْ

Ⅴ형 동사의 동명사는 تَفَعُّلٌ형이다.

다음은 지금까지 나온 Ⅴ형 동사(괄호 안은 미완료형)와 그 동명사를 모은 것이다.

Ⅴ형 동사	동명사
تَحَدَّثَ (يَتَحَدَّثُ) '말하다, 담화하다'	تَحَدُّثٌ '이야기, 담화'
تَعَلَّمَ (يَتَعَلَّمُ) '배우다'	تَعَلُّمٌ '배움'
تَقَدَّمَ (يَتَقَدَّمُ) '전진하다'	تَقَدُّمٌ '전진, 향상'
تَقَدَّمَ (يَتَقَدَّمُ) بِـ '~을 제출하다'	تَقَدُّمٌ بِـ '~의 제출'
تَكَلَّمَ (يَتَكَلَّمُ) '이야기하다'	تَكَلُّمٌ '말하기'
تَمَكَّنَ (يَتَمَكَّنُ) مِنْ '~할 수 있다'	تَمَكُّنٌ مِنْ '~할 수 있음'

몇몇 Ⅴ형 동사는 그 자체의 동명사 외에도 다른 형의 동명사를 쓰기도 한다. 그래서 تَكَلَّمَ 동사의 동명사는 تَكَلُّمٌ 외에도 كَلَامٌ도 쓴다.

تَكَلَّمَ كَثِيرًا، وَكَانَ كَلَامُهُ جَمِيلًا.	'그는 말을 많이 했는데, 그의 말은 아름다웠다.'

تَكَلُّمٌ은 كَلاَمٌ보다 덜 쓰인다.

이렇게 바꿔 쓸 수 있는 동명사는 단어집에 다음과 같이 실었다.

تَكَلَّمَ، تَكَلُّمٌ/كَلاَمٌ	'말(이야기)하다'
تَحَدَّثَ، تَحَدُّثٌ/حَدِيثٌ	'말(대화)하다'
تَعَلَّمَ، تَعَلُّمٌ/عِلْمٌ	'배우다'
تَزَوَّجَ، تَزَوُّجٌ/زَوَاجٌ	'결혼하다'

ㄴ. 의 미

V형 동사는 전형적으로 Ⅱ형 동사의 재귀(스스로 또는 다른 동작주의 동작의 결과를 받음. 즉 عَلَّمَ '가르치다'의 V형 동사 تَعَلَّمَ는 '스스로에게 가르치다' 또는 '가르쳐지다'에서 '배우다'의 뜻을 가짐)의 뜻을 가진다.

Ⅱ형		V형	
قَدَّمَ	'(~을) 제출하다, 소개하다'	تَقَدَّمَ	'출석하다, 나타나다; 전진하다'
قَرَّرَ	'(~을) 결정하다'	تَقَرَّرَ	'결정되다'
مَكَّنَ (مِنْ)	'(~에게) (~을) 할 수 있게 하다'	تَمَكَّنَ (مِنْ)	'(~을) 할 수 있다'
كَلَّمَ	'(~에게) 말을 걸다'	تَكَلَّمَ	'이야기하다'

몇몇 V형 동사는 명사에서 파생되어 모방의 뜻을 가진다. '그 명사 또는 그와 관련된 것이 되거나 되는 척하다'

기준형		V형	
مِصْرُ	'이집트'	تَمَصَّرَ	'이집트이 되다, 이집트식을 채택하다'

연습 1. 쓰기, 가려내기 : Ⅱ형과 V형 동사의 형

다음 빈 칸을 채우고 모음부호로 붙여라.

미완료형	Ⅴ형 동사	Ⅱ형 동사	어근
يَتَفَعَّلُ	تَفَعَّلَ	فَعَّلَ	فعل
يَتَقَدَّمُ	تَقَدَّمَ	قَدَّمَ	قدم
			صرف
			وفر
			غير
			أثر

연습 2. (녹음자료에 수록) 동사활용 : Ⅴ형

2. Ⅵ형 동사와 동명사

ㄱ. 형

Ⅵ형 동사는 어간에 تَ를 접두시키고 첫번째 어근자에 장모음을 붙이는 것이 특징이다.

완료형	미완료형	
تَرَاسَلَ	يَتَرَاسَلُ	'통신하다, 편지왕래를 하다'

이 Ⅵ형 동사는 Ⅴ형 동사와 마찬가지로 완료형과 미완료형의 어간이 똑같이 تَفَاعَل형이다. 미완료형의 주어표지어의 모음은 Ⅱ, Ⅲ, Ⅳ형을 제외한 모든 형과 마찬가지로 ﹷ 이다.

다음에 Ⅵ형 동사의 변화표를 도시한다.

تَرَاسَلَ '통신하다'

	완료형	미완료형	
		직설법	단축법
3남단	تَرَاسَلَ	يَتَرَاسَلُ	يَتَرَاسَلْ
여단	تَرَاسَلَتْ	تَتَرَاسَلُ	تَتَرَاسَلْ

	완료형	미완료형	
		직설법	단축법
2남단	تَرَاسَلْتَ	تَتَرَاسَلُ	تَتَرَاسَلْ
여단	تَرَاسَلْتِ	تَتَرَاسَلِينَ	تَتَرَاسَلِي
1 단	تَرَاسَلْتُ	أَتَرَاسَلُ	أَتَرَاسَلْ
3남복	تَرَاسَلُوا	يَتَرَاسَلُونَ	يَتَرَاسَلُوا
여복	تَرَاسَلْنَ	يَتَرَاسَلْنَ	يَتَرَاسَلْنَ
2남복	تَرَاسَلْتُمْ	تَتَرَاسَلُونَ	تَتَرَاسَلُوا
여복	تَرَاسَلْتُنَّ	تَتَرَاسَلْنَ	تَتَرَاسَلْنَ
1 복	تَرَاسَلْنَا	نَتَرَاسَلُ	نَتَرَاسَلْ

VI형 동사의 동명사는 تَفَاعُلٌ형이다.

다음은 지금까지 나온 VI형 동사(괄호 안은 미완료형)와 그 동명사를 모은 것이다.

IV형 동사	동명사
تَرَاسَلَ (يَتَرَاسَلُ) '통신하다'	تَرَاسُلٌ '통신, 편지왕래'
تَعَاوَنَ (يَتَعَاوَنُ) '협력하다'	تَعَاوُنٌ '협력'
تَنَاوَلَ (يَتَنَاوَلُ) '다루다, 취급하다'	تَنَاوُلٌ '다룸, 취급'

ㄴ. 의 미

VI형 동사는 II형과 V형 동사의 관계처럼 전형적으로 III형 동사의 재귀의 뜻을 가진다. 특히 VI형 동사는 (모두는 아니지만) 전형적으로 상호 관계를 나타낸다. 즉 III형 동사의 동작에 서로의 뜻을 가진다.

III형	VI형
عَاوَنَ '돕다'	تَعَاوَنَ '서로 돕다, 협력하다'
قَابَلَ '(~을) 만나다'	تَقَابَلَ '(같이) 만나다'
رَاسَلَ '(~에게) 편지하다'	تَرَاسَلَ '서로 편지하다, 통신하다'

물론, 이 의미일 때의 주어는 흔히 쌍수 또는 복수이다.

> تَعَاوَنُوا فِي بِنَاءِ ٱلسَّدِّ. '그들은 그 댐 건설에 협력했다.'

상호 관계의 Ⅵ형 동사의 주어가 단수일 때는 전치사가 쓰이는 것이 보통이다. 이 경우의 Ⅲ형 동사는 전치사가 없이 바로 직접 목적어를 가진다.

Ⅲ 형:	
قَابَلَ فَرِيدٌ مَرْيَمَ.	'파리드가 마르얌을 만났다.'
عَاوَنَهُمْ فِي عَمَلِهِمْ.	'그는 그들이 일하는 데에 그들을 도왔다.'
Ⅵ 형:	
تَقَابَلَ فَرِيدٌ وَمَرْيَمُ.	'파리드와 마르얌이 만났다.'
تَعَاوَنَ مَعَهُمْ فِي عَمَلِهِمْ.	'그는 그들의 일에 그들과 협력했다.'

연습 3. 쓰기, 가려내기 : Ⅲ형과 Ⅵ형 동사의 형

다음 각 어근의 Ⅲ형과 Ⅵ형 동사와 그 동명사를 주어라.

Ⅵ형의 동명사	Ⅵ형	Ⅲ형	어 근
تَفَاعُلٌ	تَفَاعَلَ	فَاعَلَ	فعل
تَعَاوُنٌ	تَعَاوَنَ	عَاوَنَ	عون
			رسل
			بدل
			قبل
			شرك
			صدق

연습 4. (녹음자료에 수록) 동사 활용 : Ⅵ형

다. 문법과 연습

연습 5. 말바꾸기

다음 구의 동사에 해당되는 동명사를 사용하여 그 구를 밑줄 친 구와 바꾸어라.

'당신은 이집트에 머무를 수 있었다.' <u>تمكنت من الإقامة في مصر.</u>

'당신은 모임에 갔다.' ذهبت إلى الاجتماع.

'당신은 모임에 갈 수 있었다.' <u>تمكنت من الذهاب إلى الاجتماع.</u>

٧ – تناولت موضوع الحرّيّة السياسيّة في مقالتك.	١ – نظرت في طلبه.
٨ – حصلت على شهادة الدكتوراه.	٢ – درّست العربية.
٩ – بذلت جهودا عظيمة.	٣ – شاركت في بناء المصنع.
١٠ – تابعت دراستك.	٤ – عيّنت الوزير الجديد.
١١ – أظهرت الترحيب له.	٥ – تعاونت معه.
	٦ – نشرت كتابا جديدا.

3. 미래사 : سَوْفَ 또는 سَـ + 미완료형

아랍어에서 미래를 나타낼 때는 미래사 سَوْفَ 또는 سَـ를 미완료형 직설법 앞에 놓는다.

'우리는 당신의 신청서를 고려할 것이다.'	سَوْفَ نَنْظُرُ فِي طَلَبِكَ.
'대부분의 학생들은 다른 구직서를 제출할 것이다.'	سَوْفَ يَتَقَدَّمُ مُعْظَمُ ٱلطُّلَّابِ بِطَلَبَاتٍ أُخْرَى لِلْعَمَلِ.
'우리는 당신의 신청서를 고려할 것이다.'	سَنَنْظُرُ فِي طَلَبِكَ.
'나는 부산외국어대학교에서 아랍어를 공부할 것이다.'	سَأَدْرُسُ ٱلْعَرَبِيَّةَ فِي جَامِعَةِ بُوسَان لِلدِّرَاسَاتِ ٱلْأَجْنَبِيَّةِ.

كَانَ 동사의 직설법 앞에 سَوْفَ 또는 سَـ를 쓰면 '있을 것이다'의 뜻이 된다.

يَكُونُ	3남단		يَكُونُونَ	3남복
تَكُونُ	여단		يَكُنَّ	여복
تَكُونُ	2남단		تَكُونُونَ	2남복
تَكُونِينَ	여단		تَكُنَّ	여복
أَكُونُ	1 단		نَكُونُ	1 복

سَأَكُونُ هُنَا غَدًا.	'나는 내일 여기에 있을 것이다.'
سَيَكُونُ ٱلْمُدِيرُ فِي مَكْتَبِهِ غَدًا مِنَ ٱلسَّاعَةِ ٱلثَّامِنَةِ حَتَّى ٱلسَّاعَةِ ٱلرَّابِعَةِ.	'국장은 내일 여덟시에서 네시까지 자기 사무실에 있을 것이다.'

سَوْفَ 구문의 부정은 미완료형 동사 바로 앞에 부정사 لاَ를 놓아 만든다(특히 신문아랍어에서).

سَوْفَ لاَ أَتَمَكَّنُ مِنَ ٱلْإِقَامَةِ هُنَا.	'나는 여기에 머무를 수 없을 것이다.'

سَـ가 접두되면 부정사가 올 수 없다. 미래 부정을 나타내는 일반적인 방법은 아래의 다. 4 를 보라.

연습 6. (녹음자료에도 수록) 변형 : سَوْفَ와 سَـ

다음 문장을 처음에는 سَـ, 다음에는 سَوْفَ를 써서 미래로 만들어라.

'내가 여기 머물 수 있다.' →   ← أتمكّن من الإقامة هنا.

'내가 여기 머물 수 있을 것이다.' →   ← سأتمكّن من الإقامة هنا.

'내가 여기 머물 수 있을 것이다.'   سوف أتمكّنُ من الإقامة هنا.

١ - يتناول هذا الموضوع في مقالته.

٢ - تتكلّم العربيّة في محاضراتها.

٣ - يرحلون من مكان إلى مكان في الصحراء.

٤ - المراسلات يقابلن الرئيس غدا.

٥ - أبحث عن عمل في هذه المدينة.

٦ - يسرعون إلى الترحيب بالزائر الأجنبيّ.

٧ - تقدّم لهم الطعام والشراب.

٨ - يساعد على تقدّم الاقتصاد.

٩ - يقبل الزائر على البدو فيكرمونه.

١٠ - أفعل ذلك كلّ يوم.

١١ - نترك الكتب في الصفّ كلّ يوم.

4. 접속법

ㄱ. 형

접속법은 직설법과 다음 두 가지가 다르다.

(1) 법표지어의 ـُ 가 ـَ 로 된다. [보기] يَدْرُسَ와 يَدْرُسُ

(2) 장모음 뒤의 نَ 가 떨어진다. [보기] يَدْرُسُوا와 يَدْرُسُونَ (و로 끝나는 복수형 동사에는 발음되지 않는 ا가 붙는다.)

여성복수형 ـْنَ 는 직설법·단축법·접속법의 형이 똑같다.

다음은 دَرَسَ 동사의 3가지 법을 보인 것이다.

	단 수				
	أَنَا	أَنْتِ	أَنْتَ	هِيَ	هُوَ
직설법	أَدْرُسُ	تَدْرُسِينَ	تَدْرُسُ	تَدْرُسُ	يَدْرُسُ
접속법	أَدْرُسَ	تَدْرُسِي	تَدْرُسَ	تَدْرُسَ	يَدْرُسَ
단축법	أَدْرُسْ	تَدْرُسِي	تَدْرُسْ	تَدْرُسْ	يَدْرُسْ

			복 수		
	نَحْنُ	أَنْتُنَّ	أَنْتُمْ	هُنَّ	هُمْ
직설법	نَدْرُسُ	تَدْرُسْنَ	تَدْرُسُونَ	يَدْرُسْنَ	يَدْرُسُونَ
접속법	نَدْرُسَ	تَدْرُسْنَ	تَدْرُسُوا	يَدْرُسْنَ	يَدْرُسُوا
단축법	نَدْرُسْ	تَدْرُسْنَ	تَدْرُسُوا	يَدْرُسْنَ	يَدْرُسُوا

ㄴ. 용 법

접속법은 접속법을 요구하는 접속어 뒤에 쓰이는데, 다음은 그 접속어 중의 일부이다.

(1) لَنْ '~하지 아니할 것이다' : 미래를 부정하며, سَ 또는 سَوْفَ를 쓰지 않는다.

لَنْ نُشَارِكَ فِي تَعْيِينِ وُزَرَاءَ جُدَدٍ.	'우리는 신임장관들 임명에 참여하지 않을 것이다.'
لَنْ يُسَافِرُوا غَدًا.	'그들은 내일 여행하지 않을 것이다.'
أَلَنْ تَتَكَلَّمِي عَنْ تَارِيخِهِمْ؟	'당신은 그들의 역사에 대해 이야기하지 않을 것이나?'
لَنْ يَكُونَ ٱلْمُدِيرُ فِي مَكْتَبِهِ غَدًا.	'국장은 내일 그의 사무실에 없을 것이다.'

(2) حَتَّى '~하려고, ~하도록'

حَضَرُوا إِلَى أَمْرِيكَا حَتَّى يَحْصُلُوا عَلَى ٱلشَّهَادَةِ.	'그들은 학위를 얻으려고 미국에 왔다.'

حَتَّى '~했을 때까지'는 행위가 완료되었으면 완료형과 같이 쓰이기도 한다.

دَرَسُوا حَتَّى حَصَلُوا عَلَى ٱلدُّكْتُورَاهِ.	'그들은 박사학위를 얻었을 때까지 공부했다.'
سَاعَدْتُهُ حَتَّى حَصَلَ عَلَى ٱلشَّهَادَةِ.	'나는 그가 학위를 얻었을 때까지 그를 도왔다.'

(3) لِ '~하려고, ~하기 위해서' : 목적을 나타낸다.

'그들은 '하야'지에서 일하기 위해 신청서를 제출했다.'	قَدَّمُوا طَلَبًا لِيَعْمَلُوا فِي جَرِيدَةِ "اَلْحَيَاةُ".

لِ와 뜻과 기능이 같은 불변사에 حَتَّى, كَيْ, لِكَيْ가 있으며, 그 부정은 لِئَلَّا, لِكَيْلَا, كَيْلَا 이다.

'그는 고대 유럽에 대해 읽기 위해 역사책을 찾았다.'	بَحَثَ عَنْ كِتَابِ تَارِيخٍ لِيَقْرَأَ عَنْ أُورُوبَّا اَلْقَدِيمَةِ.
'우리는 그 회사에서 일하기 위해 그 국장과 이야기할 것이다.'	سَنَتَكَلَّمُ مَعَ اَلْمُدِيرِ لِكَيْ نَعْمَلَ فِي اَلشَّرِكَةِ.
'그들은 나라 발전에 도움이 되도록 그 댐 건설에 참여했다.'	شَارَكُوا فِي بِنَاءِ اَلسَّدِّ حَتَّى يُسَاعِدُوا عَلَى تَقَدُّمِ اَلْبَلَدِ.
'우리는 그들이 여행하지 않도록 노력을 했다.'	بَذَلْنَا جُهُودًا كَيْلَا يُسَافِرُوا.

명사문에 접속어가 있으면 كَانَ 동사의 접속법을 쓴다. 다음을 비교해 보라.

'그는 선생님이다.'	هُوَ مُعَلِّمٌ.
'그는 선생님이 되려고 공부한다.'	يَدْرُسُ لِيَكُونَ مُعَلِّمًا.

접속법의 다른 용법은 제22과에 나온다.

연습 7. (녹음자료에 수록) 동사활용 : 접속법

연습 8. 변형/번역

괄호 안의 단어를 사용하여 두 문장을 연결하고, 그 각각의 문장을 번역하라.

'그는 레바논으로 여행했다.' +   سافر إلى لبنان. +

بحث عن عمل هناك. (لِ) ←

'그는 거기에서 일자리를 찾았다.' →

سافر إلى لبنان ليبحث عن عمل هناك.

'그는 레바논에서 일자리를 찾기 위
해 그리로 여행했다.'

١ – ذهبت إلى مصر. شاهدت الآثار القديمة هناك. (كي)

٢ – سكن هنا. حضرت عائلته. (حتّى)

٣ – أسرعنا. رحّبنا بالزائر. (لِ)

٤ – يقدمن الخدمات الكثيرة. تقدّم المجتمع. (حتّى)

٥ – يسافر أحيانا إلى نيويورك. حضر اجتماعات هامّة. (لكي)

연습 9. (녹음자료에도 수록) 변형 : 동명사 → لِ + 접속법

سافر إلى لبنان للبحث عن عمل.

'그는 일자리를 찾기 위해 레바논으로
여행했다.'

سافر إلى لبنان ليبحث عن عمل.

١ – يبذلون جهودا كبيرة للحصول على شهادة الماجستير.

٢ – سافرت إلى فرنسا للمشاركة في بناء المصنع الجديد.

٣ – يرحلون من مكان إلى مكان للبحث عن الماء.

٤ – رجعت إلى بلدها للدراسة هناك.

٥ – ذهبن إلى السينما لمشاهدة الفيلم الجديد.

5. 기수와 서수 : 20~99

ㄱ. 기 수

20에서 90까지의 십단위 수는 다음과 같으며, 남성 규칙복수형 ـُونَ (주격)와 ـِينَ (소유격
및 목적격)을 취한다.

عِشْرُونَ   ٢٠   '스물'

ثَلَاثُونَ   ٣٠   '서른'

	٤٠	أَرْبَعُونَ	'마흔'
	٥٠	خَمْسُونَ	'쉰'
	٦٠	سِتُّونَ	'예순'
	٧٠	سَبْعُونَ	'일흔'
	٨٠	ثَمَانُونَ	'여든'
	٩٠	تِسْعُونَ	'아흔'

십단위와 단단위 수의 결합은 단단위 수 + وَ + 십단위의 순서로 한다.

[보기] خَمْسَةٌ وَعِشْرُونَ '스물다섯'

'하나'는 أَحَدٌ 과 وَاحِدٌ 둘 다를 사용한다.

وَاحِدٌ وَعِشْرُونَ	٢١	'스물 하나'
أَحَدٌ وَعِشْرُونَ	٢١	
اِثْنَانِ وَعِشْرُونَ	٢٢	'스물 둘'
ثَلَاثَةٌ وَعِشْرُونَ	٢٣	'스물 셋'
أَرْبَعَةٌ وَثَلَاثُونَ	٣٤	'서른 넷'
سَبْعَةٌ وَسِتُّونَ	٦٧	'예순 일곱'

ㄴ. 서 수

십단위 수의 서수는 성에 구분없이 기수에 관사를 붙여 사용하며, 서수가 수식하는 명사와 격에 일치한다.

اَلْيَوْمُ ٱلْعِشْرُونَ	'스무번째 날'
بَعْدَ ٱلْيَوْمِ ٱلْعِشْرِينَ	'스무번째 날 뒤에'
اَلسَّنَةُ ٱلْأَرْبَعُونَ	'마흔번째 해'

فِي ٱلسَّنَةِ ٱلْأَرْبَعِينَ ‏ '마흔번째 해에'

십단위와 단단위 결합수의 서수는 각 단위에 관사를 붙인다. 이때, 단단위 수는 명사와 성·격에, 십단위 수는 격에 일치한다. 이 경우의 '한번째'는 اَلْحَادِي [여] (اَلْحَادِيَةُ)를 쓴다.

اَلدَّرْسُ ٱلْحَادِي وَٱلْعِشْرُونَ	'제이십일과'
فِي ٱلدَّرْسِ ٱلْحَادِي وَٱلْعِشْرِينَ	'제이십일과에서'
هٰذِهِ هِيَ ٱلْجُمْلَةُ ٱلْحَادِيَةُ وَٱلْعِشْرُونَ.	'이것이 스물 한번째 문장이다'
قَرَأْتُ ٱلْجُمْلَةَ ٱلْحَادِيَةَ وَٱلْعِشْرِينَ.	'나는 스물 한번째 문장을 읽었다.'
اَلْيَوْمُ ٱلثَّانِي وَٱلثَّلَاثُونَ	'서른 두번째 날'
فِي ٱلسَّنَةِ ٱلْخَامِسَةِ وَٱلثَّمَانِينَ	'여든 다섯번째 해에'

연습 10. 쓰기 : 기수

٢٣	'23'
ثلاثة وعشرون	'스물 셋'
٧٠	٣٤
٥٨	٦٥
٩٢	٤٩
٨٠	٢٧

연습 11. (녹음자료에도 수록) 말바꾸기 : 서수

الرسالة السابعة والعشرون طويلة. 　ㄱ. '스물 일곱번째 편지는 길다.'

في الدرس السابع والعشرين قواعد هامّة. 　ㄴ. '제이십칠과에는 중요한 문법
　　　　　　　　　　　　　　　　　　　　 이 있다.'

١ – واحد وعشرون 　　　　٤ – اثنان وثلاثون

다. 문법과 연습

٥ – أربعة وسبعون	٢ – ستّة وستّون
٦ – تسعون	٣ – خمسة وثمانون

연습 12. 여러가지 말바꾸기 : 서수

'나는 제이십일과를 읽었다.'	قرأت <u>الدرس الحادي والعشرين</u> .
المقالة	الرسالة
أربعون	ستّة وخمسون
الكتاب	النصّ
واحد وستّون	اثنان وثمانون

د – نُصُوصٌ لِلْفَهْمِ

(1) 다음 문장을 읽고 연습 13을 하라.

공업, 산업

قَابَلَ عَدَدٌ مِنْ مُدِيرِي ٱلْمَصَانِع ٱلْجَزَائِرِيَّةِ وَزِيرَ ٱلصِّنَاعَةِ فِي
ٱلسَّاعَةِ ٱلْعَاشِرَةِ مِنْ صَبَاحِ أَمْسِ. تَحَدَّثَ ٱلْوَزِيرُ مَعَهُمْ وَقْتًا طَوِيلاً.
قَالَ : "فِي ٱلْجَزَائِرِ ٱلْآنَ عَدَدٌ كَبِيرٌ مِنَ ٱلْمَصَانِعِ، وَلٰكِنَّ دَوْلَتَنَا بِحَاجَةٍ
إِلَى عَدَدٍ أَكْبَرَ. سَوْفَ تُقَدِّمُ بَعْضُ ٱلدُّوَلِ ٱلْأُورُبِّيَّةِ لَنَا ٱلْمُسَاعَدَةَ فِي بِنَاءِ
هٰذِهِ ٱلْمَصَانِعِ، وَسَوْفَ تَتَعَاوَنُ مَعَنَا بَعْضُ ٱلْجَامِعَاتِ ٱلْأَجْنَبِيَّةِ فِي

훈련; 국무총
리; 요청(서);
~에 관계되는
곧

تَدْرِيبِ ٱلْمُوَظَّفِينَ وَقَدَّمْتُ إِلَى رَئِيسِ ٱلْوُزَرَاءِ طَلَبًا يَتَعَلَّقُ بِهٰذَا ٱلْأَمْرِ،
وَسَوْفَ يَنْظُرُ فِي ٱلطَّلَبِ قَرِيبًا."
نَشَرَتْ جَرِيدَةُ "ٱلْمُجَاهِدُ" ٱلْجَزَائِرِيَّةُ صَبَاحَ ٱلْيَوْمِ مَقَالَةً عَنْ مُقَابَلَةِ
ٱلْمُدِيرِينَ لِلْوَزِيرِ. قَالَ كَاتِبُ ٱلْمَقَالَةِ : "حُكُومَتُنَا ٱلْيَوْمَ تَعْمَلُ عَلَى تَقَدُّمِ
ٱلِاقْتِصَادِ ٱلْجَزَائِرِيِّ، وَٱلصِّنَاعَةُ تُسَاعِدُ عَلَى ٱلتَّقَدُّمِ."

연습 13. 질문

أَسْئِلَةٌ

١ – إِلَى مَنْ تَحَدَّثَ الوزير صباح أمس؟

٢ – أَيّ دول ستساعد الجزائر في بناء المصانع الجديدة؟

٣ – مَن سيساعد على تعليم الموظّفين الجزائريّين؟

٤ – أَيّ جريدة نشرت مقالة عن المقابلة؟

٥ – ماذا قالت المقالة عن الصناعة؟

(2) 녹음자료에서 문장을 듣고 연습 14를 하라.

연습 14. (녹음자료에 수록) 듣고 이해하기 위한 문장

أَسْئِلَةٌ

١ – هل ميخائيل نعيمة كاتب مشهور؟

٢ – أين درس ميخائيل نعيمة؟

٣ – إلى أين رحل نعيمة بعد دراسته في أوربا؟

٤ – من أين ميخائيل نعيمة؟

٥ – أين سكن ميخائيل نعيمة بعد رجوعه من أمريكا؟

연습 15. 부정

'나는 내 친구를 통해 그것을 알아냈다.' →

← عرفت ذلك من صديقي.

'나는 내 친구를 통해 그것을 알아내지 못했다.'

لم أعرف ذلك من صديقي.

١ – سأتمكّن من مساعدتك.

٢ – الحياة في الصحراء سهلة.

٣ – تعجبني زيارة المتاحف.

٤ – ستعاون عادة مع المصريّين في جهودهم.

٥ – أحمد أطول طالب في الصفّ.

٦ – سافر إلى الجزائر لحضور الاجتماع.

٧ – قواعد هذا الدرس هامّة.

٨ – تختلف الحياة في بلدنا عن الحياة في بلدكم.

٩ – سافر صديقي إلى الشرق الأوسط للتجارة فقط.

١٠ – قرأت شيئا عن تاريخ مصر.

연습 16. 쓰기 : 절대목적어

다음 빈 칸에 문장의 동사에 알맞은 명사나 동명사를 넣어라.

١ – تقدّم اقتصاد مصر _____ عظيما بعد بناء السدّ العالي.

٢ – رحّبنا بالزائر _____ جميلا.

٣ – تساعد النساء _____ كبيرة على تقدّم المجتمع الأمريكيّ.

٤ – بحث الوزراء الوضع _____ طويلا.

٥ – تعاونت الدول _____ عظيما في بناء السدّ.

연습 17. 쓰기, 번역

파리드는 내년에 미국에서 공부하는 것을 논의하기 위해 후사인 교수와 만났다. 교수는 파리드를 환영하고 그에게 아랍 커피를 대접했다. 그 방문 동안 파리드는, "저는 석사학위를 얻을 때까지는 돌아오지 않겠습니다."라고 말했다.

그리고 후사인 교수는, "자네가 돌아온 뒤에 자네는 아랍 사회에 많은 공헌을 하고 그 발전을 위해 일할 수 있을 것일세."라고 말했다.

연습 18. 완성하기, 어휘

다음 빈 칸에 맞는 말을 아래의 단어 목록에서 골라서 필요한 변형을 하여 넣어라.

جريدة، وظائف، جهود، ليس، ساعة، منهج، مستعدّ، امرأة، ذلك، جمل، قابل،

بناء، صفّ، نهر، واجب، عنوان، عودة، عدد، طعام، أمام.

١ – بذل المصريّون ـــــــــ كبيرة في بناء السدّ العالي.

٢ – النيل أطول ـــــــــ في العالم.

٣ – تقرّر وزارة التربية والتعليم ـــــــــ التعليم في المدارس.

٤ – للنساء في بعض البلاد العربية حقّ الحصول على ـــــــــ حكوميّة عالية.

٥ – ما ـــــــــ محاضرة أستاذنا اليوم؟

٦ – سأستقبل صديقي في ـــــــــ العاشرة في المطار.

٧ – ـــــــــ المدير المراسل في مكتبه.

٨ – هل أنت ـــــــــ للامتحان في اللغة العربيّة يا وليم؟

٩ – أكتب لك هذه الرسالة بعد ـــــــــ من الشرق الأوسط.

١٠ – هل تعرف هذا ـــــــــ الجديد؟

١١ – بعد ـــــــــ شربنا قهوة عربيّة في المطعم.

١٢ – رحّب البدويّ بالزائر وقدّم له ـــــــــ.

١٣ – قرأ فريد ـــــــــ النصّ الأساسيّ.

١٤ - شاهدنا فيلما بعنوان "رجل و_____".

١٥ - قرأت عن ذلك في _____ "المساء" البيروتيّة.

21

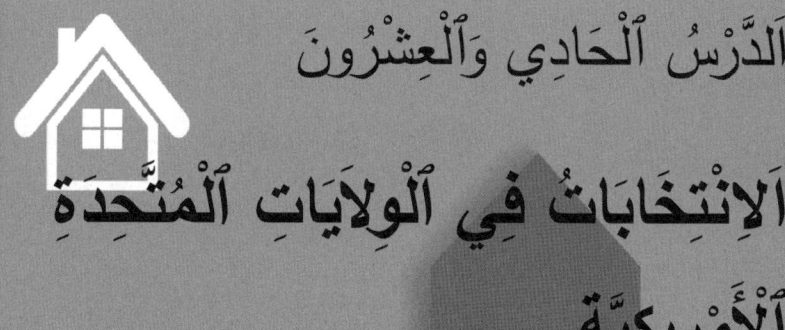

اَلدَّرْسُ ٱلْحَادِي وَٱلْعِشْرُونَ

اَلِانْتِخَابَاتُ فِي ٱلْوِلَايَاتِ ٱلْمُتَّحِدَةِ ٱلْأَمْرِيكِيَّةِ

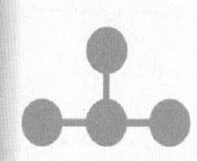

1. Ⅶ형 동사와 동명사

2. Ⅷ형 동사와 동명사

3. 명사·형용사·대명사의 쌍수

4. 동사의 쌍수

5. 명사 أَحَدٌ '누군가'

6. 수사와 명사

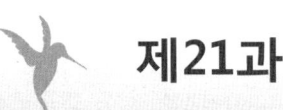

اَلِانْتِخَابَاتُ فِي اَلْوِلَايَاتِ اَلْمُتَّحِدَةِ اَلْأَمْرِيكِيَّةِ

제21과

١ – شَرِيفٌ : كَيْفَ تَنْتَخِبُونَ رَئِيسَ اَلْجُمْهُورِيَّةِ فِي أَمْرِيكَا؟

٢ – جُولِي اَلشَّعْبُ : يَجْتَمِعُ اَلْحِزْبَانِ اَلرَّئِيسِيَّانِ لِيَنْتَخِبَا مُرَشَّحَيْهِمَا، ثُمَّ يَنْتَخِبُ أَحَدَ هٰذَيْنِ اَلْمُرَشَّحَيْنِ.

٣ – شَرِيفٌ : مَتَى تَجْرِي اَلِانْتِخَابَاتُ فِي أَمْرِيكَا؟

٤ – جُولِي : كُلَّ أَرْبَعَةِ أَعْوَامٍ.

٥ – شَرِيفٌ : أَيْنَ يَعْقِدُ اَلْحِزْبَانِ مُؤْتَمَرَيْهِمَا؟

٦ – جُولِي : فِي مَدِينَتَيْنِ كَبِيرَتَيْنِ.

٧ – شَرِيفٌ : مَتَى يَنْعَقِدُ هٰذَانِ اَلْمُؤْتَمَرَانِ؟

٨ – جُولِي : فِي اَلصَّيْفِ.

٩ – شَرِيفٌ : هَلْ تَعْتَبِرُونَ اَنْتِخَابَ اَلرَّئِيسِ أَمْرًا هَامًّا؟

١٠ – جُولِي : نَعَمْ، لِأَنَّ لَهُ تَأْثِيرًا كَبِيرًا عَلَى اَلْحَيَاةِ فِي أَمْرِيكَا وَفِي كُلِّ دُوَلِ اَلْعَالَمِ.

미합중국에서의 선거

1 - 샤리프 :   미국에서는 대통령을 어떻게 선출합니까?

2 - 줄리 :   두 주요 정당이 그들의 (두) 입후보자를 선출하기 위해 모이며, 그리
고는 국민이 그 두 입후보자 중에서 한 사람을 선출하게 됩니다.

3 - 샤리프 :   미국에서 선거는 언제 있습니까?

4 - 줄리 :   4년마다 (있습니다).

5 - 샤리프 :   그 두 정당은 그들의 대회를 어디에서 개최합니까?

6 - 줄리 :   두 대도시에서 (개최합니다).

7- 샤리프 :   그 두 대회는 언제 개최됩니까?

8 - 줄리 :   여름에 (개최됩니다).

9 - 샤리프 :   당신들은 대통령 선거를 중요사로 생각합니까?

10 - 줄리 :   예, 그것은 미국과 전 세계 국가의 생활에 큰 영향을 미치기 때문입
니다.

21　미합중국에서의 선거

اِنْتِخَابٌ – ات	선거
وِلَايَةٌ – ات	주
اَلْوِلَايَاتُ اَلْمُتَّحِدَةُ (اَلْأَمْرِيكِيَّةُ)	(미)합중국
شَرِيفٌ	샤리프(남자 이름)
تَنْتَخِبُونَ	당신[남]들이 뽑는다, 선출한다
جُمْهُورِيَّةٌ – ات	공화국
رَئِيسُ جُمْهُورِيَّةٍ – رُؤَسَاءُ جُمْهُورِيَّاتٍ	대통령
رَئِيسِيٌّ – ون	(رَئِيسٌ의 [관형]) 주요한
يَجْتَمِعُ، اِجْتِمَاعٌ (بِ، مَعَ)	그가 (~와) 만난다
حِزْبَانِ	[주] 두 정당
حِزْبٌ – أَحْزَابٌ	정당
رَئِيسِيَّانِ	[쌍,주] 주요한
يَنْتَخِبَا	[접] 그 둘이 뽑는다
مُرَشَّحَيْنِ	[소/목] 두 입후보자
مُرَشَّحٌ – ون	(입)후보자, 후보
شَعْبٌ – شُعُوبٌ	국민
أَحَدٌ (إِحْدَى)	하나, 누군가; (연결형으로) ~의 중의 하나
هٰذَيْنِ	[쌍,소/목] 이 둘(사람, 것)
عَامٌّ – أَعْوَامٌ	해, 연

عَقَدَ ـِ ، عَقْدٌ (모임을) 개최하다

مُؤْتَمَرَيْنِ [소/목] 두 대회

يَنْعَقِدُ 그것이 개최된다

هٰذَانِ [쌍,주] 이 둘(사람, 것)

مُؤْتَمَرَانِ [주] 두 대회

صَيْفٌ – أَصْيَافٌ 여름

تَعْتَبِرُونَ 당신[남]들은 여긴다

أَثَّرَ ، تَأْثِيرٌ (عَلَى ، فِي) II (~에) 영향 주다

☆ 보충어

اِخْتَلَفَ ، اِخْتِلَافٌ (مَعَ) (فِي) (~에 대해) (~와) 불일치하다, 다르다

اِنْصَرَفَ ، اِنْصِرَافٌ 떠나가다, 가버리다

اِنْتَظَرَ ، اِنْتِظَارٌ 기다리다

1. Ⅶ형 동사와 동명사

ㄱ. 형

Ⅶ형 동사의 특징은 نْ을 접두시키는 것이다. 완료형 어간은 اِنْفَعَل형이고, 미완료형 어간은 يَنْفَعِل형이다. 자음이 두 개로 시작되는 때는 연독함자를 그 앞에 붙인다.

어근	완료형	미완료형	
صرف	اِنْصَرَفَ	يَنْصَرِفُ	'가버리다, 떠나다'

다음에 Ⅶ형 동사의 변화표를 도시한다.

اِنْصَرَفَ '가버리다'

단수	완료형	미완료형		
		직설법	접속법	단축법
3남	اِنْصَرَفَ	يَنْصَرِفُ	يَنْصَرِفَ	يَنْصَرِفْ
여	اِنْصَرَفَتْ	تَنْصَرِفُ	تَنْصَرِفَ	تَنْصَرِفْ
2남	اِنْصَرَفْتَ	تَنْصَرِفُ	تَنْصَرِفَ	تَنْصَرِفْ
여	اِنْصَرَفْتِ	تَنْصَرِفِينَ	تَنْصَرِفِي	تَنْصَرِفِي
1	اِنْصَرَفْتُ	أَنْصَرِفُ	أَنْصَرِفَ	أَنْصَرِفْ
쌍수				

3남	اِنْصَرَفَا	يَنْصَرِفَانِ	يَنْصَرِفَا	يَنْصَرِفَا
여	اِنْصَرَفَتَا	تَنْصَرِفَانِ	تَنْصَرِفَا	تَنْصَرِفَا
2	اِنْصَرَفْتُمَا	تَنْصَرِفَانِ	تَنْصَرِفَا	تَنْصَرِفَا
복수				
3남	اِنْصَرَفُوا	يَنْصَرِفُونَ	يَنْصَرِفُوا	يَنْصَرِفُوا
여	اِنْصَرَفْنَ	يَنْصَرِفْنَ	يَنْصَرِفْنَ	يَنْصَرِفْنَ
2남	اِنْصَرَفْتُمْ	تَنْصَرِفُونَ	تَنْصَرِفُوا	تَنْصَرِفُوا
여	اِنْصَرَفْتُنَّ	تَنْصَرِفْنَ	تَنْصَرِفْنَ	تَنْصَرِفْنَ
1	اِنْصَرَفْنَا	نَنْصَرِفُ	نَنْصَرِفَ	نَنْصَرِفْ

Ⅶ형 동사에서는 첫 어근자가 و 또는 ن인 경우가 극히 드물다. Ⅶ형 동사의 동명사는 اِنْفِعَالٌ형인데, 연독함자로 시작한다. 동명사는 중간모음이 장모음 ـَا이고, 나머지는 모두 ـِ이다.

다음에 Ⅶ형 동사와 그 동명사를 몇 가지 예시로 든다.

Ⅶ형 동사		동명사	
اِنْعَقَدَ (يَنْعَقِدُ)	'개최되다'	اِنْعِقَادٌ	'개최됨'
اِنْقَطَعَ (يَنْقَطِعُ)	'잘리다'	اِنْقِطَاعٌ	'잘림'
اِنْكَسَرَ (يَنْكَسِرُ)	'부서지다'	اِنْكِسَارٌ	'부서짐'

ㄴ. 의 미

Ⅶ형 동사는 원형의 재귀와 수동을 합한 뜻을 가진다.

① 원형동사 صَرَفَ는 '(~을) 보내다'와 '(돈을) 쓰다'의 뜻이 있다. Ⅶ형 동사 اِنْصَرَفَ는 사람이 주어이면 '스스로를 보내버리다, 가버리다, 떠나다'의 뜻이 되고(재귀), 돈이 주어이면 '써지다'의 뜻이 된다(수동).

② Ⅶ형 동사 اِنْعَقَدَ '개최되다'와 اِنْقَطَعَ '잘리다, 끝장나다, 끝나다'는 각각 원형 동사 عَقَدَ '개최하다'와 قَطَعَ '자르다'의 수동의 뜻이다. 그러므로 Ⅶ형은 원형이 타동사일 때 대응되는 자동사이다.

I	سَحَبَ	'(~을) 물러나게 하다'
Ⅶ	اِنْسَحَبَ	'물러나다'
I	فَتَحَ	'(~을) 열다'
Ⅶ	اِنْفَتَحَ	'열리다'
I	كَسَرَ	'(~을) 부수다'
Ⅶ	اِنْكَسَرَ	'부서지다'

연습 1. (녹음자료에 수록) 동사활용 : Ⅶ형

2. Ⅷ형 동사와 동명사

ㄱ. 형

Ⅷ형 동사의 특징은 첫번째 어근자 다음에 재귀의 ت를 삽입하는 것이다.

	'만나다'	형	어근
완 료 형	اِجْتَمَعَ	فْتَعَل	
미완료형	يَجْتَمِعُ	فْتَعِل	جمع
동 명 사	اِجْتِمَاعٌ	فْتِعَال	

Ⅶ형에서처럼 완료형과 미완료형의 어간은 중간모음이 각각 ـَ와 ـِ인 차이 밖에 없다. 다음에 Ⅷ형 동사의 변화표를 도시한다.

'모이다' اِجْتَمَعَ

	완료형	미완료형		
단수		직설법	접속법	단축법
3남	اِجْتَمَعَ	يَجْتَمِعُ	يَجْتَمِعَ	يَجْتَمِعْ
여	اِجْتَمَعَتْ	تَجْتَمِعُ	تَجْتَمِعَ	تَجْتَمِعْ
2남	اِجْتَمَعْتَ	تَجْتَمِعُ	تَجْتَمِعَ	تَجْتَمِعْ
여	اِجْتَمَعْتِ	تَجْتَمِعِينَ	تَجْتَمِعِي	تَجْتَمِعِي
1	اِجْتَمَعْتُ	أَجْتَمِعُ	أَجْتَمِعَ	أَجْتَمِعْ
쌍수				
3남	اِجْتَمَعَا	يَجْتَمِعَانِ	يَجْتَمِعَا	يَجْتَمِعَا
여	اِجْتَمَعَتَا	تَجْتَمِعَانِ	تَجْتَمِعَا	تَجْتَمِعَا
2	اِجْتَمَعْتُمَا	تَجْتَمِعَانِ	تَجْتَمِعَا	تَجْتَمِعَا
복수				
3남	اِجْتَمَعُوا	يَجْتَمِعُونَ	يَجْتَمِعُوا	يَجْتَمِعُوا
여	اِجْتَمَعْنَ	يَجْتَمِعْنَ	يَجْتَمِعْنَ	يَجْتَمِعْنَ
2남	اِجْتَمَعْتُمْ	تَجْتَمِعُونَ	تَجْتَمِعُوا	تَجْتَمِعُوا
여	اِجْتَمَعْتُنَّ	تَجْتَمِعْنَ	تَجْتَمِعْنَ	تَجْتَمِعْنَ
1	اِجْتَمَعْنَا	نَجْتَمِعُ	نَجْتَمِعَ	نَجْتَمِعْ

【ت의 동화】

ㄱ. 첫번째 어근자가 다음과 같은 치 폐쇄음·마찰음·치찰음(즉, س, ش, ج 을 제외한 ㄷ·ㅅ· ㅈ 계통의 소리)의 하나인 경우에, 삽입되는 ت가 그것에 동화된다.

ت, ث, د, ذ, ز, ص, ض, ط, ظ

다. 문법과 연습

(ㄱ) 유성자음인 ز와 د 뒤에서 ت는 유성화되어 د로 쓰인다.

ز		
I	زَادَ	'더하다'
VIII	اِزْدَادَ	'늘어나다'

د		
I	دَعَا	'부르다, 초대하다'
VIII	اِدَّعَى	'주장하다, 단언하다'

(ㄴ) ذ 뒤에서 ت는 د로 되고 ذ 자신도 د로 되어, 그 두 개의 د을 دّ로 중복하여 쓴다.

ذ		
I	ذَكَرَ	'언급하다'
VIII	اِذَّكَرَ	'기억하다'

(ㄷ) 첫번째 어근자가 ت인 경우에는 두 문자가 겹쳐져서 샷다를 붙여 쓴다.

ت		
I	تَبِعَ	'뒤따르다, 잇따르다'
VIII	اِتَّبَعَ	'뒤따르다, 잇따르다'

(ㄹ) 강세자음 ص, ض, ط 뒤에서 ت는 강세자음 ط로 된다.

ص		
I	صَدَمَ	'충돌하다, 부딪치다'
VIII	اِصْطَدَمَ	'충돌하다'

ض		
I	ضَرَّ	'해를 입히다'
VIII	اِضْطَرَّ	'강제로 시키다, 억지로 ~하게 하다'

ط		
I	طَلَعَ	'떠오르다, 보이다'
VIII	اِطَّلَعَ	'보다, (عَلَى, ~에 관하여) 정통하게 되다.'

(ㅁ) 마찰음 ث, ظ 뒤에서는 완전 동화가 일어나서 샷다를 붙여 쓴다.

| ث | I | ثَأَرَ | '복수하다' |
| | VIII | اِثَّأَرَ | '원한을 갚다' |

| ظ | I | ظَلَمَ | '억압하다' |
| | VIII | اِظَّلَمَ | '부당하게 당하다' |

ㄴ. و가 첫번째 어근자일 때의 동화 : 이 경우의 و는 삽입된 ت에 동화된다.

| I | وَصَلَ '도착하다' | وَحَدَ '유일하다' |
| VIII | اِتَّصَلَ '연결되다' | اِتَّحَدَ '통일시키다, 연합하다' |

VIII형 동사의 동명사는 اِفْتِعَالٌ형이다.

다음은 지금까지 나온 VIII형 동사의 동명사와 그 동사형을 모은 것이다.

VIII형 동사	동명사	어근
اِنْتَقَلَ (يَنْتَقِلُ) '움직이다'	اِنْتِقَالٌ	نقل
اِسْتَمَعَ (يَسْتَمِعُ) '듣다'	اِسْتِمَاعٌ	سمع
اِعْتَمَدَ (يَعْتَمِدُ) عَلَى '~에 의존하다'	اِعْتِمَادٌ	عمد
اِخْتَلَفَ (يَخْتَلِفُ) '다르다'	اِخْتِلَافٌ	خلف
اِنْتَخَبَ (يَنْتَخِبُ) '선출하다'	اِنْتِخَابٌ	نخب
اِعْتَبَرَ (يَعْتَبِرُ) '여기다'	اِعْتِبَارٌ	عبر
اِجْتَمَعَ (يَجْتَمِعُ) '모이다'	اِجْتِمَاعٌ	جمع
اِنْتَظَرَ (يَنْتَظِرُ) '기다리다'	اِنْتِظَارٌ	نظر

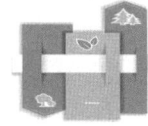

ㄴ. 의 미

삽입된 ت의 기본적 의미는 재귀이므로, Ⅷ형 동사는 흔히 원형 동사의 재귀를 나타낸다(주어의 행위가 그 자체에 미침).

I	جَمَعَ	'(~을) 모으다, 소집하다'
Ⅷ	اِجْتَمَعَ	'모이다, 회합하다'
I	عَمَدَ	'(~을) 지지하다'
Ⅷ	اِعْتَمَدَ عَلَى	'~에 기대다, 의존하다'
I	نَقَلَ	'(~을) 운반하다'
Ⅷ	اِنْتَقَلَ	'이동하다'

Ⅷ형은 중간적 의미를 가지기도 한다('자신을 위해 ~을 하다')

I	سَمِعَ	'듣다'
Ⅷ	اِسْتَمَعَ	'자신을 위해 듣다 = 경청하다'
I	أَخَذَ	'취하다, 갖다'
Ⅷ	اِتَّخَذَ	'자신을 위하여 취하다 = 채택하다'(ء가 ت에 동화됨)

몇몇 중간적 동사는 추상적 또는 비유적 의미를 가진다.

I	فَتَحَ	'열다'
Ⅷ	اِفْتَتَحَ	'개통하다, 시작하다'
I	عَرَفَ	'알다'
Ⅷ	اِعْتَرَفَ	'인정하다, (나라 따위를) 승인하다; 고백하다'
I	خَتَمَ	'날인하다, 봉인하다'
Ⅷ	اِخْتَتَمَ	'끝 마치다, (조약을) 체결하다'

몇몇 Ⅷ형 동사는 상호적 의미를 가진다.('서로에게 작용하다')

Ⅰ	لَقِيَ	'만나다'
Ⅷ	اِلْتَقَى	'서로 만나다, 마주치다'
Ⅰ	أَمَرَ	'명하다; 맡기다'
Ⅷ	اِئْتَمَرَ	'심의하다, 협의하다'

주어가 무생물일 때 몇몇 Ⅷ형 동사의 재귀적 의미는 수동으로 번역되기도 한다.

Ⅰ	قَصُرَ	'짧아지다, 한정되다, 불충분하다'
Ⅷ	اِقْتَصَرَ عَلَى	'한정하다, (~을) 자신에게 제한하다, 제한되다'

연습 2. (녹음자료에 수록) 동사활용 : Ⅷ형

연습 3. 쓰기, 가려내기

다음 어근의 Ⅶ형과 Ⅷ형 동사와 동명사를 적고 무슨 의미인가를 살펴보라. X표는 그 형이 존재하지 않음을 나타낸다.

Ⅶ형		Ⅷ형		
동명사	동 사	동명사	동 사	어 근
				بعث
		X	X	تبع
		X	X	حرم
				فعل
				كتب
		X	X	صبر
				قسم
		X	X	ضرب

				ظلم

연습 4. (녹음자료에도 수록) 변형 : 완료형 → 미완료형

'그 정당은 그의 입후보자를 선출했다.' →   انتخب الحزب مرشّحه. ←

'그 정당은 그의 입후보자를 선출한다.'   ينتخب الحزب مرشّحه.

١ - الطلاب انصرفوا من الصفّ في المساء.

٢ - انعقدت المؤتمرات في الصيف.

٣ - انتظرناه في المطعم الجديد.

٤ - اعتمد المصنع على مساعدة الحكومة.

٥ - هل استمعتم إلى المحاضرات كلّها؟

٦ - اعتبرت انتخاب الرئيس أمرا هامّا.

٧ - انتقلت إلى لبنان هذا الصيف.

٨ - الأستاذات اجتمعن أحيانا مع رئيس الجامعة.

연습 5. 쓰기, 완성하기

아래의 빈 칸에 알맞은 동사의 형을 넣어라.

١ - سيجتمعون غدا لكي _____ مرشّحهم. (انتخب)

٢ - ذهبت إلى البنك لـ _____ مع المدير. (اجتمع)

٣ - لم _____ والدي ذلك أمرا هامّا. (اعتبر)

٤ - لن _____ مؤتمر الحزب في مدينتنا. (انعقد)

٥ - المصانع _____ على مساعدة الحكومة إلى أبعد حدّ. (اعتمد)

٦ - ألم _____ إلى المحاضرة، يا مريم؟ (استمع)

٧ - _____ الحزبان مرشّحيهما في الصيف. (انتخب)

٨ – المراسلات _____ عادة العالم العربيّ في مقالاتهن. (تناول)

3. 명사·형용사·대명사의 쌍수

앞에서도 말했듯이 아랍어의 수는 단수(하나)·쌍수(둘)·복수(셋 이상)의 세가지가 있다. 단수와 쌍수는 그 자체의 형이 명백하므로 명사만으로도 쓸 수가 있다.

'나는 아들 하나와 딸 둘이 있다.' لِي وَلَدٌ وَبِنْتَانِ.

쌍수의 변화형은 주격이 ـَانِ, 소유격과 목적격이 ـَيْنِ이다.

쌍수 명사		
	남성	여성
단수	وَلَدٌ	سَنَةٌ
쌍수 [주]	وَلَدَانِ	سَنَتَانِ
[소/목]	وَلَدَيْنِ	سَنَتَيْنِ

	쌍수 형용사		쌍수 지시사	
	남성	여성	남성	여성
[주]	قَدِيمَانِ	قَدِيمَتَانِ	هٰذَانِ	هَاتَانِ
[소/목]	قَدِيمَيْنِ	قَدِيمَتَيْنِ	هٰذَيْنِ	هَاتَيْنِ

쌍수 지시사의 여성형의 첫자음은 هٰ가 아니라 هَا이다.

쌍수의 نِ는 남성 규칙복수형에서처럼 연결형의 제1요소에서는 떨어진다.

'나의 두 아들과 아흐맛의 두 아들은 어디에 있느냐?' أَيْنَ وَلَدَايَ وَأَيْنَ وَلَدَا أَحْمَدَ؟

분리형대명사의 쌍수형은 2인칭과 3인칭에서 성의 구분없이 남성 복수형에 ـَا를 붙여 만든다.

أَنْتُمَا	'당신 둘'
هُمَا	'그들 둘'

1인칭의 쌍수형은 없다.

연계형대명사는 다음과 같다.

كِتَابُكُمَا : كُمَا – أَنْتُمَا	'당신 둘의 책'
كِتَابُهُمَا : هُمَا – هُمَا	'그들 둘의 책'

[쌍수의 보기]

هٰذَانِ هُمَا ٱلْكَاتِبَانِ ٱلْجَدِيدَانِ.	'이 두 분이 그 (두) 신인작가들이다.'
تَعَلَّمْتُ لُغَتَيْنِ أَجْنَبِيَّتَيْنِ جَدِيدَتَيْنِ فِي سَنَتَيْنِ.	'나는 2년에 새로운 외국어 두 개를 배웠다.'
أَيْنَ مَدْرَسَتُكُمَا يَا فَرِيدُ وَفَرِيدَةُ؟	'파리드와 파리다야, 너희 학교가 어디에 있느냐?'
اَلسَّاعَةُ ٱلْعَاشِرَةُ وَدَقِيقَتَانِ	'10시 2분'

연습 6. 쓰기, 가려내기 : 쌍수

아래의 문장의 밑줄 친 말에 알맞은 대명사를 골라라.

هنّ, هم ,هما[남], هما[여], هي ,هو

١ – سينتخب <u>الحزبان المرشّحين</u>.

٢ – شاهدت <u>الورقتين</u> على الطاولة.

٣ – انعقد <u>المؤتمر</u> في هذه السنة.

٤ – سنكرم <u>الزوّار</u> أثناء إقامتهم.

٥ – في مكتبي <u>كرسيّان كبيران</u>.

٨ – هل تحدّثت إلى <u>الموظّفين الجدد</u> بعد وصولك؟

٩ – تقدمت بطلب <u>للعمل</u> في هذه الوظيفة الحكوميّة.

١٠ – في بلدنا <u>نهران عظيمان</u>.

٦ – تتاول الوضع السياسيّ الحاضر
في مقالتين طويلتين.

٧ – هذه فكرة جميلة جدّا.

١١ – هل ستتمكّن من حضور
المحاضرة عن جمال دمشق؟

연습 7. 변형 : 단수 → 쌍수 → 복수

الرجل في الأوتوبيس. ←   '그 남자는 버스에 있다.' →

الرجلان في الأوتوبيس. ←   '그 두 남자는 버스에 있다.' →

الرجال في الأوتوبيس.   '그 남자들은 버스에 있다.'

١ – في صفّنا لوح جديد.

٢ – هذا الأستاذ مشهور جدّا.

٣ – درست درسا طويلا جدّا.

٤ – الجريدة بحاجة إلى مراسل أجنبيّ.

٥ – مدير الشركة سينظر في الطلبات.

٦ – هل بلدك جميل؟

٧ – أكلنا في المطعم مع هذه الصديقة العربيّة.

4. 동사의 쌍수

동사의 쌍수형은 ﺎ 이다. 동사의 쌍수는 3인칭 남성과 여성·2인칭 공성(남성 또는 여성)의 세가지 뿐이다.

ㄱ. 완료형

완료형의 쌍수형은 3인칭에서는 단수형에 ﺎ 를 붙인 형이다.

3인칭	남성	여성
단수	دَرَسَ	دَرَسَتْ
쌍수	دَرَسَا	دَرَسَتَا

2인칭에서는 남성 복수형에 ـَا를 붙인 형이다.

복수	دَرَسْتُمْ
쌍수	دَرَسْتُمَا

이상을 요약하면 다음 표와 같다.

	동사	대명사
3남	دَرَسَا	هُمَا
여	دَرَسَتَا	هُمَا
2	دَرَسْتُمَا	أَنْتُمَا

ㄴ. 미완료형

미완료형의 쌍수형은 2인칭에서는 남성 단수형이 기본형이고, 3인칭에서는 각각 단수형이 기본형이다. 접속법과 단축법에는 ـَا가 붙고, 직설법에는 법표지어인 ـَانِ가 붙는다. 이상을 도시하면 다음과 같다.

쌍수	직설법	접속법	단축법	대명사
3 남	يَدْرُسَانِ	يَدْرُسَا	يَدْرُسَا	هُمَا
여	تَدْرُسَانِ	تَدْرُسَا	تَدْرُسَا	هُمَا
2	تَدْرُسَانِ	تَدْرُسَا	تَدْرُسَا	أَنْتُمَا

위에서 알 수 있듯이 3인칭 여성 쌍수형과 2인칭 쌍수형은 같다.

ㄷ. 용 법

쌍수형은 동사의 일반적 규칙대로 쌍수형의 주어(사람을 가리키든지 아니든지)가 그 앞에 나온 경우에만 쓰인다.

اِجْتَمَعَ ٱلْحِزْبَانِ أَمْسِ وَٱنْتَخَبَا مُرَشَّحَيْهِمَا.	'두 정당은 어제 모임을 갖고 그들의 두 입후보자를 뽑았다.'

연습 8. (녹음자료에 수록) 동사활용 : 동사의 쌍수

연습 9. (녹음자료에도 수록) 변형 : 단수 → 쌍수

다음 밑줄 친 말을 필요한 변화를 주면서 쌍수로 바꾸어라.

‘그 정당은 입후보자를 뽑았다.’ →   ← الْحزب انتخب مرشّحه.

‘그 두 정당은 입후보자를 뽑았다.’   الْحزبان انتخبا مرشّحيهما.

١ - الدولة شاركت في بناء هذا السدّ.

٢ - الوزير يعيّن الموظّفين في وزارته.

٣ - الطالب استمع لمحاضرة أستاذه.

٤ - المراسل الأجنبيّ سيتقدّم بطلب للعمل.

٥ - هذه الجامعة تصدر كتبا هامّة كثيرة كلّ سنة.

٦ - ينعقد المؤتمر في مدينة كبيرة.

5. 명사 أَحَدٌ ‘누군가’

명사 أَحَدٌ([여] إِحْدَى)는 ‘하나; 누군가’를 뜻하며, 부정문에서는 ‘아무도’로 옮긴다. 여성형 إِحْدَى는 불변화명사이다. 따라서 격에 따른 변화가 없고, 탄윈이 붙지 않는다. 이 أَحَدٌ는 흔히 연결형의 제1요소로서, 또는 부정문과 의문문에서 단독으로 사용된다.

رَجَعَ أَحَدُ ٱلْمُرَاسِلِينَ بَعْدَ ٱلِٱجْتِمَاعِ.	‘기자들 중의 한 사람이 그 모임 뒤에 돌아왔다.’
تَكَلَّمْتُ مَعَ أَحَدِ ٱلطُّلَّابِ.	‘나는 학생들 중의 한 사람과 이야기했다.’
يَعْمَلُ فِي إِحْدَى ٱلْمَدَارِسِ ٱلْأَجْنَبِيَّةِ.	‘그는 외국인 학교들 중의 한 군데에서 일하고 있다.’
أَلَا تَعْرِفُ أَحَدًا فِي هَذِهِ ٱلْمَدِينَةِ؟	‘당신은 이 도시에서 아무도 모르느냐?’
لَيْسَ فِي ٱلْمَدْرَسَةِ أَحَدٌ.	‘그 학교에는 아무도 없다’

다. 문법과 연습

연습 10. (녹음자료에도 수록) 연결형에서의 أَحَدٌ

밑줄 친 말 앞에 أَحَدٌ를 놓아서 주어진 문장을 다시 써라.

'그 남자들이 왔다.' → ← حضر الرجال.

'그 남자들 중의 한 명이 왔다.' حضر أحد الرجال.

٦ – سيعقدان مؤتمريهما في <u>هاتين</u> <u>المدينتين</u>.	١ – تحدّث إلى <u>الموظّفين</u>.
٧ – ذهبت لزيارة <u>أصدقائي</u>.	٢ – ينتخبون <u>المرشّحين</u>.
٨ – تعجبني <u>هاتان المدينتان</u>.	٣ – يعملون في <u>المصانع</u>.
٩ – ذهبوا إلى <u>المسارح الجديدة</u>.	٤ – سيجتمع مع <u>الوزراء</u>.
	٥ – يدرّس في <u>المدارس الخاصّة</u>.

6. 수사와 명사

아랍어에서 수사와 같이 쓰이는 명사('피계수 명사', ٱلْاِسْمُ ٱلْمَعْدُودُ)는 앞의 수사에 따라 다른 형을 취한다.

다음에 이를 나누어 설명한다.

ㄱ. 1

명사의 단수형 자체가 '하나'의 의미를 나타낸다.

كِتَابٌ	'책; 책 한 권'
اِمْرَأَةٌ	'여자; 여자 한 사람'

그러나, 강조를 할 때는 수사 وَاحِدٌ(وَاحِدَةٌ[여])를 형용사로 사용한다.

كِتَابٌ وَاحِدٌ	'책 한 권'
اِمْرَأَةٌ وَاحِدَةٌ	'여자 한 사람'

ㄴ. 2

명사의 쌍수형 자체가 '둘'을 의미한다.

حِزْبَانِ	'두 정당'
سَنَتَانِ	'두 해'

그러나 강조를 할 때는 수사 اِثْنَانِ [여] (اِثْنَتَانِ)를 형용사로 사용한다.

لِي قَلَمَانِ اثْنَانِ.	'나는 연필 두 자루가 있다.'
دَرَسْتُ دَرْسَيْنِ اثْنَيْنِ.	'나는 두 과를 공부했다.'
فِي ٱلْمَدِينَةِ جَامِعَتَانِ اثْنَتَانِ.	'그 도시에는 대학이 두 군데 있다.'
عَمِلْنَا سَاعَتَيْنِ اثْنَتَيْنِ.	'우리는 두 시간을 일했다.'

ㄷ. 3~10

3에서 10까지는 수사와 피계수 명사를 연결형 상태로 놓으며, 이 때 명사는 항상 비한정 복수 소유격으로 놓인다. 격은 수사의 격으로 나타낸다.

[주]	ثَلَاثَةُ رِجَالٍ	'남자 세 사람이'
[소]	ثَلَاثَةِ رِجَالٍ	'남자 세 사람의'
[목]	ثَلَاثَةَ رِجَالٍ	'남자 세 사람을'

이 경우에 수사는 피계수 명사의 단수형이 남성이면 ة가 있는 형이고, 여성이면 그 반대이다(반대의 일치).

여 성	남 성	
ثَلَاثٌ	ثَلَاثَةٌ	'셋'
أَرْبَعٌ	أَرْبَعَةٌ	'넷'
خَمْسٌ	خَمْسَةٌ	'다섯'
سِتٌّ	سِتَّةٌ	'여섯'

سَبْعٌ	سَبْعَةٌ	'일곱'
ثَمَانٍ	ثَمَانِيَةٌ	'여덟'
تِسْعٌ	تِسْعَةٌ	'아홉'
عَشْرٌ	عَشَرَةٌ	'열'

'열'을 나타내는 아랍어 عَشَرَةٌ([여] عَشْرٌ)에서, ش의 모음이 남성형은 늘 ـَ 이고, 여성형은 ـْ 이다. 이것은 11~19의 수사에서도 적용된다(아래의 ㄹ. 11~19 참조).

خَمْسُ نِسَاءٍ	'여자 다섯 사람'
خَمْسَةُ رِجَالٍ	'남자 다섯 사람'
عَشْرُ سَيَّارَاتٍ	'차 열 대'
عَشَرَةُ كُتُبٍ	'책 열 권'

이 반대의 일치는 수사가 단독으로 쓰일 때도 적용된다.

كَمْ طَالِبًا يَحْضُرُ ٱلْيَوْمَ؟	'오늘 남학생 몇 명이 오느냐?'
سَبْعَةٌ.	'일곱 명.'
وَكَمْ طَالِبَةً؟	'여학생은 몇 명이냐?'
سِتٌّ.	'여섯 명.'

여성형 ثَمَانٍ '여덟'은 결여명사(뒤에서 설명됨)에 속하며 다음과 같이 변화한다.

[주/소]	ثَمَانِي سَاعَاتٍ	'여덟 시간-이/의'
[목]	ثَمَانِيَ سَاعَاتٍ	'여덟 시간-을

ㄹ. 11~19

	남 성	여 성	
[주]	أَحَدَ عَشَرَ	إِحْدَى عَشْرَةَ	'열하나'
	اِثْنَا عَشَرَ	اِثْنَتَا عَشْرَةَ	'열둘'
[소/목]	اِثْنَيْ عَشَرَ	اِثْنَتَيْ عَشْرَةَ	
	ثَلَاثَةَ عَشَرَ	ثَلَاثَ عَشْرَةَ	'열셋'
	أَرْبَعَةَ عَشَرَ	أَرْبَعَ عَشْرَةَ	'열넷'
	خَمْسَةَ عَشَرَ	خَمْسَ عَشْرَةَ	'열다섯'
	سِتَّةَ عَشَرَ	سِتَّ عَشْرَةَ	'열여섯'
	سَبْعَةَ عَشَرَ	سَبْعَ عَشْرَةَ	'열일곱'
	ثَمَانِيَةَ عَشَرَ	ثَمَانِيَ عَشْرَةَ	'열여덟'
	تِسْعَةَ عَشَرَ	تِسْعَ عَشْرَةَ	'열아홉'

[주]

(1) '열둘'의 '둘'만 제외하고는 모든 형의 격이 불변으로, ﹷ (또는, 한 경우만 ﹷى)로 끝난다.

(2) '열하나'와 '열둘'의 형은 명사의 성에 일치한다.

(3) '열셋'에서 '열아홉'까지에서, '십'([남] عَشَرَ, [여] عَشْرَةَ)의 형은 명사의 성에 일치하고, 단단위는 반대의 일치를 한다.

피계수 명사는 수사 뒤에 오며, 비한정 단수 목적격으로 놓인다.

> أَحَدَ عَشَرَ كِتَابًا '책 열한 권'
>
> إِحْدَى عَشْرَةَ وِزَارَةً '열한 부처'
>
> عَلَى ٱلطَّاوِلَةِ ٱثْنَا عَشَرَ قَلَمًا. '상 위에 연필 열두 자루가 있다.'
>
> أَنَا بِحَاجَةٍ إِلَى ٱثْنَيْ عَشَرَ قَلَمًا. '나는 연필 열두 자루가 필요하다'

فِي ٱلْمَكْتَبِ ٱثْنَتَا عَشْرَةَ مُوَظَّفَةً جَدِيدَةً.	'사무실에 신임 여직원 열두 사람이 있다.'
عَيَّنُوا ٱثْنَتَيْ عَشْرَةَ مُوَظَّفَةً جَدِيدَةً.	'그들은 신임 여직원 열두 사람을 임명했다.'
خَمْسَةَ عَشَرَ وَلَدًا	'소년 열다섯 사람'
خَمْسَ عَشْرَةَ بِنْتًا	'소녀 열다섯 사람'

ㅁ. 20~99

남 성	여 성	
عِشْرُونَ	عِشْرُونَ	'스물'
وَاحِدٌ وَعِشْرُونَ أَحَدٌ وَعِشْرُونَ	إِحْدَى وَعِشْرُونَ	'스물하나'
اِثْنَانِ وَعِشْرُونَ	اِثْنَتَانِ وَعِشْرُونَ	'스물둘'
ثَلَاثَةٌ وَعِشْرُونَ	ثَلَاثٌ وَعِشْرُونَ	'스물셋'
سَبْعَةٌ وَأَرْبَعُونَ	سَبْعٌ وَأَرْبَعُونَ	'마흔일곱'
ثَمَانِيَةٌ وَسِتُّونَ	ثَمَانٍ وَسِتُّونَ	'예순여덟'

[주]

(1) 여성형 إِحْدَى를 제외한 모든 수사의 각 요소는 격에 따라 변화한다.

(2) 십단위의 수는 성에 상관없이 한 가지 형이고, 단단위의 수만 위에 설명한 규칙에 따라 변화한다.

피계수 명사는 수사 뒤에 오며, 비한정 단수 목적격으로 놓인다.

عِشْرُونَ يَوْمًا	'스무 날'
بَعْدَ عِشْرِينَ يَوْمًا	'스무 날 뒤에'
إِحْدَى وَعِشْرُونَ سَاعَةً	'스물한 시간'
بَعْدَ إِحْدَى وَعِشْرِينَ سَاعَةً	'스물한 시간 뒤에'

خَمْسَةٌ وَأَرْبَعُونَ دَرْسًا   '마흔다섯 과'

دَرَسْنَا خَمْسَةً وَأَرْبَعِينَ دَرْسًا.   '우리는 마흔다섯 과를 공부했다'

اِثْنَتَانِ وَسَبْعُونَ كَلِمَةً   '일흔두 낱말'

تَعَلَّمْنَا أَكْثَرَ مِنِ ٱثْنَتَيْنِ وَسَبْعِينَ كَلِمَةً.   '우리는 일흔두 낱말을 넘게 배웠다.'

ㅂ. 100단위

'백'을 뜻하는 낱말은 명사로서 مِئَةٌ 이며, 쌍수형은 مِئَتَانِ '이백'이다. (이들은 각각 مِائَةٌ 와 مِائَتَانِ 로도 쓰며, 이 때 ا 는 발음되지 않는다.) '삼백' 이상의 백단위의 수는 다음과 같이 연결형으로 쓴다.

이 때 두 요소는 띄어쓰기도 하고 붙여쓰기도 한다. 격은 단단위의 수가 나타낸다.

[주]	ثَلَاثُمِئَةٍ	ثَلَاثُ مِئَةٍ
[소]	ثَلَاثِمِئَةٍ	ثَلَاثِ مِئَةٍ
[목]	ثَلَاثَمِئَةٍ	ثَلَاثَ مِئَةٍ

백에서 구백까지의 백단위 수는 다음과 같다.

'육백'	سِتُّ مِئَةٍ	'백'	مِئَةٌ
'칠백'	سَبْعُ مِئَةٍ	'이백'	مِئَتَانِ
'팔백'	ثَمَانِي مِئَةٍ	'삼백'	ثَلَاثُ مِئَةٍ
'구백'	تِسْعُ مِئَةٍ	'사백'	أَرْبَعُ مِئَةٍ
		'오백'	خَمْسُ مِئَةٍ

피계수 명사는 수사 뒤에 비한정 단수 소유격으로 놓여서, 두 요소가 연결형 상태로 쓰인다.

مِئَةُ يَوْمٍ	'백 일'
مِئَةُ سَنَةٍ	'백 년'
مِئَتَا رَجُلٍ	'남자 이백 사람'
مَعَ مِئَتَيْ رَجُلٍ	'남자 이백 사람과 함께'
رَجَعَ خَمْسُ مِئَةِ زَائِرٍ إِلَى بَلَدِهِمْ.	'방문객 오백 사람이 자기들 나라로 돌아갔다.'
اِسْتَقْبَلَ ٱلرَّئِيسُ خَمْسَ مِئَةِ زَائِرٍ.	'대통령이 방문객 오백 사람을 맞이했다.'

백단위와 다른 수사의 결합은 وَ로 한다.

مِئَةٌ وَوَاحِدٌ	'101'
مِئَةٌ وَٱثْنَانِ	'102'
مِئَةٌ وَثَلَاثَةٌ	'103'
مِئَتَانِ وَأَرْبَعَةَ عَشَرَ	'214'
ثَلَاثُ مِئَةٍ وَعِشْرُونَ	'320'
أَرْبَعُ مِئَةٍ وَخَمْسَةٌ وَثَلَاثُونَ	'435'

이 때의 피계수 명사는 수사 뒤에 비한정으로 놓인다. 백단위 수에 '하나' 또는 '둘'이 더해 지면 다음과 같은 표현을 쓴다.

مِئَةُ كِتَابٍ وَكِتَابٌ	'책 101 권'
مِئَتَا بِنْتٍ وَبِنْتَانِ	'소녀 202 사람'

다른 경우에는 피계수 명사의 쓰임은 수사의 마지막 요소에 따른다.

أَرْبَعُ مِئَةِ كِتَابٍ	'책 400 권'
أَرْبَعُ مِئَةٍ وَخَمْسَةُ كُتُبٍ	'책 405 권'

أَرْبَعُ مِئَةٍ وَخَمْسَةَ عَشَرَ كِتَابًا   '책 415 권'

أَرْبَعُ مِئَةٍ وَخَمْسَةٌ وَعِشْرُونَ كِتَابًا   '책 425 권'

'백'의 복수형 مِئَاتٌ '수백'을 나타낼 때만 쓰이며, 보통은 ' مِنْ + 복수 한정 명사'의 형태로 쓰인다.

مِئَاتٌ مِنَ ٱلرِّجَالِ   '남자 수백 사람'

ㅅ. 1000단위

'천'을 뜻하는 낱말은 명사로서 أَلْفٌ 이며, 쌍수는 أَلْفَانِ, 복수는 آلَافٌ 이다. 이 앞에 다른 수사가 오면 그 자체가 피계수 명사가 된다.

أَلْفٌ   '천(1,000)'

أَلْفَانِ   '이천(2,000)'

ثَلَاثَةُ آلَافٍ   '삼천(3,000)'

خَمْسَةَ عَشَرَ أَلْفًا   '만 오천(15,000)'

ثَلَاثُونَ أَلْفًا   '삼만(30,000)'

مِئَةُ أَلْفٍ   '십만(100,000)'

천단위 수의 피계수 명사는 비한정 단수 소유격으로 놓여서 두 요소가 연결형 상태로 쓰인다.

ثَلَاثَةُ آلَافِ سَنَةٍ   '삼천 년'

ثَلَاثُونَ أَلْفَ سَنَةٍ   '삼만 년'

ثَلَاثُمِئَةِ أَلْفِ سَنَةٍ   '삼십만 년'

다른 수사와의 결합은 وَ로 한다.

'1457'	أَلْفٌ وَأَرْبَعُ مِئَةٍ وَسَبْعَةٌ وَخَمْسُونَ
'9만 3876'	ثَلَاثَةٌ وَتِسْعُونَ أَلْفًا وَثَمَانِي مِئَةٍ وَسِتَّةٌ وَسَبْعُونَ

마지막 요소가 '하나' 또는 '둘'일 때는 백단위의 수처럼 다음과 같은 표현을 쓴다.

'1001 밤'	أَلْفُ لَيْلَةٍ وَلَيْلَةٌ
'1002 밤'	أَلْفُ لَيْلَةٍ وَلَيْلَتَانِ

다른 경우에는 역시 수사의 마지막 요소에 따라 피계수 명사를 쓴다.

'책 3005 권'	ثَلَاثَةُ آلَافٍ وَخَمْسَةُ كُتُبٍ
'3005 년'	ثَلَاثَةُ آلَافٍ وَخَمْسُ سَنَوَاتٍ
'6020 년'	سِتَّةُ آلَافٍ وَعِشْرُونَ سَنَةً

'천'의 또 다른 복수형 أُلُوفٌ 는 '수천'을 나타내며, 다음과 같은 형태로 쓰인다.

'단어 수천 개'	أُلُوفٌ مِنَ ٱلْكَلِمَاتِ

ㅇ. 피계수 명사가 한정일 경우

지금까지는 피계수 명사가 비한정상태이었다. 그러나 그 명사가 한정상태일 경우는 명사를 먼저 쓰고, 수사는 형용사의 경우와 마찬가지로 관사를 붙이고 성과 격에 일치시킨다. 성과 격의 일치에서는 위에 설명한 여러 규칙에 따른다. 이 때 명사가 셋 이상을 나타낼 때는 복수형을 쓴다.

'그 네 권의 책'	ٱلْكُتُبُ ٱلْأَرْبَعَةُ
'이 네 언어에서'	فِي هٰذِهِ ٱللُّغَاتِ ٱلْأَرْبَعِ
'그의 스무 명의 학생'	طُلَّابُهُ ٱلْعِشْرُونَ

수사가 11~19일 때는 관사를 단단위의 수에만 붙인다.

مَعَ طُلَّابِنَا ٱلْخَمْسَةَ عَشَرَ '우리의 열다섯 명의 학생과 함께'

여러 요소의 수사가 어울리면 وَ에 의해 결합되고, 각 요소에 관사를 붙인다.

فِي ٱلسَّاعَاتِ ٱلْأَرْبَعِ وَٱلْعِشْرِينَ ٱلْقَادِمَةِ '다음의 스물네 시간에'

연습 11. 쓰기, 가려내기 : 수사

ㄱ. 아래 각 문장의 밑줄 친 말을 우리말로 옮겨라.

١ - شاهدنا أربعة أفلام.

٢ - حضر ستمئة زائر إلى المدينة.

٣ - في مكتبه باب وشبّاكان.

٤ - في هذه المدينة مئات من الأبنية.

٥ - عيّنوا سبعة عشر معلّما جديدا.

٦ - سأقرأ كتابا واحدا فقط.

٧ - حصلت المرأة اللبنانيّة على أكثر حقوقها في الأعوام العشرين الأخيرة.

٨ - في المكتبة ثماني مئة وخمسة وأربعون كتابا.

٩ - يعمل ألف وخمسمئة موظّف في ذلك المصنع.

١٠ - خرّجت هذه المدرسة الثانويّة ألوفا من الطلّاب.

ㄴ. 다음을 아랍숫자(١، ٢، ٣ ...)로 써라.

ثلاثة   خمسة وثمانون

أحد عشر   مئتان واثنان وخمسون

ألف وتسعمئة وخمسة وسبعون

연습 12. 구두로 옮기기 : 수사 1~10

1. 그 여자는 아들 둘과 딸 하나가 있다.

2. 그는 두 언어를 배운다.

3. 나는 외국 영화 세 편을 보았다.

4. 그는 새로운 이름 네 개를 언급했다.

5. 그들은 다섯 후보를 뽑았다.

6. 우리는 여섯 개의 정치 집회에 참석했다.

7. 당신[남]은 일곱 대도시에서 살았다.

8. 나는 여의사 여덟 사람을 알고 있다.

9. 그는 장관 아홉 사람과 만나고 있다.

10. 비행기 열 대가 국립공항에 있다.

د – نُصُوصٌ لِلْفَهْمِ

다음 문장을 읽고 연습 13을 하라.

اِنْتِخَابُ رَئِيسِ ٱلْجُمْهُورِيَّةِ فِي لُبْنَانَ

تَجْرِي فِي لُبْنَانَ كُلَّ أَرْبَعَةِ أَعْوَامٍ ٱنْتِخَابَاتٌ لِلْبَرْلَمَانِ، كَذَلِكَ يَجْرِي كُلَّ سِتَّةِ أَعْوَامٍ ٱنْتِخَابٌ لِرَئِيسِ ٱلْجُمْهُورِيَّةِ. يَنْتَخِبُ ٱلشَّعْبُ ٱلْبَرْلَمَانَ، وَيَنْتَخِبُ ٱلْبَرْلَمَانُ رَئِيسَ ٱلْجُمْهُورِيَّةِ.

فِي لُبْنَانَ أَحْزَابٌ وَكُتَلٍ سِيَاسِيَّةٌ كَثِيرَةٌ، وَلِكُلِّ حِزْبٍ مِنْهَا ٱلْحَقُّ فِي تَقْدِيمِ مُرَشَّحٍ، وَلِكِنَّ هَذِهِ ٱلْأَحْزَابَ وَٱلْكُتَلَ تُقَدِّمُ عَادَةً مُرَشَّحَيْنِ فَقَطْ، وَيَنْتَخِبُ ٱلْبَرْلَمَانُ أَحَدَ ٱلْمُرَشَّحَيْنِ.

يَعْتَبِرُ الشَّعْبُ ٱنْتِخَابَ ٱلرَّئِيسِ أَمْرًا هَامًّا، يَتَحَدَّثُ عَنْهُ ٱللُّبْنَانِيُّونَ وَيَعْقِدُونَ ٱلْمُؤْتَمَرَاتِ ٱلسِّيَاسِيَّةِ لِبَحْثِهِ، وَتَنْشُرُ ٱلْجَرَائِدُ مَقَالَاتٍ طَوِيلَةً عَنْهُ.

وَوَاجِبَاتُ ٱلرَّئِيسِ ٱللُّبْنَانِيِّ تَخْتَلِفُ عَنْ وَاجِبَاتِ ٱلرَّئِيسِ ٱلْأَمْرِيكِيِّ، فَلَهُ ٱلْحَقُّ فِي تَعْيِينِ رَئِيسِ ٱلْوُزَرَاءِ، وَلَهُ ٱلْحَقُّ فِي حَلِّ ٱلْبَرْلَمَانِ.

أَسْئِلَةٌ

연습 13.

١ – مَن ينتخب رئيس الجمهوريّة في لبنان؟

٢ – متى يجري انتخاب رئيس الجمهوريّة في لبنان؟

٣ – هل ينتخب الشعب رئيس الوزراء؟

٤ – متى يجري انتخاب البرلمان اللبنانيّ؟

٥ – كم حزبا في لبنان؟

치뤄지다;
의회

당파들,
파벌들

해산

هـ – اَلتَّمَارِينُ ٱلْعَامَّةُ

연습 14. 쓰기, 연결하기 : 연결형

다음의 빈 칸에 알맞은 말을 보기의 해당란에서 골라 적어라.

١ – رجعت إلى بلدهنّ _____ _____ .
     2   1

٢ – درست في _____ _____ .
     2   1

٣ – انعقد اجتماع في _____ _____ _____ .
    3   2   1

٤ – _____ _____ "التجارة الحديثة".
     2   1

٥ – نشرت الجامعة _____ _____ _____ .
    3   2   1

٦ – من _____ _____ _____ .
    3   2   1

3	2	1
الجامعة	المقالة	جامعة
الجدد	رئيس	إحدى
الحزب	هذا	أسماء
	النساء	عنوان
	القاهرة	مكتب
	الأساتذة	مرشّح

연습 15. 의문문 만들기

다음 각 문장의 밑줄 친 부분의 답이 나오도록 의문문을 만들어라.

١ – درّست <u>عشرين</u> طالبا.

٢ – انتظروه <u>في مطعم قريب من هنا</u>.

٣ – سيجتمع مع <u>رئيس الجامعة</u>.

٤ – قابل المدير <u>في الساعة الحادية عشرة والربع</u>.

٥ – يرحلون في الصحراء <u>للبحث عن الماء</u>.

٦ – عنوان مقالته <u>"نحن والتاريخ"</u>.

٧ – شرب <u>معظم الطلاّب</u> القهوة العربيّة.

٨ – عقدوا اجتماعا <u>لكي ينتخبوا مرشّحا</u>.

٩ – تعاونت <u>بعض الدول الأجنبيّة</u> في بناء السدّ.

١٠ – قال إنّ الاقتصاد سيتقدّم <u>تقدّما عظيما</u>.

١١ – <u>للمرأة</u> مكانة هامّة في مجتمعنا.

연습 16. 쓰기

아래 도표의 빈 칸을 채우고 모음부호를 붙여라.

동명사	미완료형	완료형
إعْجَابٌ	تُعْجِبُ	أَعْجَبَتْ
_____	_____	قَرَأْتُ
_____	تَعْتَمِدُ عَلَى	_____
_____	_____	أَظْهَرْتُ
_____	يَخْتَلِفُ	_____
_____	يَعْمَلْنَ عَلَى	_____
_____	_____	رَحَّبُوا بِ

	ــــــــــ	اِنْصَرَفْتُمْ
	يَنْتَخِبَانِ	ــــــــــ
	ــــــــــ	شَارَكْنَا
	تُكْرِمْنَ	ــــــــــ
	يَعْقِدُونَ	ــــــــــ
	ــــــــــ	حَدَّدْتَ
	يَتَنَاوَلُ	ــــــــــ
	ــــــــــ	تَحَدَّثْتُ
	ــــــــــ	اِجْتَمَعَتْ

22

اَلدَّرْسُ ٱلثَّانِي وَٱلْعِشْرُونَ

رَأْيٌ فِي وَضْعِ ٱلْمَرْأَةِ

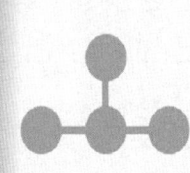

1. 명사화사 : أَنْ ,إِنَّ ,أَنَّ '~이라는 것'

2. كَانَ의 자매어 : أَصْبَحَ, مَا زَالَ, ظَلَّ

3. 명사 غَيْرٌ '~ 이외의 다른 것'

4. 목적어가 두 개 있는 동사 : 수여동사

5. 한국어와 아랍어의 시상의 용법

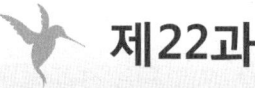

رَأْيٌ فِي وَضْعِ ٱلْمَرْأَةِ

اَلدُّكْتُورَةُ نَوَالُ ٱلسَّعْدَاوِيُّ كَاتِبَةٌ مِصْرِيَّةٌ مَشْهُورَةٌ. تَحَدَّثَتْ فِي كُتُبِهَا وَمَقَالَاتِهَا عَنْ وَضْعِ ٱلْمَرْأَةِ فِي ٱلْمُجْتَمَعِ ٱلْعَرَبِيِّ.

فِي أَحَدِ كُتُبِهَا ذَكَرَتْ أَنَّ ٱلْمَرْأَةَ ٱلْعَرَبِيَّةَ حَقَّقَتْ بَعْضَ ٱلتَّقَدُّمِ فِي ٱلْأَعْوَامِ ٱلْأَخِيرَةِ، وَلٰكِنَّ حُقُوقَهَا لَا تَزَالُ غَيْرَ مُسَاوِيَةٍ لِحُقُوقِ ٱلرَّجُلِ. وَقَالَتْ : يَجِبُ أَنْ تَتَوَفَّرَ لِلْمَرْأَةِ ٱلْعَرَبِيَّةِ كُلُّ حُقُوقِ ٱلرَّجُلِ : يَجِبُ مَثَلاً أَنْ تَتَوَفَّرَ لَهَا حُرِّيَّةُ ٱلرَّأْيِ وَٱلتَّصَرُّفِ، وَأَنْ يَسْمَحَ لَهَا ٱلْمُجْتَمَعُ بِٱلْحُصُولِ عَلَى ٱلْوَظَائِفِ ٱلْعَالِيَةِ.

وَكَثِيرٌ مِنَ ٱلْمُفَكِّرِينَ ٱلْعَرَبِ ٱلْيَوْمَ لَا يَخْتَلِفُونَ فِي ٱلرَّأْيِ مَعَ ٱلدُّكْتُورَةِ نَوَالَ ٱلسَّعْدَاوِيِّ، فَهُمْ يُطَالِبُونَ بِأَنْ يَمْنَحَ ٱلْمُجْتَمَعُ ٱلْمَرْأَةَ كُلَّ حُقُوقِهَا. لٰكِنَّ ٱلْبَعْضَ مِنْهُمْ لَا يَزَالُونَ يَعْتَقِدُونَ أَنَّ ٱلْجَمْعَ بَيْنَ ٱلْبَيْتِ وَٱلْعَمَلِ أَمْرٌ صَعْبٌ جِدًّا، وَأَنَّ وَظِيفَةَ ٱلْمَرْأَةِ فِي بَيْتِهَا مِنْ أَهَمِّ ٱلْوَظَائِفِ ٱلِاجْتِمَاعِيَّةِ.

여성의 상황에 대한 의견

   나왈 앗사아다위 박사는 이집트의 유명한 여류작가이다. 그는 자신의 책과 논문에서 아랍사회에서의 여성의 상황에 관하여 이야기했다.

   그는 한 저서에서, 아랍 여성이 최근 수 년에 걸쳐 어느 정도 발전을 이룩했으나, 여성의 권리가 아직도 남성의 권리와 동등하지 않다고 언급했다. 그는, "남성의 모든 권리가 아랍 여성에게 충분히 주어져야 한다. 보기를 들면, 견해와 행동의 자유가 주어져야 하고, 사회는 여성이 고위직을 얻는 것을 허락해야 한다."고 말했다.

   많은 아랍 사상가들은 오늘날 나왈 앗사아다위 박사와 의견이 다르지 않은데, 그것은 그들이 사회가 여성에게 그의 모든 권리를 부여해 달라고 요구하고 있기 때문이다. 그러나 그들 중 일부는 아직도 가정과 일을 연결하는 것이 매우 어려운 문제이며, 가정에서의 여성의 임무가 가장 중요한 사회적 임무의 하나라고 믿고 있다.

22　여성의 상황에 대한 의견

رَأْيٌ – آرَاءٌ (فِي)	(~에 대한) 의견, 견해
نَوَالُ ٱلسَّعْدَاوِيُّ	나왈 앗사아다위(여자 이름)
حَقَّقَ، تَحْقِيقٌ	II 실현하다, 이룩하다
تَقَدَّمَ، تَقَدُّمٌ	V 발전하다, 진보하다
لَا تَزَالُ	그[여]가 아직도 ~하다
غَيْرٌ	~ 이외의 다른 것; (+ 형용사, 명사) 비-, 불-, 부-
مُسَاوِيَةٌ (لِ)	[여,단] (~와) 같은
يَجِبُ (عَلَى) أَنْ	(~에게) ~하는 것이 필요하다, (~가) ~해야 한다.
أَنْ	~이라는 것, ~이라고
تَوَفَّرَ، تَوَفُّرٌ (لِ)	V (~에게) 충분히 주어지다
مَثَلاً	보기를 들면
تَصَرَّفَ، تَصَرُّفٌ	V 행동하다
مُفَكِّرٌ – ون	사상가
طَالَبَ، مُطَالَبَةٌ (بِ)	III (~을) 요구하다
مَنَحَ –َ، مَنْحٌ	(~에게) (~을) 부여하다, 수여하다
اِعْتَقَدَ، اِعْتِقَادٌ (بِ)	VIII (~을) 믿다
بَيْنَ	~의 사이에
جَمَعَ –َ، جَمْعٌ (بَيْنَ … وَ…)	(~와 ~을) 연결하다
بَيْتٌ – بُيُوتٌ	집, 가정

صَعْبٌ – صِعَابٌ   어려운

اِجْتِمَاعِيٌّ   사회의

☆ 보충어

أَصْبَحَ   IV (~이) 되다

مَا زَالَ _ﹷ   아직도 ~하다

ظَلَّ _ﹷ   남아 있다, 계속 ~하다

1. 명사화사 : أَنَّ, إِنَّ, أَنْ '~이라는 것'

2. كَانَ의 자매어 : أَصْبَحَ, مَا زَالَ, ظَلَّ

3. 명사 غَيْرُ '~ 이외의 다른 것'

4. 목적어가 두 개 있는 동사 : 수여동사

5. 한국어와 아랍어의 시상의 용법

1. 명사화사: أَنَّ, إِنَّ, أَنْ '~이라는 것'

불변사 أَنَّ와 إِنَّ는 19. 다. 2에서 언급되었으나, 다시 요약해 보면 다음과 같다.

(1) 둘 다 '~이라는 것, ~이라고'를 뜻하나, إِنَّ는 قَالَ 동사 뒤에서 쓰고, 다른 경우는 أَنَّ를 쓴다.

> قَالُوا إِنَّ ٱلدَّرْسَ سَهْلٌ. '그들은 그 과가 쉽다고 말했다.'
>
> ذَكَرُوا أَنَّ ٱلدَّرْسَ سَهْلٌ. '그들은 그 과가 쉽다고 언급했다.'

(2) 둘 다 'إِنَّ와 그의 자매어'에 속하며, 따라서 그 뒤에 동사가 오지 않고, 목적격 상태의 명사 또는 연계형대명사가 온다. 이 명사 또는 연계형대명사는 그 절의 주어의 구실을 한다.

> قَالَتْ إِنَّ حُقُوقَهَا غَيْرُ مُسَاوِيَةٍ لِحُقُوقِ ٱلرَّجُلِ. '그[여]는 그[여]의 권리가 남자의 권리와 같지 않다고 말했다.'
>
> ذَكَرَ أَنَّهُ سَافَرَ إِلَى تُونِسَ. '그는 자기가 튀니지로 여행했다고 언급했다.'

불변사 أَنْ은 '~하는 것'의 뜻으로서 إِنَّ의 자매어가 아니며, 접속법 동사가 따라온다.

> يَجِبُ أَنْ يَذْهَبَ. '그가 가는 것이 필요하다.' = '그가 가야 한다.'

إِنَّ/أَنَّ와 أَنْ의 뜻의 기본적 차이점은, أَنَّ 또는 إِنَّ에 이끌리는 절은 구체적으로 일어났거나 진행 중이거나 예정인 사실을 가리키고, أَنْ에 이끌리는 절은 가능성 또는 실현을 희망하거나 두려워하는 것을 가리킨다. 다음을 비교해 보라.

نَعْرِفُ أَنَّ دِمَشْقَ مَدِينَةٌ فِي سُورِيَا.	'우리는 다마스쿠스가 시리아에 있는 도시라는 것을 알고 있다.'
قَالَ إِنَّهُ سَيَسْتَمِعَ إِلَى مُحَاضَرَةٍ عَنِ السَّلَامِ الْعَالَمِيِّ.	'그는 자기가 세계 평화에 대한 강의를 들을 것이라고 말했다.'
يَجِبُ أَنْ نَنْظُرَ فِي هٰذَا الطَّلَبِ.	'우리가 이 요구를 고려해야 한다.'
هَلْ سَمَحُوا بِأَنْ يُسَافِرَ؟	'그들은 그가 여행하도록 허락했느냐?'
لِمَاذَا طَلَبْتُمْ مِنَّا أَنْ نَسْتَقْبِلَهُ؟	'당신들은 왜 우리에게 그를 영접하도록 요청했느냐?'
طَالَبُوهُ بِأَنْ يَتَعَلَّمَ الْعَرَبِيَّةَ.	'그들은 그에게 아랍어를 배울 것을 요구했다.'
لَمْ أَتَمَكَّنْ مِنْ أَنْ أُكْمِلَ هٰذَا التَّمْرِينَ.	'나는 이 연습을 완성할 수 없었다.'

불변사 أَنْ과 أَنَّ, إِنَّ는 뒤따르는 절에 명사의 구실을 갖게 하는데, 이를 명사화사라고 한다. 명사화사는 명사와 같은 구실을 하므로 동사의 주어 또는 목적어, 전치사의 목적어 등의 구실을 할 수 있다. 다음에 이를 설명한다. 각 보기는 명사(또는 명사구)와 명사화사가 이끄는 절의 비교를 나타낸다.

(1) 동사의 목적어

ذَكَرَتْ تَقَدُّمَ الْمَرْأَةِ.	'그[여]는 여성의 발전을 언급했다.'
ذَكَرَتْ أَنَّ الْمَرْأَةَ الْعَرَبِيَّةَ حَقَّقَتْ بَعْضَ التَّقَدُّمِ.	'그[여]는 아랍 여성이 어느 정도 발전을 이룩했다고 언급했다.'
قَالُوا هٰذِهِ الْأَشْيَاءَ.	'그들이 이 일들을 말했다.'
قَالُوا إِنَّ الْاِنْتِخَابَاتِ هَامَّةٌ جِدًّا.	'그들이 선거가 매우 중요하다고 말했다.'

(2) 전치사의 목적어

يُطَالِبُونَ بِحُقُوقِهِمْ.	'그들은 자신의 권리를 요구하고 있다.'
يُطَالِبُونَ بِأَنْ يَمْنَحَ ٱلْمُجْتَمَعُ ٱلْمَرْأَةَ كُلَّ حُقُوقِهَا.	'그들은 사회가 여성에게 그의 모든 권리를 부여해 줄 것을 요구하고 있다.'
أَخْبَرَنِي بِحُضُورِهِمْ.	'그는 나에게 그들이 오는 것을 알려 주었다.'
أَخْبَرَنِي بِأَنَّهُمْ حَضَرُوا.	'그는 나에게 그들이 왔다고 알려 주었다.'
أَخْبَرَنِي أَنَّهُمْ حَضَرُوا.	

마지막 보기에서처럼 전치사가 동사-전치사 구의 일부일 때는 가끔 그 전치사가 أَنَّ 또는 أَنْ 앞에서 빠질 때가 있다. 전치사 قَبْلَ '~의 앞에'와 بَعْدَ '~의 뒤에'는 흔히 أَنْ-구를 목적어로 갖는다. قَبْلَ أَنْ 뒤에 오는 동사는 행위가 완료되었더라도 반드시 접속법이어야 하고, بَعْدَ أَنْ 뒤의 동사는 미래의 행위에는 접속법이, 완료된 행위에는 완료형이 쓰인다.

رَجَعَ إِلَى لِيبِيَا قَبْلَ ٱلْحُصُولِ عَلَى شَهَادَةٍ.	'그는 학위 취득 전에 리비아로 돌아왔다.'
رَجَعَ إِلَى لِيبِيَا قَبْلَ أَنْ يَحْصُلَ عَلَى شَهَادَةٍ.	'그는 학위를 얻기 전에 리비아로 돌아왔다.'
رَجَعَ إِلَى لِيبِيَا بَعْدَ ٱلْحُصُولِ عَلَى شَهَادَةٍ.	'그는 학위 취득 후에 리비아로 돌아왔다.
سَيَرْجِعُ إِلَى لِيبِيَا بَعْدَ أَنْ يَحْصُلَ عَلَى شَهَادَةٍ.	'그는 학위를 얻고 나서 리비아로 돌아올 것이다.'
رَجَعَ إِلَى لِيبِيَا بَعْدَ أَنْ حَصَلَ عَلَى شَهَادَةٍ.	'그는 학위를 얻은 후에 리비아로 돌아왔다.'

(3) 동사의 주어

> أَعْجَبَهُ ٱلْعَمَلُ.   '그는 그 일이 마음에 들었다.'
>
> أَعْجَبَهُ أَنَّ ٱبْنَهُ حَصَلَ عَلَى شَهَادَةٍ.   '그의 아들이 학위를 얻은 것이 그의 마음에 들었다.'

절을 주어로 취하는 동사 중에 비인칭동사(불변적으로 3인칭 남성 단수형만 쓰임)인 يَجِبُ

'~이 필요하다, ~해야 한다'가 있다. 주어인 절은 أَنْ 으로 시작한다.

> يَجِبُ أَنْ تَذْهَبَ.   '당신이 가는 것이 필요하다.'
> = '당신이 가야 한다.'

의무 대상자를 나타내려면 전치사 عَلَى 를 쓴다.

> يَجِبُ عَلَيْكَ أَنْ تَذْهَبَ.   '당신이 가는 것이 필요하다.'
> = '당신이 가야 한다.'

يَجِبُ 구문의 부정은 다음 두 가지가 있으며 각각 뜻이 다르다. 비교하라.

> لَا يَجِبُ أَنْ تَذْهَبَ.   '당신이 가는 것이 필요하지 않다.'
> = '당신이 가지 않아도 된다.'
>
> يَجِبُ أَلَّا تَذْهَبَ.   '당신이 가지 않는 것이 필요하다.'
> = '당신이 가서는 안된다.'

(두번째 보기의 أَلَّا 는 لَا أَنْ '~하지 않는 것'의 축약이다.)

يَجِبُ 의 완료를 타나낼 때는 كَانَ 동사를 사용하는데, 보통은 مِنَ ٱلْوَاجِبِ 가 عَلَى 또는 쓰이기도 한다.

> كَانَ يَجِبُ (عَلَيْكَ) أَنْ تَذْهَبَ.
> كَانَ عَلَيْكَ أَنْ تَذْهَبَ.   '당신이 가는 것에 필요했다.'
> = '당신이 가야 했다.'
> كَانَ مِنَ ٱلْوَاجِبِ أَنْ تَذْهَبَ.

뜻에 주의하면서 다음을 비교하라.

'당신이 가는 것이 필요하지 않았다.' = '당신이 가지 않아도 되었다.'	لَمْ يَكُنْ مِنَ ٱلْوَاجِبِ أَنْ تَذْهَبَ.
'당신이 가지 않는 것이 필요했다.' = '당신이 가서는 안 되었다.'	كَانَ مِنَ ٱلْوَاجِبِ أَلَّا تَذْهَبَ.

أَنَّ 또는 أَنْ에 이끌리는 절은 동명사로 바꿀 수가 있다.

'그들은 새 대통령을 뽑아야 한다.'	يَجِبُ أَنْ يَنْتَخِبُوا رَئِيسًا جَدِيدًا.
'새 대통령의 선거가 필요하다.' = '새 대통령의 선거를 해야 한다.'	يَجِبُ ٱنْتِخَابُ رَئِيسٍ جَدِيدٍ.
'그의 아들이 학위를 얻은 것이 그의 마음에 들었다.'	أَعْجَبَهُ أَنَّ ٱبْنَهُ حَصَلَ عَلَى شَهَادَةٍ.
'그의 아들의 학위 취득이 그의 마음에 들었다.'	أَعْجَبَهُ حُصُولُ ٱبْنِهِ عَلَى شَهَادَةٍ.

연습 1. 쓰기, 완성하기 :명사화사

다음 빈 칸에 알맞은 명사화사(أَنْ, أَنَّ, إِنَّ)를 넣어라.

١ – قال _____ الشعب الأمريكيّ ينتخب الرئيس كلّ أربعة أعوام.

٢ – يسمح المجتمع (بـ + _____) تحصل النساء على وظائف عالية.

٣ – ذكرت لي (_____ + هي) تنتظر في طلبي.

٤ – يتمكّن الحزب (من _____) يعقد المؤتمر في نيويورك هذا الصيفَ.

٥ – قرأنا _____ الزائر يقبل على البدو فيظهرون له الترحيب.

٦ – قال رئيس الجامعة (_____ + هو) يعتبر التعاون أمرا هامًّا جدّا.

٧ – يطالب الطلّاب (بـ + _____) يشاركوا في تعيين الأساتذة.

٨ – يجب _____ يذهبوا إلى المدينة للتجارة.

연습 2. (녹음자료에 수록) 말바꾸기 : يَجِبُ أَنْ

연습 3. 변형: يَجِبُ أَنْ의 부정

'당신이 가야 한다.' → أ – يجب أن تذهب. ←

'당신이 가지 않아도 된다.' → ب – لا يجب أن تذهب. ←

'당신이 가서는 안 된다.' جـ – يجب ألاّ تذهب.

٥ – يجب أن تبذل جهودا كبيرة. ١ – يجب أن يعقد الاجتماع.

٦ – يجب أن يشمل الامتحان الدروس الأخيرة. ٢ – يجب أن ننظر في الطلب.

٧ – يجب أن تسمح الحكومة بذلك. ٣ – يجب أن يرحلوا من مكان إلى مكان.

٨ – يجب أن تتركوا البيت. ٤ – يجب أن تعتمدي عليه.

연습 4. 변형: أَنْ 절 → 동명사

'그들이 내일 모임이 개최되도록 요구 했다.' → يطالبون بأن ينعقد الاجتماع غدا. ←

'그들이 내일 모임의 개최를 요구했다.' يطالبون بانعقاد الاجتماع غدا.

١ – يجب أن ينتخبوا رئيس الجمهوريّة.

٢ – ذكرتم أنّ البدو رحّبوا بكم.

٣ – سمعت بأنّه تعاون مع الشركة بعد عودته.

٤ – يجب أن تقدّم قهوة للزائر.

٥ – أخبرني بأنّك تتناول الوضع الاجتماعيّ الحاضر في مقالاتك.

٦ – قرّرت أن تدرّس في مدرسة ثانويّة.

2. كَانَ의 자매어 : ظَلَّ, ما زَالَ, أَصْبَحَ

'كَانَ의 자매어'는 كَانَ와 같이 주어는 주격으로, 술어는 (변화하면) 목적격으로 놓는 연결동

사이다. 이에는 أَصْبَحَ '되다'와 같은 됨의 동사, بَقِيَ '남아 있다', ظَلَّ와 مَا زَالَ '아직도 ~하다, 계속 ~하다'와 같은 잔존의 동사, لَيْسَ와 같은 부정의 동사 등이 포함된다. 형식적인 어투에서 لَيْسَ는 لَا와 같은 뜻으로, 미완료형 직설법의 부정을 나타내는 데 쓰인다.

أَصْبَحَ دُكْتُورًا بَعْدَ عِشْرِينَ سَنَةً مِنَ ٱلدِّرَاسَةِ.	'그는 공부한 지 20년 후에 박사가 되었다.'
هَلْ بَقِيَ فَرِيدٌ صَدِيقًا لَكَ حَتَّى ٱلْآنَ يَا مُنِيرُ؟	'무니르, 파리드는 지금까지도 너의 친구로 남아 있었느냐?'
لَا تَزَالُ ٱلطَّاوِلَةُ أَمَامَ ٱلْبَابِ.	'그 탁자는 아직도 문 앞에 있다.'
ظَلَّتْ فِي بَيْتِ وَالِدِهَا حَتَّى تَزَوَّجَتْ.	'그[여]는 결혼할 때까지 아버지의 집에 머물러 있었다.'
لَسْنَا بِحَاجَةٍ إِلَى مُحَاضَرَةٍ يَا فْرَانْكُ.	'프랑크, 우리는 강의가 필요 없다.'

كَانَ와 그의 자매어들은 뒤에 직설법 동사가 따라 올 수도 있다. 이 때 주어는 두 동사의 사이에 오게 된다.

أَصْبَحَ ٱلسِّيَاسِيُّونَ يَعْتَبِرُونَهُ صَدِيقًا لَهُمْ.	'정치인들이 그를 자기들의 친구로 여기게 되었다.'
هَلْ بَقِيَتْ تَتَكَلَّمُ عَنْ عَائِلَتِهَا؟	'그[여]가 자기 가족에 대해서 계속해서 이야기했느냐?'
لَا يَزَالُ ٱلْمُدَرِّسُ يَشْرَبُ ٱلْقَهْوَةَ فِي ٱلصَّفِّ.	'선생님이 아직도 교실에서 커피를 마시고 있다.'
ظَلَّ صَدِيقِي يَنْتَقِلُ مِنْ بَلَدٍ عَرَبِيٍّ إِلَى آخَرَ.	'나의 친구는 아랍 국가를 이곳 저곳 계속 옮겨 다녔다.'
لَا يَزَالُ فَرِيدٌ يَعْمَلُ فِي ٱلْمَصْنَعِ.	'파리드는 아직도 공장에서 일하고 있다.'

| لَسْتُ أَعْتَمِدُ عَلَى أَحَدٍ. | '나는 아무에게도 의지하지 않는다.' |

زَالَ(مَا زَالَ) (يَزَالُ [미] '그치다'의 부정형)는 보통 부정형으로 쓰여서, '계속~하다, 아직도~하다'의 뜻을 나타낸다. 다음에 이 동사의 3인칭 완료형과 미완료형을 보인다.

	완료형의 부정	미완료형의 부정
3남단	مَا زَالَ	لَا يَزَالُ
여단	مَا زَالَتْ	لَا تَزَالُ
3남쌍	مَا زَالَا	لَا يَزَالَانِ
여쌍	مَا زَالَتَا	لَا تَزَالَانِ
3남복	مَا زَالُوا	لَا يَزَالُونَ
여복	مَا زِلْنَ	لَا يَزَلْنَ

[주]

(1) 완료형 زَالَ의 부정은 일반적으로 부정사 مَا '~이 아닌'를, 미완료형은 일반적인 방법대로 لَا를 써서 나타낸다. كَانَ와 같은 다른 동사의 완료형 부정도 لَمْ + 단축법 외에 مَا를 써서 나타낼 수 있다.

[보기] لَمْ يَكُنْ, مَا كَانَ '그가 ~이 아니었다/없었다'

(2) زَالَ의 두 가지 부정형은 완료형이든 미완료형이든 의미가 같은데, 일반적으로 미완료형이 더 많이 쓰인다.

(3) 두 가지 형이 모두 미완료의 의미를 나타내며, 완료의 의미('여전히')는 كَانَ 동사를 사용하여 나타낸다.

لَا يَزَالُ طَالِبًا.	'그는 아직도 학생이다.'
كَانَ لَا يَزَالُ طَالِبًا.	'그는 여전히 학생이었다.'
كَانَتْ لَا تَزَالُ تُدَرِّسُ تَارِيخَ أُورُبَّا فِي الْجَامِعَةِ.	'그[여]는 여전히 그 대학에서 유럽사를 가르치고 있었다.'

ظَلَّ와 زَالَ와 같은 동사의 완전한 변화형은 각각 제31과와 제34과에 나온다.

연습 5. (녹음자료에도 수록) 말바꾸기 : أَصْبَحَ와 함께 변형하기

ㄱ. '파리드는 유명한 의사이다.' →   ← فريد طبيب مشهور .

'파리드는 유명한 의사가 되었다.'   أصبح فريد طبيبا مشهورا.

١ - الجمع بين البيت والعمل أمر صعب.

٢ - نحن بحاجة إلى مساعدتك.

٣ - أنتم أصدقائي.

٤ - هذا من أهمّ المواضيع.

٥ - هي أعظم دولة في العالم.

ㄴ. '정부는 공장들 건설에 참여했다.'   شاركت الحكومة في بناء المصانع.

→   ←

'정부는 공장들 건설에 참여하게 되   أصبحت الحكومة تشارك في بناء
었다.'   المصانع.

١ - اعتمدت مصر على السدّ العالي إلى أبعد حدّ.

٢ - اعتقد المفكّرون أنّ انتخاب الرئيس أمر هامّ.

٣ - توفّر للمرأة حقوق الرجل كلّها.

٤ - أثّرت القراءة على آرائه تأثيرا عظيما.

٥ - رحل من مكان إلى مكان بعد ذهاب زوجته.

연습 6. (녹음자료에도 수록) 말바꾸기 : لَا يَزَالُ

'아흐마드는 아직도 반에서 제일 큰 소년이다.'	لا يزال أحمد أطول ولد في الصفّ.

١ - حقوق المرأة غير مساوية لحقوق الرجل.

٢ - هما تطالبان بحرّيّة التصرّف.

٣ - فريدة طالبة في جامعة بغداد.

٤ - يعتبرونك صديقا مخلصا وعزيزا .

٥ - القاهرة أكبر مدينة في العالم العربيّ.

٦ - البدو يرحلون من مكان إلى مكان للبحث عن الماء.

3. 명사 غَيْرٌ '~ 이외의 다른 것'

غَيْرٌ라는 단어는 명사로서 주로 연결형의 제1요소로 쓰이며, '~ 이외의 다른 사람/것' 또는 명사 또는 형용사를 부정하여 '비-, 불-, 부-' 등의 의미를 갖는다.

'학생들과 학생 아닌 이들이 우리 모임에 참석했다.'	حَضَرَ ٱجْتِمَاعَنَا ٱلطُّلَّابُ وَغَيْرُ ٱلطُّلَّابِ.
'나는 아랍어와 다른 언어들을 공부했다.'	دَرَسْتُ ٱلْعَرَبِيَّةَ وَغَيْرَهَا مِنَ ٱللُّغَاتِ.
'그[여]들 중에는 의사·작가·그 밖의 사람들이 있다.'	مِنْهُنَّ ٱلطَّبِيبَاتُ وَٱلْكَاتِبَاتُ وَغَيْرُهُنَّ.

명사가 غَيْرٌ-형용사 구에 의해 수식을 받으면, غَيْرٌ는 그 명사와 격이, 형용사는 항상 소유격으로서 그 명사와 성·수·한정여부가 일치해야 한다.

'비레바논계 직원들'	مُوَظَّفُونَ غَيْرُ لُبْنَانِيِّينَ
'이 중요하지 않은 과목들에서'	فِي هٰذِهِ ٱلْمَوَاضِيعِ غَيْرِ ٱلْهَامَّةِ

연습 7. 쓰기, 가려내기 : غَيْرٌ

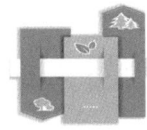

다음의 밑줄 친 말에 모음부호를 붙이고 우리말로 옮겨라.

١ – لا تزال حقوق المرأة <u>غير مساوية</u> لحقوق الرجل.

٢ – نعتبر هذا أمرا <u>غير هامّ</u>.

٣ – سافرنا إلى مصر والعراق <u>وغيرها</u> من الدول العربيّة.

٤ – اجتمع الأساتذة والأستاذات <u>وغيرهم</u> من موظّفي الجامعة.

٥ – أصبح الجمع بين العمل والدراسة <u>غير سهل</u>.

٦ – يعتقد الأستاذ فريد <u>وغيره</u> من المفكّرين أنّ هذا الحقّ حقّ أساسيّ.

٧ – لم ينتخب هذا الشعب <u>غير العربيّ</u> رئيس الجمهوريّة.

٨ – سوف يجتمعون في هذه الدولة <u>غير الإسلاميّة</u>.

연습 8. 쓰기, 번역 : غير

1. 뉴욕(주)와 미국의 다른 주들은 정부 보조에 의존한다.
2. 아랍어 공부는 어렵지 않다.
3. 아랍인과 비아랍인은 큰 경제 발전을 실현시키는데 협력하고 있다.
4. 이 직원은 불성실하다.
5. 그들 중에는 장관들과 교사들과 그 밖의 사람들이 있다.

4. 목적어가 두 개 있는 동사 : 수여동사

'주다, 수여하다' 등의 뜻을 가진 동사들은 수여동사라고 하는데, 이들은 목적어를 두 개 가진다. 이 때 첫번째 목적어는 간접목적어('~에게'의 뜻), 두번째는 직접목적어('~을'의 뜻)이다.

> مَتَى سَيَمْنَعُ ٱلْمُجْتَمَعُ ٱلْمَرْأَةَ كُلَّ حُقُوقِهَا؟ '사회는 언제 여성에게 그의 모든 권리를 부여할 것인가?'

대명사도 목적어로 쓰일 수 있는데, 간접목적어일 때는 연계형을 쓰며, 직접목적어일 때 특수한 구문(44. 다. 3 참조)을 사용한다.

عَرَفْتُ أَنَّ جَامِعَتَكُمْ تَمْنَحُ ٱلطُّلَّابَ مُسَاعَدَاتٍ كَثِيرَةً.	'나는 귀대학이 학생들에게 많은 도움을 준다는 것을 알았다.'
مَنَحُونِي حَقَّ ٱلْعَمَلِ فِي ٱلْمَتْحَفِ.	'그들은 나에게 박물관에서 일할 권리를 주었다.'

5. 한국어와 아랍어의 시상의 용법

　동사를 분류하는 데는 시간의 흐름에 따라 과거-현재-미래로 나누는 방법(시제법)과 동작의 완료 여부에 따라 완료-미완료로 나누는 방법(사상법)이 있다. 시제법은 주로 영어 등에서 쓰이며, 아랍어는 시상법을 쓴다. (우리말도 학자에 따라서는 시상법으로 동사를 분류하기도 한다.) 다시 말하면 아랍어의 동사는 시간의 흐름의 결과보다는 동작이나 상태가 끝났느냐의 여부인 사건에 중점을 두는 것이다. 이런 것은 우리말에서도 흔히 같은 경우를 불 수 있다.

　보기를 들면, 우리말에서 "나는 '학교에 간다(갔다)'고 말했다."(직접화법)와 "나는 학교에 간다(갔다)고 말했다."(간접화법)에서 주절의 동사 변화에 따른 종속절(내포절)의 동사의 변화가 없으나, 시제법을 쓰는 영어 등에서는 변화를 해야 한다. 그러나 아랍어에서는 우리말과 똑같은 구문을 갖는다.

　또 우리말의 "그는 나이가 먹었다."도 영어에서는 현재형을 쓰는 데 비해("He is old."), 아랍어에서는 완료형을 쓴다(كَبَرَ). 다시 말하면, 아랍인의 동사를 쓰는 감각은 영어 등을 사용하는 사람보다 우리 한국인과 더 비슷하거나 같다.

د – نُصُوصٌ لِلْفَهْمِ

다음 문장을 읽고 연습 13을 하라.

مَقَالَةٌ فِي جَرِيدَةِ ٱلْجَامِعَةِ

نَشَرَتْ جَرِيدَةُ ٱلْجَامِعَةِ أَمْسِ مَقَالَةً طَوِيلَةً بِعُنْوَانِ "وَضْعُ ٱلطُّلَّابِ فِي ٱلْجَامِعَةِ". كَتَبَ ٱلْمَقَالَةَ إِحْدَى ٱلطَّالِبَاتِ وَٱسْمُهَا سُوزَان وِلْيَامْز. تُطَالِبُ كَاتِبَةُ ٱلْمَقَالَةِ بِمَنْحِ ٱلطُّلَّابِ عَدَدًا مِنَ ٱلْحُقُوقِ وَأَهَمُّهَا ٱلْمُشَارَكَةُ فِي تَقْرِيرِ ٱلْمَنَاهِجِ ٱلدِّرَاسِيَّةِ. وَتَقُولُ : "حُقُوقُ ٱلطُّلَّابِ فِي هٰذِهِ ٱلْجَامِعَةِ لَا تَزَالُ غَيْرَ مُسَاوِيَةٍ لِحُقُوقِ ٱلطُّلَّابِ فِي كَثِيرٍ مِنَ ٱلْجَامِعَاتِ ٱلْأُخْرَى، وَيَجِبُ أَنْ تَعْمَلَ ٱلْجَامِعَةُ عَلَى تَحْقِيقِ هٰذِهِ ٱلْمُسَاوَاةِ. يَجِبُ أَنْ نَتَقَدَّمَ بِطَلَبٍ إِلَى رَئِيسِ ٱلْجَامِعَةِ لِلنَّظَرِ فِي هٰذَا ٱلْأَمْرِ."

동등, 평등

وَنَشَرَتِ ٱلْجَرِيدَةُ صَبَاحَ ٱلْيَوْمِ رَأْيَ رَئِيسِ ٱلْجَامِعَةِ فِي هٰذَا ٱلْمَوْضُوعِ. قَالَ ٱلرَّئِيسُ : "نَحْنُ نَعْتَقِدُ أَنَّ ٱلْمُشَارَكَةَ فِي تَقْرِيرِ ٱلْمَنَاهِجِ حَقٌّ لِلطُّلَّابِ وَسَوْفَ نَعْمَلُ عَلَى مَنْحِهِمْ هٰذَا ٱلْحَقَّ. نَحْنُ نُرَحِّبُ بِٱلتَّعَاوُنِ مَعَ ٱلطُّلَّابِ، لِأَنَّ هَدَفَنَا وَاحِدٌ وَهُوَ تَقَدُّمُ ٱلْجَامِعَةِ."

우리의 목적은 하나다

연습 9. 쓰기, 완성하기

위의 문장에 근거하여 다음 빈 칸에 알맞은 말을 넣어라.

١ – طَالَبَتْ سُوزَان فِي مَقَالَتِهَا بِبَعْضِ الحُقُوقِ وَأَهَمّ هٰذِهِ الحُقُوقِ _____ .

٢ – قَالَتْ سُوزَان إِنّ حُقُوقَ الطُّلَّابِ فِي جَامِعَتِهَا _____ .

٣ – نَشَرَتْ سُوزَان مَقَالَتَهَا فِي _____ .

٤ – قَالَ رَئِيسُ الجَامِعَةِ فِي مَقَالَتِهِ إِنّهُ يُرَحِّبُ _____ .

٥ – قَالَ رَئِيسُ الجَامِعَةِ إِنّ الطُّلَّابَ وَالأَسَاتِذَةَ يَعْمَلُونَ عَلَى تَحْقِيقِ شَيْءٍ وَاحِدٍ هُوَ _____ .

마. 종합연습

هـ – اَلتَّمَارِينُ ٱلْعَامَّةُ

연습 10. (녹음자료에 수록) 완료형 → 미완료형

연습 11. 쓰기, 단수 ↔ 복수

다음 도표의 빈 칸을 채워라

복 수	단 수
يعتقد المفكّرون	يعتقد المفكّر
ــــــــــــ	١ – عام دراسيّ
ولايات أخرى	٢ – ــــــــــ
ــــــــــــ	٣ – انعقد الاجتماع
توفّرت الحقوق	٤ – ــــــــــ
ــــــــــــ	٥ – للمراسل
ــــــــــــ	٦ – الطبيب المشهور
عيّن الموظّفين	٧ – ــــــــــ
ــــــــــــ	٨ – المرشّحة تتصرف
ــــــــــــ	٩ – بدأ الفلم
ــــــــــــ	١٠ – سألت البنت
ــــــــــــ	١١ – نقلنا إليكم خبرا هامّا

연습 12. (녹음자료에 수록) 쓰기, 받아쓰기

연습 13. 쓰기, 가려내기 : **أخوات إنّ**

다음 문장의 밑줄 친 말에 모음부호를 붙이고 우리말로 옮겨라.

١ – أتمكّن صديقي من <u>أن يصبح</u> طبيبا؟

٢ – تعجبني مدينة بيروت <u>لأنّها</u> جميلة جدّا.

٣ – هل تعرف <u>أنّ</u> نهر النيل يؤثّر على اقتصاد مصر تأثيرا عظيما؟

٤ – قال <u>إنّ</u> أمر انتخاب الرئيس هامّ جدّا.

٥ – يجب <u>أن</u> نسرع إلى الترحيب بالزائر الأجنبيّ.

٦ – تقدمت بطلب للعمل <u>لكنّ</u> المدير لم ينظر في طلبي.

٧ – ذكرنا <u>أنّ</u> حرّيّة الرأي حقّ أساسيّ.

23

اَلدَّرْسُ ٱلثَّالِثُ وَٱلْعِشْرُونَ

مُذَكِّرَاتُ طَالِبٍ أَمْرِيكِيٍّ

1. 관계절

2. 명칭과 제목의 성

3. 명사화사 مَا

4. 목적격의 부사적 용법

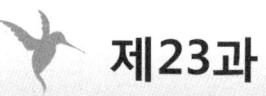

مُذَكِّرَاتُ طَالِبٍ أَمْرِيكِيٍّ   제23과

١ – اَلْقَائِدُ اَلْمُسْلِمُ اَلَّذِي فَتَحَ اَلْأَنْدَلُسَ هُوَ طَارِقُ بْنُ زِيَادٍ.

선물

٢ – هِيرُودُتُس هُوَ اَلْكَاتِبُ اَلَّذِي قَالَ قَدِيمًا : مِصْرُ هِبَةُ اَلنَّيْلِ. قَالَ ذٰلِكَ لِأَنَّ
اَلنَّيْلَ حَيَاةُ مِصْرَ.

٣ – يَحْتَرِمُ اَلْعَرَبُ اَلْمُسْتَشْرِقَ اَلَّذِي يَبْذُلُ جُهُودًا كَبِيرَةً لِخِدْمَةِ اَلْأَدَبِ اَلْعَرَبِيِّ.

위치해
있다

٤ – مِنَ اَلْمُدُنِ اَلَّتِي تَقَعُ عَلَى نَهْرِ اَلنَّيْلِ : اَلْقَاهِرَةُ وَاْلإِسْكَنْدَرِيَّةُ وَأَسْوَانُ، وَهِيَ
مِنْ أَكْبَرِ اَلْمُدُنِ اَلْمِصْرِيَّةِ وَأَجْمَلِهَا.

٥ – "تَارِيخُ اَلْأَدَبِ اَلْعَرَبِيِّ" مِنْ أَهَمِّ اَلْكُتُبِ اَلَّتِي كَتَبَهَا كَارْل بْرُوكِلْمَان.

٦ – "اَلْهِلَالُ" هِيَ اَلْمَجَلَّةُ اَلَّتِي أَنْشَأَهَا جُورْجِي زَيْدَانُ، وَلَا تَزَالُ مِنْ أَشْهَرِ اَلْمَجَلَّاتِ
اَلْمِصْرِيَّةِ.

٧ – مَيُّ زِيَادَةَ هِيَ اَلْمَرْأَةُ اَلْعَرَبِيَّةُ اَلَّتِي تَأَثَّرَتْ بِهَا اَلنَّهْضَةُ اَلْأَدَبِيَّةُ اَلنِّسَائِيَّةُ تَأَثُّرًا كَبِيرًا.

그가 말
한다

٨ – يَقُولُ بَعْضُ اَلْمُفَكِّرِينَ إِنَّ اَلْقَوْمِيَّةَ اَلْعَرَبِيَّةَ هِيَ اَلْفِكْرَةُ اَلَّتِي تَجْمَعُ اَلْعَرَبَ
مَعًا.

٩ – "اَلْأَهْرَامُ" جَرِيدَةٌ تَتَحَدَّثُ بِاسْمِ اَلْحُكُومَةِ اَلْمِصْرِيَّةِ، وَهِيَ اَلْيَوْمَ أَشْهَرُ جَرِيدَةٍ فِي اَلْعَالَمِ
اَلْعَرَبِيِّ.

예언자,
선지자

١٠ – جُبْرَانُ خَلِيلٍ جُبْرَانَ أَدِيبٌ لُبْنَانِيٌّ رَحَلَ إِلَى أَمْرِيكَا، وَهُنَاكَ كَتَبَ عَدَدًا مِنَ
اَلْكُتُبِ أَشْهَرُهَا "اَلنَّبِيُّ".

١١ – إِبْرَاهِيمُ طُوقَانُ أَدِيبٌ فِلَسْطِينِيٌّ كَتَبَ شِعْرًا قَوْمِيًّا كَثِيرًا.

지배했다;
오스만(제국)의

١٢ – مُحَمَّدٌ عَلِيٌّ رَجُلٌ حَكَمَ مِصْرَ عِنْدَمَا كَانَتْ وِلَايَةً عُثْمَانِيَّةً.

١٣ - نَازِكُ ٱلْمَلَائِكَةُ أَدِيبَةٌ عِرَاقِيَّةٌ سَاعَدَتْ عَلَى تَطَوُّرِ ٱلشِّعْرِ ٱلْعَرَبِيِّ ٱلْحَدِيثِ.

철학

١٤ - اِبْنُ خَلْدُونَ عَرَبِيٌّ كَتَبَ كِتَابًا عَنْ فَلْسَفَةِ ٱلتَّارِيخِ، وَلَهُ فِي ٱلْكِتَابِ آرَاءٌ هَامَّةٌ يَدْرُسُهَا ٱلْيَوْمَ طُلَّابُ ٱلتَّارِيخِ فِي كُلِّ بِلَادِ ٱلْعَالَمِ.

١٥ - لِنَجِيبٍ مَحْفُوظٍ كُتُبٌ يَقْرَأُهَا عَدَدٌ كَبِيرٌ مِنَ ٱلْعَرَبِ، وَهُوَ يَتَحَدَّثُ فِي كُتُبِهِ عَنِ ٱلْحَيَاةِ ٱلِاجْتِمَاعِيَّةِ ٱلْمِصْرِيَّةِ.

한 미국 학생의 필기

1. 안달루스를 정복한 무슬림 사령관은 따리끄 이븐 지야드이다.

2. 헤로도토스는 오래 전에 "이집트는 나일강의 선물이다."라고 말한 저술가이다. 그는 나일강이 이집트의 생명이기 때문에 그렇게 말하였다.

3. 아랍인들은 아랍 문학에 공헌하기 위해 많은 노력을 하고 있는 동양학자를 존경한다.

4. 나일강에 위치한 도시 가운데는 카이로·알렉산드리아·아스완이 있는데, 이들은 이집트의 가장 크고 가장 아름다운 도시에 속한다.

5. ≪아랍문학사≫는 카를 브로켈만이 쓴 가장 중요한 책 가운데 하나이다.

6. ≪알힐랄≫은 주르지 자이단이 창간한 잡지로서, 아직도 가장 유명한 이집트 잡지들 중의 하나이다.

7. 마이 지야다는 여성문학부흥에 지대한 영향을 끼쳤던 아랍 여성이다.

8. 일부 사상가들은 아랍민족주의가 아랍인들을 함께 결합시키는 사상이라고 말한다.

9. ≪알아흐람≫은 이집트 정부를 대변하는 신문으로서, 오늘날 아랍세계에서 가장 유명한 신문이다.'

10. 주브란 할릴 주브란(칼릴 지브란)은 미국으로 이주한 레바논 작가로서, 거기에서 많은 책을 썼는데, 그중 가장 유명한 것은 ≪예언자≫이다.

11. 이브라힘 뚜깐은 많은 민족시를 쓴 팔레스틴 문인이다.

12. 무함마드 알리는 이집트가 오스만 제국의 한 주였을 때 그 곳을 통치했던 사람이다.

13. 나직 알말라이카는 현대 아랍시의 발전에 도움을 준 이라끄의 여류문인이다.

14. 이븐 할둔은 역사 철학에 관한 책을 쓴 아랍인으로, 그는 그 책에서 오늘날 전세계 국가들의 역사학도들이 공부하는 중요한 견해를 갖고 있다.

15. 나깁 마흐푸드는 많은 수의 아랍인들이 읽고 있는 책들이 있는데, 그는 자신의 책들에서 이집트의 사회생활에 관하여 이야기하고 있다.

23 한 미국 학생의 필기

مُذَكِّرَةٌ – ات	비망록; [복] 필기; 회상기, 회고록
قَائِدٌ – قُوَّادٌ، قَادَةٌ	지도자, 장군, 사령관, 지휘자
مُسْلِمٌ – ون	무슬림
اَلَّذِي	[관;남,단] ~하는 (사람, 것)
فَتَحَ ــَ، فَتْحٌ	열다; 정복하다
اَلْأَنْدَلُسُ	안달루스(아랍-무슬림이 정복했던 이베리아반도)
طَارِقُ بْنُ زِيَادٍ	따리끄 이븐 지야드
اِحْتَرَمَ، اِحْتِرَامٌ	VIII 존경하다
مُسْتَشْرِقٌ – ون	동양학자
أَدَبٌ – آدَابٌ	문학
اَلَّتِي	[관;여,단] ~하는 (사람, 것)
كَارْل بْرُوكِلْمَان	카를 브로켈만(독일의 아랍어학자)
"اَلْهِلَالُ"	《알힐랄》('초생달'의 뜻; 이집트의 문예지)
مَجَلَّةٌ – ات	잡지
أَنْشَأَ، إِنْشَاءٌ	IV 창조하다, 창간하다, 창설하다
جُورْجِي زَيْدَانُ	주르지 자이단(작가)
مَيُّ زِيَادَةُ	마이 지야다(여류작가)
تَأَثَّرَ، تَأَثُّرٌ (بِ، فِي)	V ~에 영향을 받다
نَهْضَةٌ – نَهَضَاتٌ	각성, 부활, (문예)부흥
قَوْمِيَّةٌ – ات	민족주의

قَوْمِيٌّ – ون	민족(주의)의; 민족주의자
جَمَعَ ـَ، جَمْعٌ	모으다, 결합하다
مَعًا	함께
اَلْأَهْرَامُ	《알아흐람》('피라밋들'의 뜻; 이집트의 신문)
أَدِيبٌ – أُدَبَاءُ	문인, 문학가
إِبْرَاهِيمُ طُوقَانُ	이브라힘 뚜깐(작가)
فِلَسْطِينُ	팔레스틴
شِعْرٌ – أَشْعَارٌ	시
مُحَمَّدٌ عَلِيٌّ	무함마드 알리
عِنْدَ	[전] ~의 옆에, ~의 무렵에; (+ [동]) ~하자마자
عِنْدَمَا	[속] ~할 때
نَازِكُ ٱلْمَلَائِكَةِ	나직 알말라이카(여류작가)
تَطَوَّرَ، تَطَوُّرٌ	발전하다, 발달하다
اِبْنُ خَلْدُونَ	이븐 할둔(역사학자)
نَجِيبٌ مَحْفُوظٌ	나깁 마흐푸드(작가)

다. 문법과 연습

---

1. 관계절
2. 명칭과 제목의 성
3. 명사화사 مَا
4. 목적격의 부사적 용법

---

1. 관계절

ㄱ. 한정 관계절

> مَنِ ٱلْقَائِدُ ٱلْمُسْلِمُ ٱلَّذِي فَتَحَ ٱلْأَنْدَلُسَ؟ '안달루스를 정복한 무슬림 사령관은 누구인가?'

위에서와 같이 절(فَتَحَ ٱلْأَنْدَلُسَ '그가 안달루스를 정복했다.')이 명사(구)(ٱلْقَائِدُ '사령관')를 꾸밀 때 그 절을 관계절이라고 하며, 관계절과 명사(구)를 연결시키는 말(ٱلَّذِي)을 관계대명사라고 한다. 아랍어의 관계절은 다음과 같은 특징이 있다.

(1) 관계대명사는 그 형 자체가 관사를 포함하고 있으므로 선행사가 한정일 때만 쓰며, 선행사와 성·수·격에 일치한다.

(2) 관계절은 그 자체가 하나의 절이므로 독립된 문장을 이룰 수 있다.

관계절이 명사문이고 주어가 대명사일 경우 그 대명사는 흔히 생략된다.

> ٱلرَّجُلُ ٱلَّذِي هُوَ مِنْ مِصْرَ '이집트에서 온 남자'
> ٱلرَّجُلُ ٱلَّذِي مِنْ مِصْرَ
> ٱلرَّجُلُ ٱلَّذِي فِي ٱلْبَيْتِ '그 집에 있는 남자'

위의 보기에서 알 수 있듯이 전치사구가 한정 명사를 수식하는 표현을 아랍어로 옮길 때에는 관계대명사를 사용한 관계절을 쓴다.

> '베이루트에서 온 여자' ٱلْمَرْأَةُ ٱلَّتِي مِنْ بَيْرُوتَ

다. 문법과 연습

(3) 관계절에는 선행사를 되받으며 선행사와 성·수에 일치하는 3인칭 대명사가 있는데 이를 관계사라고 한다. 관계사는, 선행사가 관계절에서 주어이고 관계절이 명사문이면 위에서처럼 흔히 생략이 되고, 동사문이면 그 동사에 포함된다.

다음 도시를 보라.

관계절	관계대명사	선행사절
فَتَحَ ٱلأَنْدَلُسَ. '그가 안달루스를 정복했다.'	ٱلَّذِي	مَنِ ٱلْقَائِدُ ٱلْمُسْلِمُ؟ '무슬림 사령관은 누구인가?'

위에서 선행사절과 관계절은 둘 다 완전한 문장이고 관계대명사 ٱلَّذِي는 두 절의 어느 부분도 아니며 둘을 연결해 주는 구실을 한다. 관계대명사가 있는 문장을 읽을 때 쉼발음을 하려면, 반드시 관계대명사의 바로 앞에서 끊어 읽어야 한다. 선행사가 관계절에서 주어 이외의 구실을 할 때는 관계사의 생략이 되지 않는다.

<관계사가 동사의 목적어일 때>

مَا ٱسْمُ ٱلْكِتَابِ ٱلَّذِي كَتَبَهُ كَارْل بْرُوكِلْمَان؟ '카를 브로켈만이 (그것을) 쓴 책의 이름은 무엇이냐?'

<관계사가 전치사의 목적어일 때>

هٰذَا هُوَ ٱلْكُرْسِيُّ ٱلَّذِي بَحَثْتَ عَنْهُ. '이것이 당신이 (그것을) 찾은 그 의자이다.'

<관계사가 소유격일 때>

هٰذَا هُوَ ٱلْكَاتِبُ ٱلَّذِي قَرَأْتَ كُتُبَهُ.	'이분이 당신이 그의 책들을 읽은 그 작가이다.'
هٰذَا هُوَ ٱلْكَاتِبُ ٱلَّذِي مَاتَتِ ٱمْرَأَتُهُ.	'이분이 그의 부인이 죽은 작가이다.'
هٰذَا هُوَ ٱلْكَاتِبُ ٱلَّذِي أَوْلَادُهُ طُلَّابٌ فِي ٱلْقُدْسِ.	'이분이 그의 아이들이 예루살렘의 학생인 작가이다.'

ㄴ. 관계대명사의 변화형

اَلَّذِي

		남성	여성
[단]		اَلَّذِي	اَلَّتِي
[쌍]	[주]	اَللَّذَانِ	اَللَّتَانِ
	[소/목]	اَللَّذَيْنِ	اَللَّتَيْنِ
[복]		اَلَّذِينَ	اَللَّوَاتِي

격변화는 쌍수형에서만 이루어진다. اَلَّذِي의 اَلْ은 관사이며, 따라서 연독함자로 시작한다. 이 변화형에서 자주 쓰이는 남성 단수·여성 단수·남성 복수형의 철자에서 관사의 لْ이 탈락되었다.

관계대명사의 격변화(쌍수형)는 선행사와 일치한다는 데에 다시 한 번 주의하라.

أَيْنَ ٱلْقَلَمَانِ ٱللَّذَانِ كَانَا عَلَى هٰذَا ٱلْكُرْسِيِّ؟	'이 의자 위에 있던 그 두 연필이 어디에 있느냐?'
هَلِ ٱجْتَمَعْتُمْ بِٱلْمَرْأَتَيْنِ ٱللَّتَيْنِ قَرَّرَتَا ٱلذَّهَابَ مَعَكُمْ؟	'당신들은 당신들과 함께 가기로 결정한 그 두 여자와 만났느냐?'

ㄷ. 비한정 관계절

관계대명사는 그 자체가 관사를 포함하고 있기 때문에 선행사가 한정인 경우에만 쓰이고(기본문의 1~8번), 비한정인 경우에는 쓰이지 않는다(기본문 9~15번).

هُوَ قَائِدٌ مُسْلِمٌ فَتَحَ ٱلْأَنْدَلُسَ.	'그는 안달루스를 정복한 (한) 무슬림 사령관이다.'
لِنَجِيبٍ مَحْفُوظٍ كُتُبٌ يَقْرَأُهَا عَدَدٌ كَبِيرٌ مِنَ ٱلْعَرَبِ.	'나깁 마흐푸드는 많은 수의 아랍인들이 읽고 있는 책들이 있다.'
هَلْ هُنَاكَ كَاتِبٌ لُبْنَانِيٌّ قَرَأْتَ كُلَّ كُتُبِهِ؟	'당신이 그의 모든 책을 읽은 레바논 작가가 있느냐?'

비한정 관계절은 선행사절과의 사이를 연결해 주는 말이 없으므로, 비한정 관계절을 끊어서 읽거나 그 앞에 마침표를 찍으면, 두 개의 독립된 문장이 된다.

| جُبْرَانُ خَلِيلُ جُبْرَانُ أَدِيبٌ لُبْنَانِيٌّ رَحَلَ إِلَى أَمْرِيكَا وَسَكَنَ فِي نِيُويُورك. | '주브란 할릴 주브란은 미국으로 이주하여 뉴욕에서 산 레바논 작가이다.' |
| جُبْرَانُ خَلِيلُ جُبْرَانُ أَدِيبٌ لُبْنَانِيٌّ. رَحَلَ إِلَى أَمْرِيكَا وَسَكَنَ فِي نِيُويُورك. | '주브란 할릴 주브란은 레바논 작가이다. 그는 미국으로 이주하여 뉴욕에서 살았다.' |

연습 1. 가려내기 : 관계대명사

이 과의 기본문의 각 문장에서 관계대명사를 찾아서 밑줄을 치고 각각의 선행사를 가려내라.

$$اَلْقَائِدُ اَلَّذِي فَتَحَ اَلْأَنْدَلُسَ \cdots اَلْقَائِدُ [보기]$$

연습 2. (녹음자료에도 수록) 끼워넣기 : اَلَّذِي가 있는 관계절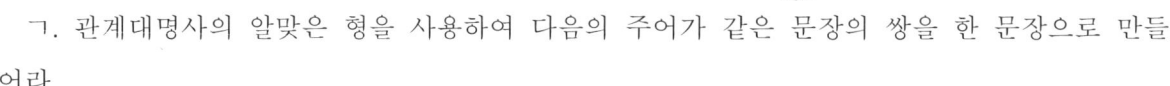

ㄱ. 관계대명사의 알맞은 형을 사용하여 다음의 주어가 같은 문장의 쌍을 한 문장으로 만들어라.

'그 여교사는 무슬림이다.' +   المعلّمة مسلمة. +

'그 여교사는 이슬람사를 가르친다.' →   المعلّمة تدرّس التاريخ الإسلاميّ. ←

'이슬람사를 가르치는 그 여교사는 무슬림이다.'   المعلّمة الّتي تدرّس التاريخ الإسلاميّ مسلمة.

هاتان المرأتان أمريكيّتان.		الأديب المشهور من أمريكا.
هاتان المرأتان عملتا على تقدّم النهضة النسائيّة.	٤ –	الأديب كتب هذه المقالة القصيرة.	١ –
العائلة عربيّة.		الجرائد مصريّة.	
العائلة تسكن في ذلك البيت الصغير.	٥ –	الجرائد نشرت أخبارا هامّة.	٢ –
الطالبات صديقاتي.	٦ –	المراسلون أجانب.	٣ –

الطالبات قابلن رئيس   المراسلون ذهبوا لزيارة آثار
الجمهورية.   بعلبكّ.

ㄴ. 위와 같은 방법으로 다음 두 개의 같은 명사(구)가 있는 문장의 쌍을 한 문장으로 만들어라.

'그 책은 매우 유명하다' +   الكتاب مشهور جدّا. +

'나의 교수가 그 책을 썼다.' →   كتب أستاذي الكتاب. ←

'나의 교수가 쓴 그 책은 매우 유명하다.'   الكتاب الّذي كتبه أستاذي مشهور جدّا.

١ –   البنك بعيد من هنا.
عملت في البنك أربع سنوات.

٢ –   المرشّح رجل كبير.
انتخب الحزب المرشّح في الصيف.

٣ –   المجلّة هي "الهلال".
أنشأ جورجي زيدان المجلّة.

٤ –   الدرسان طويلان وصعبان.
درست الدرسين مساء أمس.

٥ –   يحترم العرب المستشرقين.
المستشرقون يبذلون جهودا كبيرة في تقدّم الأدب العربيّ.

٦ –   اجتمعنا مع الرجلين.
الرجلان يتتعاونان معنا في العمل.

٧ –   كتبت الأديبة هذا الشعر القوميّ.
قرأت هذا الشعر القوميّ أمس.

٨ – يسرع البدو إلى إكرام <u>الزوّار</u>.

يقبل <u>الزوّار</u> عليهم.

연습 3. (녹음자료에도 수록) 변형 : 한정 → 비한정 관계절

انتخبوا المرشّح الّذي حضر المؤتمر. '그들은 대회에 참석한 그 후보를 뽑았다.' →

← '그들은 대회에 참석한 한 후보를 뽑았다.'

انتخبوا مرشّحا حضر المؤتمر.

١ – قرأت الكتاب الّذي كتبه صديقي.

٢ – أكملنا المناهج الدراسيّة الّتي قرّرتها وزارة التربية.

٣ – أعرف النساء اللّواتي ساعدن على تقدّم النهضة الأدبيّة في مصر.

٤ – قابل الرجلين اللّذين يتكلّمان العربيّة.

٥ – درست في المدرسة الثانويّة الّتي خرّجت بعض القوّاد القوميّين.

٦ – هاتان هما المذكّرتان اللّتان كتبهما أثناء المحاضرة.

٧ – ذكرت الموضوع الّذي تناولته في مقالتي.

연습 4. 쓰기, 완성하기 : 관계대명사

다음 문장의 빈 칸에 필요하면 알맞은 형의 관계대명사를 넣어라.

١ – هذه هي المجلّة ـــــــــ أنشأها والدي.

٢ – ذهبوا إلى مطعم ـــــــــ أكلنا فيه أمس.

٣ – تقدّمت بطلب للعمل ـــــــــ سينظر فيه المدير.

٤ – سيتحدّث الوزير إلى الموظّفين ـــــــــ يعملون في وزارته.

٥ – قابلت مفكّرا ـــــــــ كتب مقالة بعنوان "يجب أن تحقّق المرأة حقوقها".

٦ – بحث الأساتذة عن الدول العربيّة ـــــــــ يسافرون إليها هذا الصيف.

٧ – ذهبنا لزيارة مصنعين حديثين _____ شاركت في بنائهما الحكومة.

٨ – درست مع أولئك النساء _____ أصبحن كاتبات مشهورات.

٩ – قرأت في الجريدة عن حكومة جديدة _____ منحت حقّ الانتخابات لكلّ الشعب.

١٠ – متى موعد الطائرة _____ ستسافر إلى الأردنّ؟

2. 명칭과 제목의 성

앞에서 배웠듯이 모든 도시명은 다 여성명사인데, 이것은 مَدِينَةٌ '도시'라는 여성명사가 مَدِينَةُ بَيْرُوتَ '베이루트 시'의 경우처럼 쓰인다고 이해되기 때문이다. 마찬가지로 잡지와 신문의 이름은 مَجَلَّةٌ '잡지'와 جَرِيدَةٌ '신문'과 같은 명사가 여성이기 때문에 여성으로 취급된다. 또 책의 제목은 كِتَابٌ '책'이 남성이기 때문에 남성으로 취급된다.

"اَلْهِلَالُ" هِيَ ٱلْمَجَلَّةُ ٱلَّتِي ···   '《알힐랄》'은 ~한 잡지이다.'
"اَلْأَهْرَامُ" هِيَ ٱلْجَرِيدَةُ ٱلَّتِي ···   '《알아흐람》'은 ~한 신문이다.'
هَلْ قَرَأْتَ "ٱلْأَهْرَامَ" أَمْسِ؟ نَعَمْ، أَقْرَأُهَا كُلَّ   '어제 《알아흐람》을 읽었느냐?
يَوْمٍ.   예, 매일 읽습니다.'
"سِتَّةُ أَيَّامٍ" هُوَ ٱلْكِتَابُ ٱلَّذِي ···   '《싯타트 아이얌》'은 ~한 책이다.'

3. 명사화사 مَا

불변사 مَا는 여러가지 다른 뜻과 기능이 있는데, 우리는 이 중에서 의문사 مَا '무엇?'와 부정사 مَا '~이 아닌'을 배웠다. 이 단어는 또 أَنْ 또는 أَنَّ와 마찬가지로 명사화사로도 쓰인다. 그러나 مَا는 일부 전치사의 목적어로만 쓰인다. 이 과에서는 그 중에서 전치사 عِنْدَ가 나온다. عِنْدَ의 목적어가 동명사일 때는 '~하자마자'로 옮겨진다.

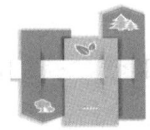
عِنْدَ رُجُوعِهِمْ كَتَبُوا مَقَالَةً.   '그들은 돌아오자마자 기사를 썼다.'

그러나 عِنْدَ의 목적어가 مَا에 이끌리는 절일 때, 결합어 عِنْدَمَا는 '~할 때'로 옮겨진다.

عِنْدَمَا رَجَعُوا كَتَبُوا مَقَالَةً.   '그들은 돌아왔을 때 기사를 썼다.'

연습 5. 쓰기, 가려내기: مَا의 용법

다음 문장에서 مَا에 밑줄을 치고 그 용법(의문사·부정사·명사화사)을 적어라.

١ – سألني : ما عنوان محاضرة الأستاذ؟

٢ – بنته ما زالت تسكن في مدينة أخرى.

٣ – ما أسماء الأدباء الّذين قابلتهم في الاجتماع؟

٤ – استقبلنا الرئيس عندما رجع من سفره.

٥ – أما زال المدير في مكتبه؟

٦ – تحدّث إليّ بالعربيّة عندما قابلته.

٧ – ما اسم الشارع الّذي تسكن فيه؟

٨ – ما زالوا يرحلون من مكان إلى مكان في الصحراء للبحث عن الماء.

4. 목적격의 부사적 용법

아랍어에는 هُنَا '여기', فَقَطْ '~뿐'과 같은 순수 부사가 드물기 때문에, 많은 수의 부사는 명사나 형용사를 비한정 목적격으로 놓아 만든다.

부 사		기준 명사(형용사)	
عَادَةً	'보통, 대개'	عَادَةٌ	'습관, 관습'
أَحْيَانًا	'때때로'	حِينٌ – أَحْيَانٌ	'시간(들)'
مَثَلاً	'보기를 들면'	مَثَلٌ	'보기'

جِدًّا	'매우'	جِدٌّ	'진지함, 열렬함'
قَدِيمًا	'오래 전에, 옛날에'	قَدِيمٌ	'오래된, 옛날의'
كَثِيرًا	'많이, 자주'	كَثِيرٌ	'많은'
أَوَّلاً	'첫째로'	أَوَّلُ	'첫번째의'
ثَانِيًا	'둘째로'	ثَانٍ	'두번째의'
ثَالِثًا	'셋째로'	ثَالِثٌ	'세번째의'
رَابِعًا	'넷째로'	رَابِعٌ	'네번째의'
قَرِيبًا	'곧, 머지않아'	قَرِيبٌ	'가까운'
طَوِيلاً	'길게, 오랫동안'	طَوِيلٌ	'긴, 키 큰'
حَدِيثًا	'최근에'	حَدِيثٌ	'새로운, 현대의, 최근의'
أَخِيرًا	'마지막으로, 드디어; 최근에'	أَخِيرٌ	'마지막의, 최근의'
حَقًّا	'진실로, 참으로'	حَقٌّ	'정의, 권리'

다음 과부터는 단어 목록에 부사로 쓰이는 명사나 형용사가 나오면 싣는다.

قَدِيمٌ – قُدَمَاءُ   '오래된, 옛날의'

قَدِيمًا   '오래 전에, 옛날에'

시간의 명사가 한정상태에서 목적격의 부사로 쓰이면 '오늘, 지금'의 뜻을 가진다.

اَلْيَوْمَ	'오늘'
اَللَّيْلَةَ	'오늘 밤'
اَلسَّاعَةَ	'지금, 이 시간에'
تِلْكَ ٱللَّيْلَةَ	'그날 밤'

다. 문법과 연습

'올해'	هٰذِهِ ٱلسَّنَةَ
'날마다'	كُلَّ يَوْمٍ

د – نُصُوصٌ لِلْفَهْمِ

(1) 다음 문장을 읽고 연습 6과 7을 하라.

مُحَمَّدٌ عَبْدُهُ

무함마드 압 두

كَانَ مُحَمَّدٌ عَبْدُهُ مِنْ أَهَمِّ قُوَّادِ ٱلنَّهْضَةِ ٱلْإِسْلَامِيَّةِ فِي ٱلْعَالَمِ ٱلْعَرَبِيِّ.
أَكْمَلَ دِرَاسَتَهُ فِي مَدِينَةِ طَنْطَا فِي مِصْرَ، ثُمَّ ٱنْتَقَلَ إِلَى ٱلْقَاهِرَةِ وَدَرَسَ فِي
ٱلْأَزْهَرِ ثَمَانِيَةَ أَعْوَامٍ، ثُمَّ دَرَّسَ فِي ٱلْأَزْهَرِ وَكَتَبَ مَقَالَاتٍ كَثِيرَةً فِي جَرِيدَةِ
"ٱلْأَهْرَامِ".

자말룻딘
알아프가니

وَفِي ٱلْقَاهِرَةِ قَابَلَ جَمَالَ ٱلدِّينِ ٱلْأَفْغَانِيَّ ٱلَّذِي كَانَ مِنْ أَشْهَرِ
ٱلْمُفَكِّرِينَ فِي ٱلْعَالَمِ ٱلْإِسْلَامِيِّ. تَأَثَّرَ مُحَمَّدٌ عَبْدُهُ بِٱلْأَفْغَانِيِّ تَأَثُّرًا كَبِيرًا،

자신을;
문하생, 제
자

وَكَانَ يَعْتَبِرُ نَفْسَهُ تِلْمِيذَ ٱلْأَفْغَانِيِّ : لٰكِنَّ بَعْضَ ٱلْكُتَّابِ يَعْتَبِرُونَ مُحَمَّدًا
عَبْدَهُ أَعْظَمَ مِنَ ٱلْأَفْغَانِيِّ.

ٱخْتَلَفَ مُحَمَّدٌ عَبْدُهُ فِي ٱلرَّأْيِ مَعَ ٱلْحُكُومَةِ، فَرَحَلَ إِلَى بَيْرُوتَ مِنْهَا
إِلَى فَرَنْسَا. وَفِي بَارِيس تَعَاوَنَ مَعَ صَدِيقِهِ ٱلْأَفْغَانِيِّ فِي إِصْدَارِ جَرِيدَةٍ
عَرَبِيَّةٍ ثُمَّ رَجَعَ إِلَى مِصْرَ، وَهُنَاكَ دَرَّسَ فِي ٱلْأَزْهَرِ وَنَشَرَ عَدَدًا مِنَ ٱلْكُتُبِ

공헌했다

وَٱلْمَقَالَاتِ ٱلَّتِي خَدَمَتِ ٱلْعَالَمَ ٱلْإِسْلَامِيَّ خِدْمَةً عَظِيمَةً. كَانَتْ فِي ٱلْعَالَمِ
ٱلْعَرَبِيِّ حَيَاتَانِ : حَيَاةٌ إِسْلَامِيَّةٌ تَأَثَّرَتْ بِأُورُبَّا وَأُخْرَى لَمْ تَتَأَثَّرْ بِهَا. وَكَانَ

그 둘 사이
의 조화

مُحَمَّدٌ عَبْدُهُ يَحْتَرِمُ ٱلْحَيَاتَيْنِ وَيَعْمَلُ عَلَى ٱلتَّوْفِيقِ بَيْنَهُمَا.

(2) 녹음자료에서 문장을 듣고 연습 8을 하라.

연습 6. 쓰기와 말하기, 완성하기, 묻고 대답하기

위의 문장에 기준한 질문을 5개 만들고 반에서 구두 연습을 하라.

연습 7. 옮기기

위의 마지막 단락을 우리말로 옮겨라.

연습 8. 쓰기, 질문

أَسْئِلَةٌ

١ – من أيّ جامعة حصل نجيب محفوظ على البكالوريوس؟

٢ – هل عمل نجيب محفوظ في وظائف حكوميّة؟

٣ – عمّ تحدّث نجيب محفوظ في كتبه؟

٤ – ما رأي طه حسين في كتب نجيب محفوظ؟

٥ – بم تأثّر أدب نجيب محفوظ؟

هـ - اَلتَّمَارِينُ ٱلْعَامَّةُ

연습 9. (녹음자료에도 수록) 변형 : 긍정문 → 부정문

다음 문장을 لَا ,أَلَّا ,لَنْ ,لَيْسَ ,غَيْرٌ, لَمْ 중에서 알맞은 것을 사용하여 부정문으로 만들어 라.

١ – سَأحضر الاجتماع.

٢ – أنا مستعدّ للامتحان.

٣ – ينتخب الحزب مرشّحا كلّ صيف.

٤ – أرسلت الرسالة أمس.

٥ – يجب أن تذهب معي.

٦ – سأقرأ الجريدة هذا المساء.

٧ – أهذا مكتبك الجديد يا أحمد؟

٨ – نعرف أنكم بحاجة إلى مساعدتنا.

٩ – مكانة المرأة في معظم بلاد العالم مساوية لمكانة الرجل.

١٠ – قواعد هذا الدرس سهلة.

연습 10. (녹음자료에도 수록) 복습 : 서수

قرأت الكتاب الأول لهذا الكاتب.

← (٤)

قرأت الكتاب الرابع لهذا الكاتب.

'나는 이 작가의 첫번째 책을 읽었다.'
(4) →

'나는 이 작가의 네번째 책을 읽었다.'

٥	٦
١٠	٨
٣	٢
٧	٤
٩	١

연습 11. 복습 : 시간 말하기

‘그는 11시에 공항에서 그를
만났다.’

استقبله في المطار في الساعة الحادية عشرة.

10:30	3:20
6:15	2:40
4:45	12:00
1:00	

연습 12. 쓰기, 완성하기 : 절대목적어

다음 빈 칸에 맞는 동명사를 넣어라.

‘그것은 그에게 크게 영향을 주었다.’

أثّر عليه تأثيرا عظيما.

١ – اعتمدنا عليكم _____ عظيما.

٢ – رحّبوا بنا _____ جميلا.

٣ – بحثوا الوضع السياسيّ _____ طويلا.

٤ – تحدّث رئيس الجمهوريّة _____ طويلا.

٥ – تختلف آرائي عن آراء والدي _____ عظيما.

٦ – يحترم الشعب رئيسه _____ خاصّا.

٧ – تطوّر الأدب العربيّ _____ عظيما في الأعوام الخمسين الأخيرة.

٨ – تقدّم الاقتصاد المصريّ _____ عظيما بعد بناء السدّ العالي.

24

اَلدَّرْسُ ٱلرَّابِعُ وَٱلْعِشْرُونَ

قَنَاةُ ٱلسُّوَيْسِ

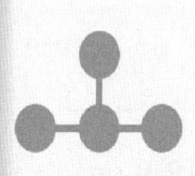

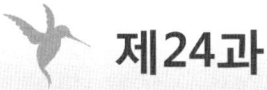

قَنَاةُ اَلسُّوَيْسِ

제24과

단축시킨다

لِقَنَاةِ اَلسُّوَيْسِ أَهَمِّيَّةٌ دُوَلِيَّةٌ عَظِيمَةٌ، فَهِيَ تُقَصِّرُ اَلْمَسَافَةَ بَيْنَ

그로써

اَلشَّرْقِ وَاَلْغَرْبِ، وَتُؤَثِّرُ بِذَلِكَ عَلَى اَلتِّجَارَةِ اَلْعَالَمِيَّةِ. وَلَيْسَ فِي اَلْعَالَمِ قَنَاةٌ

لَهَا أَهَمِّيَّتُهَا سِوَى قَنَاةِ بَنَامَا.

وَاَلْمَدِينَتَانِ اَللَّتَانِ تَرْبِطُ بَيْنَهُمَا قَنَاةُ اَلسُّوَيْسِ هُمَا بُورُ سَعِيدٍ

وَاَلسُّوَيْسِ. وَقَدْ أَصْبَحَتْ هَاتَانِ اَلْمَدِينَتَانِ بَعْدَ حَفْرِ اَلْقَنَاةِ مِنْ أَهَمِّ اَلْمُدُنِ

اَلْمِصْرِيَّةِ.

تَمَّ حَفْرُ اَلْقَنَاةِ فِي سَنَةِ ١٨٦٩، وَكَانَ اَلَّذِينَ أَشْرَفُوا عَلَى حَفْرِهَا

مُهَنْدِسِينَ مِصْرِيِّينَ وَفَرَنْسِيِّينَ.

كَانَتْ شَرِكَةُ قَنَاةِ اَلسُّوَيْسِ فِي اَلْبِدَايَةِ شَرِكَةً مِصْرِيَّةً فَرَنْسِيَّةً، لَكِنَّ

اَلدَّوْلَتَيْنِ اَللَّتَيْنِ نَجَحَتَا فِي اَلسَّيْطَرَةِ عَلَيْهَا بَعْدَ ذَلِكَ هُمَا فَرَنْسَا وَبِرِيطَانِيَا.

끝났다

وَقَدِ اِنْتَهَتْ هَذِهِ اَلسَّيْطَرَةُ فِي عَامِ ١٩٥٦ عِنْدَمَا أَصْبَحَتِ اَلشَّرِكَةُ وَطَنِيَّةً.

وَقَدْ تَأَثَّرَتْ حَيَاةُ مِصْرَ اَلسِّيَاسِيَّةُ وَاَلِاقْتِصَادِيَّةُ تَأَثُّرًا كَبِيرًا بِقَنَاةِ

اَلسُّوَيْسِ، خَاصَّةً فِي زَمَنِ اَلرَّئِيسَيْنِ اَللَّذَيْنِ حَكَمَا مِصْرَ بَعْدَ اَلثَّوْرَةِ، وَهُمَا

جَمَالٌ عَبْدُ اَلنَّاصِرِ وَأَنْوَرُ اَلسَّادَاتُ.

أَسْئِلَةٌ

١ – أَيْنَ قناة السويس؟

٢ – أَيّ قناة أخرى لها أهمّيّة قناة السويس؟

٣ – ما المدينتان اللّتان تربط بينهما قناة السويس؟

٤ – من أشرف على حفر قناة السويس؟

٥ – هل شركة قناة السويس شركة فرنسيّة الآن؟

٦ – هل تأثّرت حياة مصر بالقناة؟

٧ – من الرئيسان اللّذان حكما مصر بعد الثورة؟

수에즈 운하

　수에즈 운하는 국제적인 큰 중요성을 띠고 있는데, 그것은 동·서양 사이의 거리를 단축시키고, 그로써 세계 무역에 영향을 미치기 때문이다. 세계에는 파나마 운하를 제외하고 그만큼의 중요성을 가지고 있는 운하가 없다.

　수에즈 운하가 그 사이를 연결하고 있는 두 도시는 부르사이드(뽀르사이드)와 수에즈이다. 이 두 도시는 운하의 굴착 이후 이집트의 가장 중요한 도시 중에 들게 되었다.

　운하의 굴착은 1869년에 이루어졌는데, 그 굴착을 감독한 이들은 이집트와 프랑스의 기술자들이었다.

　수에즈 운하 회사는 처음에는 이집트-프랑스 회사이었으나, 그 후 그것을 관리하는 데에 성공한 두 나라는 프랑스와 영국이다. 이러한 관리는 그 회사가 국유화된 1956년에 끝나게 되었다.

　이집트의 정치적 및 경제적 생활은 수에즈 운하에 큰 영향을 받아왔는데, 특히 혁명 후 이집트를 통치했던 가말 압둔나시르(압델 나세르)와 안와르 사다트 두 대통령 시기에는 더욱 그랬었다.

 **24　수에즈 운하**

قَنَاةٌ – قَنَوَاتٌ	운하
اَلسُّوَيْسُ	수에즈
أَهَمِّيَّةٌ	중요성
دُوَلِيٌّ	국제적인
مَسَافَةٌ – ات	거리
شَرْقٌ	동
غَرْبٌ	서
سِوَى	[전] ~을 제외하고
بَنَامَا	파나마
رَبَطَ ـِ، ـُ، رَبْطٌ (بَيْنَ)	(~의 사이를) 연결하다, 결합하다
بُورُ سَعِيدٍ	부르사이드(뽀르사이드)
حَفَرَ ـِ، حَفْرٌ	파다
تَمَّ	이루어지다
أَشْرَفَ، إِشْرَافٌ (عَلَى)	(~을) 감독하다
مُهَنْدِسٌ – ون	기사, 기술자
بِدَايَةٌ	시작
نَجَحَ ـَ، نَجَاحٌ (فِي)	(~에) 성공하다
سَيْطَرَةٌ (عَلَى)	(~의) 관리, 조정
بَرِيطَانِيَا	영국, 브리튼

قَدْ	[동사적 불변사] (아래의 다. 1 참조)
خَاصَّةً	특히
زَمَنٌ – أَزْمَانٌ	시간; 기간, 시대, 시기
حَكَمَ ـُ، حُكْمٌ	지배하다, 다스리다
ثَوْرَةٌ – ات (عَلَى)	(~에 대한) 혁명, 반란
ثَوْرِيٌّ – ون	(ثَوْرَةٌ의 [관형]) 혁명의
جَمَالٌ عَبْدُ ٱلنَّاصِرِ	가말 압둔나시르(압델 나세르)
أَنْوَرُ ٱلسَّادَاتُ	안와르 사다트

☆ 보충어

بِلَادٌ	[여,단](원래 بَلَدٌ의 [복]) 나라, 고국

1. 선행사를 포함하는 관계대명사 اَلَّذِي

2. 불변사 قَدْ

3. IX형 동사와 동명사

4. X형 동사와 동명사

5. I~X형의 동사와 동명사 : 요약

6. 연도 읽는 법

1. 선행사를 포함하는 관계대명사 اَلَّذِي

관계대명사는 그 자체로서 선행사가 없이 쓰여서, "~하는 사람(들)"을 뜻한다.

اَلَّذِي قَالَ ذٰلِكَ يُوسُفُ.	'그렇게 말한 사람은 유수프이다.'
كَانَ ٱلَّذِينَ أَشْرَفُوا عَلَى حَفْرِ ٱلْقَنَاةِ مُهَنْدِسِينَ مِصْرِيِّينَ وَفَرَنْسِيِّينَ.	'운하 굴착을 감독한 사람들은 이집 트와 프랑스의 기술자들이었다.'

2. 불변사 قَدْ

완료형은 단순히 사건을 이야기하는 데에 그치지만, 불변사 قَدْ는 완료형 앞에 쓰여서 사건 의 현재 상황에 대한 영향을 나타낸다.

تَأَثَّرَتْ حَيَاةُ مِصْرَ ٱلِٱقْتِصَادِيَّةُ تَأَثُّرًا كَبِيرًا بِقَنَاةِ ٱلسُّوَيْسِ.	'이집트의 경제적 생활은 수에즈 운하 에 큰 영향을 받았다.'
قَدْ تَأَثَّرَتْ حَيَاةُ مِصْرَ ٱلِٱقْتِصَادِيَّةُ تَأَثُّرًا كَبِيرًا بِقَنَاةِ ٱلسُّوَيْسِ.	'이집트의 경제적 생활은 수에즈 운하 에 큰 영향을 받아왔다.'

간혹 قَدْ는 단지 동사의 뜻을 강조하는 데 쓰이기도 한다.

완료형은 قَدْ كَانَ의 뒤에서 쓰이면, 과거완료를 나타내어 '이미'의 뜻을 가진다.

عِنْدَمَا قَابَلْتُهُ كَانَ قَدْ كَتَبَ ٱلرِّسَالَةَ.	'내가 그를 만났을 때 그는 (이미) 편지를 썼었다.'
كَانَتِ ٱلْبِنْتُ قَدْ أَخْبَرَتْنِي بِوُصُولِهِمْ.	'소녀는 나에게 그들의 도착을 알려주었었다.'
عِنْدَمَا وَصَلْتُ كَانَ ٱلزُّوَّارُ قَدْ شَرِبُوا ٱلْقَهْوَةَ.	'내가 도착했을 때 방문객들은 커피를 마셨었다.'

(미래완료는 سَيَكُونُ와 قَدْ 완료형으로 나타낼 수 있다.

[보기] سَتَكُونُ قَدْ وَصَلَتْ '그[여]는 도착했을 것이다.')

이 구문의 كَانَ와 그에 뒤따르는 동사는 일반적인 규칙에 따라 주어와 일치하며, 주어가 표현되려면 كَانَ와 قَدْ의 사이에 나온다.

관계절의 완료형 동사는 주절의 동사가 완료의 뜻이면 قَدْ 없이 그보다 앞선 때를 나타낸다 (우리말과 같음).

عَرَفْتُ ٱلرَّجُلَ ٱلَّذِي كَتَبَ ٱلْمَقَالَةَ.	'나는 그 기사를 쓴 남자를 알아냈다.'

قَدْ의 미완료형 앞에서의 용법과 뜻은 제37과에 나온다.

3. IX형 동사와 동명사

IX형 동사는 그 쓰임이 매우 제한적이어서 아직까지 나오지 않았는데, 다음에 그 형을 들어 보인다. IX형의 특징은 마지막 어근자의 중복이다.

완료형	미완료형	
اِحْمَرَّ	يَحْمَرُّ	'붉게 되다, 붉히다'

이 동사의 함자는 연독함자이다.

IX형 동사는 색깔 또는 신체와 정신적 결함을 나타내는 형용사에 기준하여 '그렇게 되다'의 뜻을 나타낸다.

형용사		IX형 동사	
أَحْمَرُ	'붉은'	اِحْمَرَّ	'붉게 되다, 붉히다'
أَسْوَدُ	'검은'	اِسْوَدَّ	'검게 되다'
أَحْوَلُ	'사팔뜨기의'	اِحْوَلَّ	'사팔뜨기가 되다'

IX형 동사의 완료형 어간은 فْعَلَّ형이고 미완료형 어간은 فْعَلِلْ형이다. 동명사는 اِفْعِلَالٌ형이다.

[보기] اِحْمِرَارٌ '붉게 됨, 붉히기'

더 자세한 것은 제35과에 나온다.

4. X형 동사와 동명사

ㄱ. 형

X형 동사의 특징은 어간이 سْتَ로 시작하는 것이다.

완료형	미완료형	
اِسْتَقْبَلَ	يَسْتَقْبِلُ	'맞이하다'

완료형 어간은 سْتَفْعَلَ형이고, 미완료형 어간은 سْتَفْعِلْ형이다. 이 동사의 함자도 VII형에서 IX 형까지의 동사와 마찬가지로 연독함자이다.

다음에 X형 동사의 변화표를 اِسْتَقْبَلَ 동사를 사용하여 도시한다.

단수	완료형	미완료형		
		직설법	접속법	단축법
3남	اِسْتَقْبَلَ	يَسْتَقْبِلُ	يَسْتَقْبِلَ	يَسْتَقْبِلْ
여	اِسْتَقْبَلَتْ	تَسْتَقْبِلُ	تَسْتَقْبِلَ	تَسْتَقْبِلْ
2남	اِسْتَقْبَلْتَ	تَسْتَقْبِلُ	تَسْتَقْبِلَ	تَسْتَقْبِلْ
여	اِسْتَقْبَلْتِ	تَسْتَقْبِلِينَ	تَسْتَقْبِلِي	تَسْتَقْبِلِي
1	اِسْتَقْبَلْتُ	أَسْتَقْبِلُ	أَسْتَقْبِلَ	أَسْتَقْبِلْ

쌍수				
3남	اِسْتَقْبَلَا	يَسْتَقْبِلَانِ	يَسْتَقْبِلَا	يَسْتَقْبِلَا
여	اِسْتَقْبَلَتَا	تَسْتَقْبِلَانِ	تَسْتَقْبِلَا	تَسْتَقْبِلَا
2	اِسْتَقْبَلْتُمَا	تَسْتَقْبِلَانِ	تَسْتَقْبِلَا	تَسْتَقْبِلَا
복수				
3남	اِسْتَقْبَلُوا	يَسْتَقْبِلُونَ	يَسْتَقْبِلُوا	يَسْتَقْبِلُوا
여	اِسْتَقْبَلْنَ	يَسْتَقْبِلْنَ	يَسْتَقْبِلْنَ	يَسْتَقْبِلْنَ
2남	اِسْتَقْبَلْتُمْ	تَسْتَقْبِلُونَ	تَسْتَقْبِلُوا	تَسْتَقْبِلُوا
여	اِسْتَقْبَلْتُنَّ	تَسْتَقْبِلْنَ	تَسْتَقْبِلْنَ	تَسْتَقْبِلْنَ
1	اِسْتَقْبَلْنَا	نَسْتَقْبِلُ	نَسْتَقْبِلَ	نَسْتَقْبِلْ

X형 동사의 동명사는 اِسْتِفْعَال형이다(여기의 함자도 연독함자이다).

[보기] اِسْتِقْبَالٌ '만남, 맞이함'

بَعْدَ اٱسْتِقْبَالِ ٱلزُّوَّارِ '방문객들의 만남 후에'

ㄴ. 의미

X형 동사의 특징인 ست의 س은 Ⅳ형 동사의 함자와 마찬가지로 사역의 의미를, ت는 Ⅴ·Ⅵ·Ⅷ형 동사에서처럼 재귀의 의미를 가진다. 그러므로 X형은 기본적으로 Ⅰ형의 사역·재귀 또는 Ⅳ형의 재귀를 나타낸다.

(1) Ⅰ형의 사역·재귀

Ⅰ	وَطَنَ (بِ)	'(~에) 거주하다'
X	اِسْتَوْطَنَ	'~에 영주하다'

X형 동사는 '스스로를 ~에 거주하게 하다'의 뜻으로 분석될 수 있고, Ⅰ형과는 의지 또는 의도성을 가지는 것으로 구별된다.

이 의지의 자질은 Ⅴ형 동사의 일부에서도 나타난다.

[보기] مَشَى '걷다'와 تَمَشَّى '산책하(러 가)다'

(2) Ⅳ형의 재귀

Ⅳ	أَعَدَّ	'(~을) 준비하다'
Ⅹ	اِسْتَعَدَّ	'(~가) 채비를 갖추다'

일부 Ⅹ형 동사의 재귀의 의미는 Ⅷ형에서 처럼 중간적 의미('자신의 이익을 위해 어떤 일을 하다'의 뜻)를 나타낸다. 이런 중간적 의미의 Ⅹ형은 Ⅰ형 또는 Ⅳ형과 관련을 가질 수 있다.

Ⅰ	عَمِلَ	'일하다'	Ⅰ	عَادَ	'돌아오다(가다)'
Ⅳ	أَعْمَلَ	'가동하다'	Ⅳ	أَعَادَ	'돌려 보내다'
Ⅹ	اِسْتَعْمَلَ	'사용하다'	Ⅹ	اِسْتَعَادَ	'스스로에게 돌아오게 하다 = (~을) 되찾다, 탈환하다, 회복하다'

Ⅳ	أَفَادَ	'(~에게) 쓸모 있다, ~에게 이롭다'
Ⅹ	اِسْتَفَادَ (مِنْ)	'(~에서) 이익을 얻다'

(3) Ⅰ형의 평가 : '~을 어떠하다고 여기다'

Ⅰ	غَرُبَ	'이상하다, 생소하다'
Ⅹ	اِسْتَغْرَبَ	'(~을) 이상하게 보다'
Ⅰ	حَسُنَ	'좋다'
Ⅹ	اِسْتَحْسَنَ	'(~을) 좋다고 생각하다(인정하다), 좋아하게 되다'

(4) Ⅰ형 또는 Ⅳ형의 요청

Ⅰ	نَجَدَ	'돕다'
Ⅹ	اِسْتَنْجَدَ	'도움을 청하다'

다. 문법과 연습

IV	آجَرَ	'세놓다, 빌려주다'
X	اِسْتَأْجَرَ	'세들다, 빌다'
IV	أَعَارَ	'빌려주다'
X	اِسْتَعَارَ	'빌다, 차용하다'
I	فَهِمَ	'이해하다'
IV	أَفْهَمَ	'(~에게) 이해하게 하다'
X	اِسْتَفْهَمَ (عَنْ)	'(~에 대해서) 문의하다'

(5) 임명 : 'I 형 또는 명사에 기준하여 아무를 ~으로 임명하다'

I	خَلَفَ	'~의 후계자가 되다'
X	اِسْتَخْلَفَ	'(~을) 후계자로 임명하다'
명사	وَزِيرٌ	'장관'
X	اِسْتَوْزَرَ	'(~을) 장관으로 임명하다'

(6) 명사에서 파생

명사	حَجَرٌ	'돌'
X	اِسْتَحْجَرَ	'돌로 변화시키다'

연습 1. 쓰기, 가려내기

다음 어근의 X형 동사와 동명사를 적고, 그 뜻을 사전에서 찾아 보아라.

뜻	동명사	동사	어근
			عجب
			عمل
			خرج

			خدم
			فهم
			ضحك
			سلم
			صعب
			شرك
			قبل

연습 2. (녹음자료에 수록) 동사활용 : X형

연습 3. (녹음자료에 수록) 말바꾸기 : X형

5. Ⅰ~X형의 동사와 동명사 : 요약

다음에 지금까지 나온 Ⅰ형(원형)에서 X형까지의 동사를 종합적으로 정리하고 공통적인 자질별로 분류한다.

ㄱ. Ⅰ형 (원형)

(1) 완료형의 중간모음 : ﹷ, ﹹ, ﹻ

(2) 미완료형의 중간모음 : ﹹ, ﹷ, ﹻ

(3) 미완료형의 주어표지어의 모음 : ﹹ

(4) 동명사 : 여러가지 형

다음은 완료형·미완료형의 중간모음의 결합 방법이다.

	완료형	미완료형
ﹷ - ﹷ - ﹹ	فَعَلَ	يَفْعُلُ
	كَتَبَ	يَكْتُبُ
ﹷ - ﹷ - ﹷ		يَفْعَلُ

	ذَهَبَ	يَذْهَبُ
ـَ ـ ـَ		يَفْعِلُ
	عَرَفَ	يَعْرِفُ
ـِ ـ ـَ	فَعِلَ	يَفْعَلُ
	شَرِبَ	يَشْرَبُ
ـُ ـ ـَ	فَعُلَ	يَفْعُلُ
	كَبُرَ	يَكْبُرُ

ㄴ. Ⅱ·Ⅲ·Ⅳ형

(1) 완료형의 중간모음 : ـَ

(2) 미완료형의 중간모음 : ـِ

(3) 미완료형의 주어표지어의 모음 : ـُ

(4) 동명사 : 아래의 각 형을 보라.

Ⅱ형 : 중간 어근자의 중복

완료형		미완료형	동명사	
فَعَّلَ		يُفَعِّلُ	تَفْعِيلٌ	
دَرَّسَ		يُدَرِّسُ	تَدْرِيسٌ	'가르치다'

Ⅲ형 : 첫번째 어근자의 장모음

فَاعَلَ		يُفَاعِلُ	مُفَاعَلَةٌ	
سَاعَدَ		يُسَاعِدُ	مُسَاعَدَةٌ	'돕다'

(몇몇 동사의 동명사는 فِعَالٌ형도 있음 : دِفَاعٌ '방어')

496

Ⅳ형 : 완료형에서 أَ의 접두

أَفْعَلَ	يُفْعِلُ	إِفْعَالٌ
أَكْمَلَ	يُكْمِلُ	إِكْمَالٌ '완성하다'

첫머리의 함자는 분리함자(هَمْزَةُ ٱلْقَطْعِ)이다.

ㄷ. Ⅴ·Ⅵ형

(1) 완료형의 중간모음 : ـَ

(2) 미완료형의 중간모음 : ـَ

(3) 미완료형의 주어표지어의 모음 : ـَ

(4) 동명사 : 아래의 각 형을 보라(중간모음 : ـُ).

Ⅴ형 : تَ의 접두와 중간 어근자의 중복

완료형	미완료형	동명사
تَفَعَّلَ	يَتَفَعَّلُ	تَفَعُّلٌ
تَعَلَّمَ	يَتَعَلَّمُ	تَعَلُّمٌ '배우다'

Ⅵ형 : تَ가 접두와 첫번째 어근자의 장모음

تَفَاعَلَ	يَتَفَاعَلُ	تَفَاعُلٌ
تَعَاوَنَ	يَتَعَاوَنُ	تَعَاوُنٌ '협력하다'

ㄹ. Ⅶ·Ⅷ·Ⅸ·Ⅹ형

(1) 완료형의 중간모음 : ـَ

(2) 첫머리의 함자는 연독함자(هَمْزَةُ ٱلْوَصْلِ)

(3) 미완료형의 중간모음 : ـِ (Ⅸ형은 35. 다. 1 참조)

(4) 미완료형의 주어표지어의 모음 : ـَ

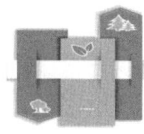

(5) 동명사 : 마지막 모음은 ﹶ , 나머지는 모두 ﹹ

Ⅶ형: نْ이 접두됨

완료형	미완료형	동명사	
نْفَعَلَ	نْفَعِلُ	اِنْفِعَالٌ	
اِنْصَرَفَ	يَنْصَرِفُ	اِنْصِرَافٌ	'가버리다'

Ⅷ형: ت 가 첫번째 어근자 다음에 들어감

فْتَعَلَ	فْتَعِلُ	اِفْتِعَالٌ	
اِجْتَمَعَ	يَجْتَمِعُ	اِجْتِمَاعٌ	'만나다, 모이다'

Ⅸ형:마지막 어근자의 중복

فْعَلَّ	فْعَلِلُ	اِفْعِلَالٌ	
اِحْمَرَّ	يَحْمَرُّ	اِحْمِرَارٌ	'붉히다'

Ⅹ형: ست 가 접두됨

سْتَفْعَلَ	سْتَفْعِلُ	اِسْتِفْعَالٌ	
اِسْتَقْبَلَ	يَسْتَقْبِلُ	اِسْتِقْبَالٌ	'만나다, 맞이하다'

연습 4. (녹음자료에도 수록) 변형 : لَمْ +단축법의 부정

'그 혁명가들은 그들의 요구 실현에
성공했다.' →

'그 혁명가들은 그들의 요구 실현에
성공하지 못했다.'

نجح الثوريّون في تحقيق طلباتهم. ←

لم ينجح الثوريّون في تحقيق طلباتهم.

١ – المهندسون الأجانب أشرفوا على بناء القناة الجديدة.

٢ – تطوّر اقتصاد ذلك البلد أثناء السنوات الخمس الأخيرة.

٣ - تَتاوَلنا موضوع النهضة العربيّة في المجلّة الّتي أنشأناها.

٤ - استقبلتُ الأديب المشهور صباح اليوم في بيتي.

٥ - تابعا قراءة مذكّرات القائد الّذي ساعد على تحقيق النهضة القوميّة.

٦ - حدّدت الوزارة مناهج للتقدّم الاقتصاديّ.

٧ - الحزبان عقدا مؤتمريهما في هذه المدينة.

٨ - استمع الطلّاب لمحاضرة الأديب الكبير.

6. 연도 읽는 법

연도를 읽을 때는 보통 다음과 같은 방법을 쓴다.

(1) فِي سَنَةِ ··· '~년에'

فِي سَنَةِ ١٩٨٣ '1983년에'

فِي سَنَةِ أَلْفٍ وَتِسْعِمِئَةٍ وَثَلَاثٍ وَثَمَانِينَ

سَنَةٌ이라는 명사는 وَ로 연결된 각 단위의 수사 ثَلَاثٍ, تِسْعِ, أَلْفٍ와 각각 연결형을 이룬다. (مِئَةٍ은 다시 تِسْعِ와 연결형을 이룸.)

또 ثَلَاثٍ은 سَنَةِ가 여성명사이므로 성에 일치하였다(21. 다. 6 참조).

(2) ··· سَنَةَ '~년에' (목적격의 시간 부사) : 나머지 사항은 (1)과 똑같다.

سَنَةَ ١٩٨٣ '1983년에'

سَنَةَ أَلْفٍ وَتِسْعِمِئَةٍ وَثَلَاثٍ وَثَمَانِينَ

(3) فِي عَامِ ··· '~년에'

나머지 사항은 위와 같으나, عَامٌ이 남성명사이므로 수사의 남성형(ثَلَاثَةٍ)을 쓴다.

فِي عَامِ ١٩٨٣ '1983년에'

فِي عَامِ أَلْفٍ وَتِسْعِمِئَةٍ وَثَلَاثَةٍ وَثَمَانِينَ

(4) ··· عَامَ '~년에'(목적격의 시간 부사) : 나머지 사항은 (3)과 똑같다.

عَامَ ١٩٨٣   '1983년에'

عَامَ أَلْفٍ وَتِسْعِمِئَةٍ وَثَلَاثَةٍ وَثَمَانِينَ

[다른 보기]

فِي عَامِ ١٠١٢ = فِي عَامِ أَلْفٍ وَٱثْنَيْ عَشَرَ

سَنَةَ ١٨١٥ = سَنَةَ أَلْفٍ وَثَمَانِي مِئَةٍ وَخَمْسَ عَشْرَةَ

연습 5. 쓰기 : 연도

다음에 모음부호를 붙이고 아랍 숫자로 적어라. 그 연도에 일어난 역사적 사건도 써보라.

١٤٤٦ = فِي عَامِ أَلْفٍ وَأَرْبَعِ مِئَةٍ وَسِتَّةٍ وَأَرْبَعِينَ

١ – عام ألف وتسع مئة وخمسة وأربعين

٢ – في سنة ألف وثلاث مئة واثنتين وتسعين

٣ – سنة تسع مئة ثماني عشرة

٤ – في عام ألف وستّة وستّين

٥ – عام ألف وأربع مئة وثلاثة وخمسين

٦ – في سنة سبع مئة وإحدى عشرة

٧ – سنة ستّ مئة واثنتين وعشرين

د – نُصُوصٌ لِلْفَهْمِ

다음 문장을 읽고 연습 6을 하라.

نَابْلِيُون وَمُحَمَّدٌ عَلِيٌّ

كَانَ نَابْلِيُون قَائِدَ ٱلْحَمْلَةِ ٱلْفَرَنْسِيَّةِ ٱلَّتِي فَتَحَتْ مِصْرَ. وَقَدْ أَرْسَلَتْ بَرِيطَانِيَا إِلَى ٱلْإِسْكَنْدَرِيَّةِ حَمْلَةً أُخْرَى قَائِدُهَا ٱللُّورْد نِلْسُون لِإِخْرَاجِ ٱلْفَرَنْسِيِّينَ مِنْ مِصْرَ. لٰكِنَّ نِلْسُون لَمْ يَنْجَحْ فِي ذٰلِكَ.

나뽈레옹; 원정

넬슨경; 내쫓음, 추방

رَحَلَ نَابْلِيُون عَنْ مِصْرَ بَعْدَ وَقْتٍ قَصِيرٍ، وَأَصْبَحَ كْلِيبِر قَائِدًا لِلْحَمْلَةِ ٱلْفَرَنْسِيَّةِ.

~에서부터

حَكَمَ ٱلْفَرَنْسِيُّونَ مِصْرَ ثَلَاثَةَ أَعْوَامٍ وَنِصْفَ عَامٍ، ثُمَّ رَحَلُوا عَنْهَا فَحَكَمَهَا مُحَمَّدٌ عَلِيٌّ ٱلَّذِي عَمِلَ عَلَى نَشْرِ ٱلتَّعْلِيمِ بَيْنَ ٱلْمِصْرِيِّينَ، فَأَرْسَلَ عَدَدًا مِنْ أَبْنَاءِ ٱلشَّعْبِ إِلَى أُورُبَّا لِلْحُصُولِ عَلَى شَهَادَاتٍ جَامِعِيَّةٍ. رَجَعَ هٰؤُلَاءِ ٱلرِّجَالُ إِلَى مِصْرَ بَعْدَ أَنْ أَكْمَلُوا دِرَاسَتَهُمْ، وَسَاعَدُوا عَلَى تَقَدُّمِ ٱلْبِلَادِ. وَقَدْ أَثَّرَتِ ٱلْحَضَارَةُ ٱلْأُورُبِّيَّةُ عَلَى مِصْرَ تَأْثِيرًا كَبِيرًا فِي زَمَنِ مُحَمَّدٍ عَلِيٍّ، وَلَا يَزَالُ تَأْثِيرُهَا عَظِيمًا.

일반국민

문명

연습 6. 쓰기

أَسْئِلَةٌ

١ – مِنَ القائد الفرنسيّ الّذي فتح مصر؟ من أصبح قائدا بعده؟

٢ – ماذا فعلت بريطانيا بعد أن فتحت فرنسا مصر؟

٣ – كم عاما حكم الفرنسيّون مصر؟

٤ – من حكم مصر بعد رحيل الفرنسيّين؟

٥ – إلى أين ذهب المصريّون للدراسة؟

٦ – هل تأثّر العرب بأوربّا في زمن محمّد عليّ؟

هـ – اَلتَّمَارِينُ ٱلْعَامَّةُ

연습 7. 변형 : 명사 → 대명사

필요한 변형을 하여 밑줄 친 말을 알맞은 대명사로 바꾸어라.

'그가 그에게 음식을 주었다.' →　　　　　　　　← قدّم له الطعام.

'그가 그에게 그것을 주었다.'　　　　　　　　　قدّمه له.

١ – يشرف هذا الأديب الكبير على كتابة المقالات.

٢ – تمّ حفر القناة في سنة ١٨٦٩.

٣ – تطوّرت مصر وغير مصر من البلاد العربيّة تطوّرا كبيرا.

٤ – المستشرقون يحترمون العرب احتراما عظيما.

٥ – أعجبني جمال بلدك وآثار بلدك.

٦ – يعتبر المفكّرون القوميّة نهضة هامّة.

٧ – شعر نازك الملائكة جميل جدّا.

٨ – حضر الطلّاب وغير الطلّاب إلى الاجتماع الّذي انعقد أمس.

٩ – ذهبنا إلى السينما بالسيّارة لمشاهدة الفلمين الأجنبيّين.

١٠ – قدّم له القهوة.

١١ – كلام الأستاذ في هذا الموضوع هامّ جدّا.

연습 8. 쓰기 완성하기 : 원급 → 우선급

다음의 빈칸을 보기와 같이 채워라.

'이 학생은 저 학생보다 더 어리다.' →　هذا الطالب أصغر(비교급) من ذلك

← الطالب.

بل هو أصغر (최상급) طالب (명사) في
الصفّ. (صغير)

'오히려 그는 학급에서 가장 어린 학생이다.'

١ – نهر النيل ____ من الأمازون. بل هو ____ ____ ____ في العالم. (طويل)

٢ – السدّ العالي ____ من سدّ أسوان. بل هو ____ ____ على النيل. (كبير)

٣ – هذه الأبنية ____ من تلك الأبنية. بل هي ____ ____ في المدينة. (عالية)

٤ – اللغة العربيّة ____ من اللغة الفرنسيّة. بل هي ____ ____ درستها. (صعب)

٥ – هذه الجملة ____ من تلك. بل هي ____ ____ في الدرس. (قصير)

연습 9. 끼워 넣기 : 명사화사

알맞은 명사화사(أن, أنّ, إنّ)를 사용하고 필요한 변화를 하여서 다음 두 문장이나 구를 결합하라.

تتوفّر كلّ الحقوق للشعب (يجب) ←

يجب أن تتوفّر كلّ الحقوق للشعب.

'모든 권리가 국민에게 충분히 주어져 있다.' (~해야 한다) →
'모든 권리가 국민에게 충분히 주어져야 한다.'

يحترم المستشرقون العرب (نعرف) ←

نعرف أن المستشرقين يحترمون العرب.

'동양학자들이 아랍인들을 존경한다.' (우리는 알고 있다) →
'우리는 동양학자들이 아랍인들을 존경한다는 것을 알고 있다.'

١ – التعاون بين الغرب والشرق الأوسط أمر هامّ. (يعتقد المفكّرون)

٢ – سيشرف المهندس على بناء المدرسة الجديدة. (قال المهندس)

٣ – يحدّد الحزب منهج تطوّره. (يجب)

٤ – يتأثّر الشعر العربيّ تأثّرا كبيرا بالنهضة القوميّة. (أعرف)

٥ – الحكومة تمنح الشعب حقّ انتخاب الرئيس. (طالبوا بـ)

٦ – يعتمدون على مساعدة أصدقائهم. (قالوا)

٧ – هذه المجلّة تنشر مقالات تتناول هذا الموضوع. (أخبرني بـ)

٨ – أعمل على إكمال دراستي الجامعيّة. (طلب أستاذي)

٩ – خدم ذلك القائد المشهور بلده وقتا طويلا. (قرأت)

연습 10. 변형과 옮기기 : عند + 동명사

عند + 동명사 구문을 عندما + 동사 구문으로 바꾸고, 우리말로 옮겨라.

'무함마드 알리는 프랑   حكم محمّد عليّ مصر عند رحيل الفرنسيّين عنها. ←
스인들이 이집트에서

떠났을 때 그 곳을 지   حكم محمّد عليّ مصر عندما رحل الفرنسيّون عنها.
배했다.'

١ – أنشأ مجلّة أدبيّة عند حصوله على شهادة الماجستير.

٢ – يسرع البدو إلى الترحيب بالزائر عند إقباله عليهم.

٣ – قابلتهم عند حضوري الاجتماع في القاهرة.

٤ – استقبل الرئيس النساء عند نجاحهنّ في تحقيق طلباتهنّ.

٥ – كتبت لي رسالة عند انتقاله إلى مدينة أخرى.

연습 11. (녹음자료에 수록) 받아쓰기/옮기기

연습 12. 쓰기, 옮기기

1. 저 작가[남]는 현대 문학 운동의 지도자 중의 하나이다.

2. 당신은 이 여성잡지를 창간한 그 여성을 알고 있느냐?

3. 《알아흐람》은 내 친구[남]가 거기서(그 곳에서) 때때로 일하는 (그) 신문이다.

4. 우리는 도착하자마자 아랍어를 말하는 두 동양학자를 만났다.

5. 나는 일할 권리가 아랍 여성들이 요구하고 있는 가장 중요한 권리 중의 하나라고
   믿고 있다.

6. 이 작가가 자기의 책에서 논하고 있는 가장 중요한 개념은 무엇이냐?

25

اَلدَّرْسُ اَلْخَامِسُ وَاَلْعِشْرُونَ

حِكَمٌ

1. 명령법 : 긍정 명령

2. 단축법 : 부정 명령

3. 단축법 : 간접 명령

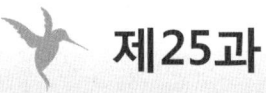

حِكَمٌ

제25과

١ – اِجْعَلْ لِكُلِّ شَيْءٍ وَقْتًا.

٢ – قَالَ أَفْلَاطُونُ : اِعْرِفْ نَفْسَكَ. — 플라톤

٣ – اُحْكُمْ عَلَى نَفْسِكَ قَبْلَ أَنْ يَحْكُمَ عَلَيْهَا غَيْرُكَ.

٤ – فَتِّشْ عَنِ اَلْجَارِ قَبْلَ اَلدَّارِ. — 찾아라

٥ – أَكْرِمْ وَالِدَيْكَ.

٦ – لَا تَمْنَعِ اَلْخَيْرَ عَنْ أَهْلِهِ.

٧ – لَا تُؤَجِّلْ عَمَلَ اَلْيَوْمِ إِلَى اَلْغَدِ.

٨ – لَا تُقَاوِمُوا اَلشَّرَّ بِالشَّرِّ بَلْ قَاوِمُوهُ بِالْخَيْرِ.

٩ – لِيَسْمَعِ اَلْأَبْنَاءُ تَأْدِيبَ اَلْوَالِدِ. — 교육, 훈육, 훈계

١٠ – قَالَ سُلَيْمَانُ اَلْحَكِيمُ قَدِيمًا : لِيَمْدَحْكَ اَلْغَرِيبُ لَا فَمُكَ. — 찬양하게 하라

격언

1. 모든 일에 시간을 내어라.

2. 플라톤은 "너 자신을 알라."고 말했다.

3. 남이 네 자신을 판단하기 전에 네 자신을 판단하라.

4. 집 이전에 이웃을 찾아보라.

5. 네 어버이를 공경하라.

6. 선행을 받을 만한 사람들에게 선행을 금하지 마라.

7. 오늘의 일을 내일로 미루지 마라.

8. 악을 악으로 대항하지 말고 선으로 대항하라.

9. 아들들에게는 아버지의 훈육을 듣게 하라.

10. 옛날에 현자 솔로몬은, "네 입이 아닌 남이 너를 칭찬하도록 하라."고 말했다.

25   격언

حِكْمَةٌ - حِكَمٌ	속담, 격언
اِجْعَلْ	[남,단] 만들어라
جَعَلَ ــَ ، جَعْلٌ	만들다, 창조하다
اِعْرِفْ	[남,단] 알아라
نَفْسٌ - أَنْفُسٌ	[여] 영혼; ~자신
أُحْكُمْ (عَلَى)	[남,단] 판단하라
حَكَمَ ــُ ، حُكْمٌ (عَلَى)	(~을) 판단하다, (~에게) 판결하다
جَارٌ - جِيرَانٌ	이웃
دَارٌ - دُورٌ	[여] 집
أَكْرِمْ	[남,단] 존경하라, 공경하라
وَالِدَانِ	[쌍] 어버이
وَالِدٌ	아버지([여]형 : '어머니')
لَا تَمْنَعْ (عَنْ)	[남,단] (~에게) (~을) 금하지 마라, 거절하지 마라
مَنَعَ ــَ ، مَنْعٌ (عَنْ، مِنْ)	(~에게) (~을) 금하다, 막다, 거절하다
خَيْرٌ - خُيُورٌ	좋은 일, 선; 재산; 복지
أَهْلٌ - ون، أَهَالٍ	사람들, 가족; 임자들; ~할 만한 (사람들, 것들)
لَا تُؤَجِّلْ	[남,단] 미루지 마라
أَجَّلَ، تَأْجِيلٌ	미루다, 연기하다
لَا تُقَاوِمُوا	[남,복] 싸우지(반대하지) 마라
قَاوَمَ، مُقَاوَمَةٌ (بِ)	대항하다; (~와) 싸우다

شَرٌّ – شُرُورٌ   악

لِ   [명령형 불변사] (아래의 다. 3 참조)

سُلَيْمَانُ ٱلْحَكِيمُ   현자 솔로몬

غَرِيبٌ – غُرَبَاءُ   남, 이방인; 낯선

فَمٌّ – أَفْوَاهٌ   입

☆ 보충어

أَخَذَ ـُـ، أَخْذٌ   취하다

أَمَرَ ـُـ، أَمْرٌ   명령하다

رَأْسٌ – رُؤُوسٌ   [남,여] 머리

قَلْبٌ – قُلُوبٌ   마음, 심장

أُذْنٌ – آذَانٌ   [여] 귀

عَيْنٌ – عُيُونٌ   [여] 눈

يَدٌّ – أَيَادٍ   [여] 손([관형] يَدَوِيٌّ '손의, 수공의')

رِجْلٌ – أَرْجُلٌ   [여] 다리, 발

[주]

위의 عَيْنٌ '눈', أُذْنٌ '귀', يَدٌّ '손', رِجْلٌ '다리' 등과 같이 신체의 부분 중 짝으로 되어 있는 것은 여성명사이다.

1. 명령법 : 긍정 명령

2. 단축법 : 부정 명령

3. 단축법 : 간접 명령

1. 명령법 : 긍정 명령

아랍어의 동사의 명령법은 상대방에게 긍정 명령이나 요청을 할 때 쓰이며, 명령형은 2인칭 단축법형에서 다음과 같이 만든다.

(1) 주어표지어를 떼어낸다.

(2) 그 결과로 자음 하나로 시작하면 곧 명령형이 된다.

다음에 دَرَّسَ '가르치다' 동사의 2인칭 단축법과 명령형을 대조해 보인다.

	단축법	명령형	
2 남단	تُدَرِّسْ	دَرِّسْ	
2 여단	تُدَرِّسِي	دَرِّسِي	
2 쌍	تُدَرِّسَا	دَرِّسَا	'가르쳐라'
2 남복	تُدَرِّسُوا	دَرِّسُوا	
2 여복	تُدَرِّسْنَ	دَرِّسْنَ	

이러한 방법으로 명령형이 만들어지는 형은 Ⅱ·Ⅲ·Ⅴ·Ⅵ형이다(모두 남성 단수형임).

단축법	명령형	
تُقَرِّرْ	قَرِّرْ	'결정하라'
تُسَاعِدْ	سَاعِدْ	'도와라'
تَتَكَلَّمْ	تَكَلَّمْ	'말하라'
تَتَعَاوَنْ	تَعَاوَنْ	'협력하라'

(3) 주어표지어를 떼어낸 뒤에 두 개의 자음으로 시작하면 음절의 법칙에 어긋나므로 그 앞에 다음과 같이 보조모음을 놓는다.

(ㄱ) Ⅳ형 동사의 경우는 أَ가 접두되며, 이 함자는 분리함자이다.

(ㄴ) 나머지 형(Ⅰ·Ⅶ~Ⅹ형)은 중간모음이 ـُ이면 أُ를, 나머지의 경우는 اِ를 접두한다. 이들 함자는 연독함자이다.

단축법	명령형	
تَكْتُبْ	اُكْتُبْ	'써라'
تَدْرُسْ	اُدْرُسْ	'공부하라'
تَرْجِعْ	اِرْجِعْ	'돌아오라'
تَذْهَبْ	اِذْهَبْ	'가라'
تَنْصَرِفْ	اِنْصَرِفْ	'가버려라'
تَسْتَمِعْ	اِسْتَمِعْ	'들어라'
تَسْتَعْمِلْ	اِسْتَعْمِلْ	'사용하라'

أَكَلَ '먹다', أَخَذَ '취하다, 잡다', أَمَرَ '명령하다' 동사의 명령형은 다음과 같이 불규칙적이다.

2 남단	خُذْ		كُلْ		مُرْ
2 여단	خُذِي		كُلِي		مُرِي
2 쌍	خُذَا	'취하라, 잡아라'	كُلَا	'먹어라'	مُرَا	'명령하라'
2 남복	خُذُوا		كُلُوا		مُرُوا
2 여복	خُذْنَ		كُلْنَ		مُرْنَ

다음 문장에서 명령형의 쓰임을 살펴보자.

اِذْهَبْ إِلَى اَلْلَوْحِ وَاَكْتُبْ هَذِهِ اَلْكَلِمَاتِ. '칠판으로 가서 이 단어들을 써라.'

اُدْرُسِ اَلدُّرُوسَ كُلَّهَا يَا سَامِي. '사미, 그 과들을 모두 공부하라.'

كُلِي ٱلْكُبَّةَ وَٱشْرَبِي ٱلْقَهْوَةَ يَا كَرِيمَةُ.	'카리마, 쿱바를 먹고 커피를 마셔라.'
أَكْمِلَا عَمَلَكُمَا!	'당신들[남,쌍]의 일을 끝내라.'
خُذُوا فَرِيدَةَ مَعَكُمْ.	'파리다를 당신들과 함께 데려가라.'
اِبْحَثُوا عَنِ ٱلْكُتُبِ.	'책들을 찾아라'
اِسْتَمِعْنَ إِلَى ٱلْمُحَاضَرَةِ وَٱكْتُبْنَ مَقَالَةً عَنْهَا.	'그 강의를 듣고 그에 대한 소론을 써라.'

명령법도 역시 그 목적어로 대명사를 가질 수 있다.

2 남단	سَاعِدْنِي	'나를 도와 주시오.'
2 여단	أَكْرِمِيهِمْ	'그들을 존경하라.'
2 쌍	دَرِّسَاهُ	'그를 가르쳐라.'
2 남복	خُذُونَا	'우리를 데려가라.'
2 여복	اِسْتَقْبِلْنَهَا	'그[여]를 맞이하라.'

연습 1. 가려내기 : 명령문

다음 명령을 괄호 안에 있는 대로 성과 수에 맞추어 바꾸어라.

١ - اذهب إلى اللوح. (اذهبي، اذهبا، اذهبوا، اذهبن)

٢ - اكتب اسمك على اللوح. (اكتبي، اكتبا، اكتبوا، اكتبن)

٣ - خذ هذا القلم. (خذي)

٤ - اسأل جارك عن عائلته. (اسألي)

٥ - اقرأ الجملة الأولى من النصّ الأساسيّ. (اقرئي)

٦ - انصرف من الصفّ. (انصرفي، انصرفا، انصرفوا، انصرفن، ثمّ ارجع)

٧ - انظر من الشبّاك. (انظري، انظرا، انظروا، انظرن)

٨ – خذ ورقة واكتب كلمة عربيّة عليها. (خذي، اكتبي)

연습 2. 쓰기, 변형 : 단축법 → 명령법

다음의 각 단축법을 해당되는 명령형으로 바꾸고, 짧은 명령문을 만들어라.

'당신들이 공부하기를'[축] →   ← تدرسوا

'당신들의 과를 공부하라.'   ادرسوا دروسكم.

تستمعوا	تبحث	تقدّمي
تشرب	تمنحوا	تتعاونوا
تحترم	تعملي على	تتناولي
تنتظري	تستمع	ترحّبا ب
تستقبل	تسألن	تساعدن
تكرم	تسرعي إلى	تشرفوا على
	تخبري بـ	تنشئوا

연습 3. (녹음자료에도 수록) 변형 : 완료형 → 명령법

'당신은 이 신청을 고려했다.' →   ← نظرت في هذا الطلب.

'이 신청을 고려하라.'   انظر في هذا الطلب.

٢ – قرأتِ هذه الجملة.   ١ – بحثت عن عمل جديد.

٤ – استمعتَ إلى المحاضرة.   ٣ – أظهرتم له الترحيب.

٦ – حضرت الاجتماع.   ٥ – ردست درسك قبل وصوله.

٨ – أكرمت الزائر.   ٧ – ذهبتم إلى المسرح.

١٠ – طالبتم بهذه الحقوق.   ٩ – حكمت على نفسك.

2. 단축법 : 부정 명령

부정 명령형은 부정사 لَا 에 단축법을 써서 나타내며, 상대방에게 '~하지 말 것'을 명령 또는 요구하는데 쓰인다. 다음에 긍정과 부정의 명령형을 대조해 보인다.

	긍정형		부정형	
2 남단	دَرِّسْ	'가르쳐라.'	لَا تُدَرِّسْ	'가르치지 마라.'
2 여단	تَكَلَّمِي	'말하라.'	لَا تَتَكَلَّمِي	'말하지 마라.'
2 쌍	اُكْتُبَا	'써라.'	لَا تَكْتُبَا	'쓰지 마라.'
2 남복	اِذْهَبُوا	'가라.'	لَا تَذْهَبُوا	'가지 마라.'
2 여복	خُذْنَ	'잡아라.'	لَا تَأْخُذْنَ	'잡지 마라.'

다음의 문장에서 부정 명령형의 쓰임을 보인다.

لَا تَتَكَلَّمُوا ٱلإِنْكِلِيزِيَّةَ هُنَا.	'여기에서 영어를 하지 마라.'
لَا تَشْرَبِ ٱلْقَهْوَةَ بَعْدَ ٱلسَّاعَةِ ٱلْعَاشِرَةِ مَسَاءً.	'저녁 10시 이후에는 커피를 마시지 마라.'
لَا تَتْرُكِينَا يَا سَمِيرَةُ.	'사미라, 우리를 떠나지 마라.'
لَا تُعَيِّنْهُمْ مُدَرِّسِينَ.	'그들을 선생님으로 임명하지 마라.'

연습 4. (녹음자료에도 수록) 변형 : 긍정 → 부정 명령법

'그와 같이 가라' → اذهب معه. ←

'그와 같이 가지 마라' لا تذهب معه.

٥ – اسألها عن دراستها. ١ – اشرب الماء.

٦ – اعملوا على تقدّم الوضع الاقتصاديّ فقط. ٢ – احكم على نفسك.

٧ – اعقدوا الاجتماع هنا مساء غد. ٣ – سافروا بالأوتوبيس.

٤ – ابحث الوضع السياسيّ.

연습 5. 변형 : 서술문 → 명령형 → 부정 명령형

'당신[남]은 당신의 나라로 돌아갔다.' →   → ‏رجعتَ إلى بلدك.

'당신의 나라로 돌아가라.' →   → ‏اِرْجِعْ إلى بلدك.

'당신의 나라로 돌아가지 마라.'   ‏لا تَرْجِعْ إلى بلدك.

٦ – تركتِ عملك.   ١ – جعلتم وقتا لذلك.

٧ – رحّبتَ به.   ٢ – سافرتَ بالطائرة.

٨ – نظرتم في هذا الأمر.   ٣ – اعتمدتِ عليه.

٩ – أدختِها.   ٤ – ذكرتَ ذلك الأمر.

١٠ – ربطتموهم.   ٥ – انصرفتم من البيت.

3. 단축법 : 간접 명령

간접적으로 명령이나 제안을 할 때도 단축법을 쓰며, 보통은 불변사 لـ를 그 앞에 붙인다. 1인칭 복수의 간접 명령은 '~하자'의 뜻이다.

> ‏لِنَذْهَبْ.   '가자.'
>
> ‏لِنَأْكُلْ هُنَا.   '여기서 먹자.'

간접 명령(단축법)이 드물게 2인칭에 쓰이면, 부드럽고 공손한 명령이 된다. 간접 명령은 3인칭에서는 '(~가) (~하게) 하라'의 뜻이 된다.

> ‏لِيَنْصَرِفْ.   '그가 가버리게 하라.'
>
> ‏لِيَسْتَمِعَا لِلْمُحَاضَرَاتِ.   '그들[쌍]이 강의를 듣게 하라.'
>
> ‏لِيَدْرُسُوا أَكْثَرَ.   '그들[남]이 더 많이 공부하게 하라.'

이들 간접 명령은 흔히 فَ '그리고, 그래서'를 접두시키는데, 이 때 لِ의 모음이 떨어진다. 이는 보통은 번역되지 않는다.

'가자.'　فَلْنَذْهَبْ.

'그가 아랍어로 문장을 쓰게 하자.'　فَلْيَكْتُبِ ٱلْجُمْلَةَ بِٱلْعَرَبِيَّةِ.

연습 6. (녹음자료에도 수록) 변형 : ‎سَ‎ + 미완료형→ لِ + 단축법

ㄱ. '우리는 영화관에 갈 것이다.' →　　　←　سَنَذْهَبُ إلى السينما.

'영화관에 가자.'　　　فَلْنَذْهَبْ إلى السينما.

٤ – سننتخب رئيس المؤتمر.　　　١ – سنشرب قهوة عربيّة هناك.

٥ – سنكتب رسالة إلى والدينا.　　　٢ – سنستقبل الرئيس في المطار.

٦ – سنحدّد مواعيد الامتحان.　　　٣ – سنجتمع مع السياسيّين أثناء

إقامتهم هنا.

ㄴ. '그가 그 모임에 참석할 것이다.' →　　　←　سيحضر الاجتماع.

'그가 그 모임에 참석하게 하라.'　　　فليحضر الاجتماع.

٤ – سيقاوم الشرّ بالخير.　　　١ – سيشارك في حفر القناة.

٥ – سيتكلّم مع المهندس بعد عشر دقائق.　　　٢ – سيشرفون على العمل.

٦ – سيؤجل ذلك إلى الغد.　　　٣ – سينصرفون قبل بداية

المحاضرة.

د - نُصُوصٌ لِلْفَهْمِ

다음 문장을 읽고 연습 7을 하라.

연설; 학장

<u>خِطَابُ ٱلْعَمِيدِ</u>

أَيُّهَا ٱلسَّيِّدَاتُ وَٱلسَّادَةُ :

حَضَرْتُمْ مِنْ بِلَادٍ كَثِيرَةٍ لِتَدْرُسُوا وَتَحْصُلُوا عَلَى شَهَادَاتٍ جَامِعِيَّةٍ. وَٱلطُّلَّابُ ٱلْأَجَانِبُ يَحْضُرُونَ إِلَى هٰذِهِ ٱلْجَامِعَةِ عَامًا بَعْدَ عَامٍ وَكُلُّهُمْ يَسْأَلُونَ : كَيْفَ نَنْجَحُ فِي دِرَاسَتِنَا وَفِي حَيَاتِنَا هُنَا؟

سَيِّدَاتِي وَسَادَتِي :

여러분의 사고

أُحْكُمُوا أَفْوَاهَكُمْ وَلْيَكُنْ تَفْكِيرُكُمْ أَكْثَرَ مِنْ كَلَامِكُمْ. فَٱلْمُفَكِّرُ يَنْجَحُ وَيَحْتَرِمُ

사람들

ٱلنَّاسُ آرَاءَهُ.

اِجْعَلُوا لِكُلِّ أَمْرٍ وَقْتًا : لِلدَّرْسِ وَقْتًا وَلِأَصْدِقَائِكُمْ وَقْتًا، وَلِأَنْفُسِكُمْ وَقْتًا. لَا تُؤَجِّلُوا ٱلدِّرَاسَةَ وَلَا تَسْمَحُوا لِلْأَصْدِقَاءِ بِأَنْ يَأْخُذُوا مِنْ وَقْتِهَا.

أَيُّهَا ٱلسَّيِّدَاتُ وَٱلسَّادَةُ : لَكُمْ حُقُوقٌ وَعَلَيْكُمْ وَاجِبَاتٌ، وَلَيْسَ حُقُوقُكُمْ أَكْثَرَ

완수하다, 수행하다

مِنْ وَاجِبَاتِكُمْ. لَا تُطَالِبُوا بِحُقُوقِكُمْ حَتَّى تُؤَدُّوا وَاجِبَاتِكُمْ.

현인

أَكْرِمُوا جِيرَانَكُمْ وَأَصْدِقَاءَكُمْ، فَٱلْجِيرَانُ وَٱلْأَصْدِقَاءُ أَهْلٌ لِلْغَرِيبِ، وَٱلْحَكِيمُ يَحْتَرِمُ أَهْلَهُ وَيُكْرِمُهُمْ.

칭찬하다
~에게 강제한다
내가 바란다; 제군들
('나의 아들들')

لَا تَمْدَحُوا أَنْفُسَكُمْ أَمَامَ غَيْرِكُمْ. فَٱلْغَرِيبُ يُرَحِّبُ بِٱلِاحْتِرَامِ بَلْ يَطْلُبُهُ. لٰكِنَّ آرَاءَكُمْ فِي أَنْفُسِكُمْ لَا تَفْرِضُ عَلَى غَيْرِكُمْ أَنْ يَحْتَرِمُوكُمْ.

أَرْجُو لَكُمْ يَا أَبْنَائِي كُلَّ نَجَاحٍ.

연습 7. 쓰기, 요약하기

학장이 한 이야기를 다음에 맞추어 간단히 아랍어로 써라.

(ㄱ) 사고 대 말하기

(ㄴ) 권리 대 특전

(ㄷ) 이웃들

هـ – اَلتَّمَارِينُ اَلْعَامَّةُ

연습 8. (녹음자료에도 수록) 변형 : 단수 → 복수

다음 각 문장의 밑줄 친 단어를 복수로 바꾸되, 필요한 변형을 하라.

١ – هذا المهندس سيشارك في بناء السدّ.

٢ – سأشاهد فيلما جميلا في الصيف القادم.

٣ – البدويّ أكرم الزائر.

٤ – البنت عملت في ذلك المصنع.

٥ – ساعد هذا النهر على تقدّم اقتصاد البلد.

٦ – قرّر منهج التعليم في المدرسة القوميّة.

٧ – الطالب مستعدّ للامتحان.

٨ – تعلّم الأديب لغة أجنبيّة.

٩ – في مقالتك فكرة هامّة.

١٠ – النصّ يشمل جملة صعبة.

연습 9. 쓰기 변형 : 단수 → 쌍수 → 복수

다음 각 문장의 밑줄 친 단어를 쌍수와 복수로 바꾸되, 필요한 변형을 하라.

١ – هذا هو قائد النهضة الأدبيّة الّذي قرأت مقالاته في الجريدة اليوميّة.

٢ – الدّولة ستساعد الشركة على بناء مصنع حديث.

٣ – الحزب الرئيسيّ انتخب مرشّحا أثناء مؤتمره الصيفيّ.

٤ – هذه هي الرسالة الّتي كتبها الطالب.

٥ – الطالب الأمريكيّ ذاهب لزيارة ذلك البلد العربيّ.

연습 10. (녹음자료에도 수록) 변형 : 완료형 → يجب أن + 접속법

١ – تكلّمتُ العربيّة كلّ يوم.

٢ – شاركتموه في عمله.

٣ – أصدر كتابا كلّ سنتين.

٤ – استقبلنا رئيس الجمهورية عند وصوله.

٥ – انتظرت أختّها بعد الانصراف من الصفّ.

٦ – تناول هذا الموضوع في مقالته.

٧ – حدّدوا مواعيد الامتحانات هذا الصباح.

٨ – عقدنا اجتماعنا في مدينة قريبة من هنا.

٩ – انصرفتنّ في الساعة التاسعة والربع.

١٠ – منعتَهم من حضور الاجتماع.

연습 11. (구두) 작문

1. 그들과 함께 그들의 집에 가라([남,단]).
2. 당신의 아버지가 일하시는 것을 도와 드려라([남,단]).
3. 우리의 이웃들과 협력하자.
4. 강의 후에 네 편지를 끝내라([여,단]).
5. 저 식당에서 먹지 마라.
6. 이 문장을 읽지 마라.

연습 12. 쓰기, 사전찾기 연습

다음의 각 동명사를 사전에서 찾고 각각의 동사·뜻·명령형([2,남,단])을 써라.

ذهاب : ذَهَبَ / '가다' / اِذْهَبْ

تزوّج

مصادقة

تراسل

تفكير

اتّباع

رسم

연습 13. 완성하기, 어휘

필요한 변형을 하여 빈 칸에 알맞은 단어를 넣어라.

صحراء، ترحيب، حدّ، مناهج، السيطرة على، انتخب، مذكّرات، الاعتماد على،
مكانة، مفكّر، جمهورية، إنّ، أشرف، منح، رحل، شعر، أنّ، نهضة، مجلّة،
واجب، حرّيّة.

١ – نجحت فرنسا و بريطانيا في ـــــــــ شركة قناة السويس.

٢ – يعتبرون هذا الرجل من أعظم ـــــــــ في العالم.

٣ – كان جمال عبد الناصر رئيس ـــــــــ مصر.

٤ – استمعت لمحاضرة الأستاذ وكتبت ـــــــــ كثيرة.

٥ – ـــــــــ المهندس على بناء السدّ الجديد على الأمازون.

٦ – تقرّر الوزارة ـــــــــ التعليم كلّ سنة.

٧ – ـــــــــ الحكومة الطلاّب مساعدات كثيرة.

٨ – ستتمكّن من ـــــــــ أصدقائك المخلصين.

٩ – يعجبني كثيرا ـــــــــ نازك الملائكة.

١٠ – تعتقد نوال السعداويّ أنّه من ـــــــــ أن تتوفّر للنساء الحقوق المساوية
لحقوق الرجال.

١١ – حقّق المفكّرون العرب ـــــــــ أدبيّة قوميّة في العالم العربيّ.

١٢ – شعب مصر يعتمد على مياه النيل إلى أبعد ـــــــــ .

١٣ – ـــــــــ الشعب مرشّح هذا الحزب رئيسا للجمهورية.

١٤ – يعتقدون ـــــــــ للثورة المصريّة أهمّيّة كبيرة جدّا في التاريخ الحديث
للشرق الأوسط.

١٥ – يسرع البدو إلى ـــــــــ بالزائر وتقديم القهوة له.

اَلدَّرْسُ ٱلسَّادِسُ وَٱلْعِشْرُونَ

سُوزَان وَعَلِيٌّ

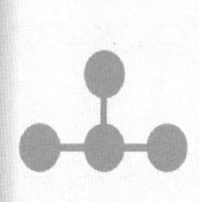

26

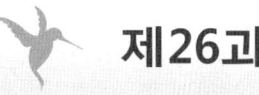
سُوزَان وَعَلِيٌّ

제26과

كَانَ اَسْمُهُ عَلِيًّا. وَاَسْمُهَا هِيَ سُوزَان. اَلْخَرْطُومُ. لَنْدَن. دَرَسَتِ اَلْفَنَّ في

연구소 مَعْهَدِ سْلِيد. دَرَسَ اَلْعُلُومَ اَلسِّيَاسِيَّةَ فِي مَعْهَدِ اَلِاقْتِصَادِ بِجَامِعَةِ لَنْدَن.

قَالَتْ : "تَزَوَّجْنِي."

قَالَ : "لَا. صَعْبٌ."

قَالَتْ : "لٰكِنِّي أُحِبُّكَ."

قَالَ : "وَأَنَا أَيْضًا أُحِبُّكِ. لٰكِنْ ..."

그가 돌아갔다. وَمِنْ ثَمَّ عَادَ إِلَى بَلَدِهِ. وَأَخَذَا يَتَرَاسَلَانِ.

"لٰكِنِّي أُحِبُّكَ يَا عَلِيُّ."

"وَأَنَا أُحِبُّكِ يَا سُوزَان. لٰكِنْ ..."

سِتَّةُ أَشْهُرٍ.

كَتَبَتْ تَقُولُ : "قَابَلْتُ رَجُلًا. سَأَتَزَوَّجُهُ."

كَتَبَ يَقُولُ : "لٰكِنِّي أُحِبُّكِ يَا سُوزَان."

اِنْقَطَعَتِ اَلرَّسَائِلُ.

يُفَكِّرُ بِهَا فِي غَالِبِ اَلْأَحْيَانِ.

وَتُفَكِّرُ بِهِ مِنْ حِينٍ لِآخَرَ.

لٰكِنْ ...

لِـ : اَلطَّيِّبِ صَالِح

مِنْ : مُقَدِّمَاتِ مَجَلَّةِ "حِوَارٌ"

اَلسَّنَةُ اَلرَّابِعَةُ، اَلْعَدَدُ اَلثَّالِثُ

آذَار – نِيسَان ١٩٦٦، صَفْحَةُ ٤٠

수잔과 알리

남자('그[남]')의 이름은 알리이고, 바로 여자('그[여]')의 이름은 수잔이었다. 하르뚬. 런던. 수잔('그[여]')은 하르뚬에 있는 슬레이드 연구소에서 미술을 공부했다. 알리('그[남]')는 런던 대학교의 경제연구소에서 정치학을 공부했다.

수잔 : "나와 결혼해 주세요."

알리 : "안 돼, 어려워."

수잔 : "하지만, 당신을 사랑해요."

알리 : "나도 당신을 사랑해. 하지만 …"

그러고는 알리는 자기 나라로 돌아갔다. 둘은 편지를 주고받기 시작했다.

"알리, 하지만 사랑해요"

"수잔, 나도 사랑해. 하지만 …"

여섯 달.

수잔('그[여]')이 편지에서 말했다('말하면서 썼다'). "한 남자를 만났어요. 그와 결혼할 거예요."

알리('그[남]')가 편지에서 말했다('말하면서 썼다'). "수잔, 하지만 사랑해."

편지가 끊어졌다.

알리('그[남]')는 대부분의 시간에 수잔('그[여]')에 대해 생각한다.

수잔('그[여]')은 때때로 알리('그[남]')에 대해 생각한다.

하지만 …

앗따이입 살리흐 작

≪히와르≫지 제4권 제3호, 1966년 3-4월, 40면 "무깟디마트"에서

26   수잔과 알리

سُوزَان	수잔
عَلِيٌّ	알리
فَنٌّ – فُنُونٌ	예술, 미술, 기술([관형] فَنِّيٌّ '예술적인; 기술의; 전문의')
عِلْمٌ (بِ) – عُلُومٌ	(~의) 지식; 과학([관형] عِلْمِيٌّ '과학적인, 학문의')
عَلِمَ ـَ ، عِلْمٌ	알(고 있)다
بِ	~에서, ~의
قَالَتْ	그[여]가 말했다
تَزَوَّجَ، تَزَوُّجٌ/زَوَاجٌ	결혼하다
أُحِبُّ	내가 사랑한다, 좋아한다
حُبٌّ	사랑
أَيْضًا	또한, 역시
مِنْ ثَمَّ	그러고는
أَخَذَ ـُ ، أَخْذٌ	취하다 잡다; (+ [직]) (~하기) 시작하다 ([명령형] خُذُوا ,خُذِي ,خُذْ)
تَرَاسَلَ، تَرَاسُلٌ	VI 서로 편지 왕래하다
شَهْرٌ – أَشْهُرٌ	달
تَقُولُ	그[여]가 말한다
يَقُولُ	그[남]가 말한다
اِنْقَطَعَ، اِنْقِطَاعٌ	VII 끊어지다; 끝나다

فَكَّرَ ، تَفْكِيرٌ (بِ) Ⅱ (~에 대해) 생각하다

غَالِبٌ (+ [소]) 대부분의

حِينٌ – أَحْيَانٌ 시간; 때, 경우

☆ 보충어

حَبِيبٌ – أَحِبَّاءُ 애인, 연인

نَاسٌ، أُنَاسٌ [복] 사람들

رَغِبَ ـَ، رَغْبَةٌ (فِي) ~을 욕구하다, 바라다

أَحَبَّ Ⅳ 그가 사랑했다, 좋아했다 ([여,단] = أَحَبَّتْ)

1. 대조와 강조의 뜻으로 쓰이는 분리형대명사
2. 시작동사
3. 시상 : 과거 미완료형

1. 대조와 강조의 뜻으로 쓰이는 분리형대명사

> كَانَ ٱسْمُهُ عَلِيًّا.   '그[남]의 이름은 알리이었다.'
>
> كَانَ ٱسْمُهَا هِيَ سُوزَان.   '바로 그[여]의 이름은 수잔이었다.'

위의 문장에서 다음의 두 대명사는 대립되어 있다.

> اِسْمُهُ   '그[남]의 이름'
>
> اِسْمُهَا   '그[여]의 이름'

아랍어에서는 위에서처럼 대조나 강조를 하려면 분리형대명사를 연계형대명사의 뒤에 써서
나타낸다.

> اِسْمُهُ هُوَ   '바로 그[남]의 이름'   عُنْوَانُكَ أَنْتَ   '바로 당신의 주소'
>
> اِسْمُهَا هِيَ   '바로 그[여]의 이름'   بَيْتُنَا نَحْنُ   '바로 우리의 집'
>
> سَافَرَ هُوَ وَرَجَعَتْ هِيَ.   '바로 그[남]는 떠났고, 바로 그[여]는 돌아왔다.'

연습 1. (녹음자료에도 수록) 변형 : 대조와 강조의 대명사

'그[남]의 이름은 아흐마드이고 그[여]의 이
름은 수아드이다.' →

'그[남]의 이름은 아흐마드이고 바로 그[여]
의 이름은 수아드이다.'

اسمه أحمد واسمها سعاد. ←

اسمه أحمد واسمها هي سعاد.

١ – أعرفكم ولكن لا <u>أعرفهم</u>.

٢ – سافر عندما <u>رجعت</u>.

٣ – هذا القلم <u>لي</u> وليس <u>لك</u>.

٤ – <u>سيّارتي</u> أمام المتحف <u>وسيارتكم</u> أمام بيتكم.

٥ – هذا <u>رأينا</u>.

٦ – <u>نعتبره</u> أعظم أديب في العالم.

٧ – لا تذهبن معها بل اذهبن <u>معه</u>.

٨ – تعجبنا المجلّة و لكنّها لا <u>تعجبكم</u>.

٩ – يعتقدون <u>أنّها</u> المرأة الّتي تحدثّت إلى المدير.

2. 시작동사

أَخَذَ 동사의 일반적인 뜻은 هَلْ أَخَذَتِ ٱلْقَلَمَ مَعَهَا؟ '그[여]가 연필을 몸에 지녔느냐?'에서처럼 '취하다, 가지다'이나, 완료형에 다른 동사의 미완료형 직설법이 뒤따라 오면 '~하기 시작하다'라는 뜻이 된다. 이러한 용법의 동사를 시작동사(فِعْلُ ٱلشُّرُوعِ، فِعْلُ ٱلْإِنْشَاءِ)라고 한다. 이 때 주어가 표시될 때는 두 동사의 사이에 오며, 두 동사는 주어에 일치한다.

> فَأَخَذَ ٱلنَّاسُ يَتَحَدَّثُونَ. '그리고는 사람들이 이야기하기 시작했다.'
>
> أَخَذَا يَتَرَاسَلَانِ. '그들은 서로 편지하기 시작했다.'

또 다른 시작동사에 جَعَلَ '만들다' 동사가 있다.

> جَعَلَ يَرْحَلُ فِي ٱلصَّحْرَاءِ. '그는 사막에서 돌아다니기 시작했다.'

이 시작동사와 비슷한 동사로 بَدَأَ 동사가 있는데, 이것은 그 자체가 '시작하다'의 뜻으로 완료형이니 미완료형으로 쓰일 수 있고, 그 뒤에 직설법 대신에 동명사기 올 수도 있다.

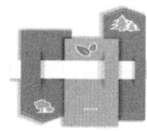

'그들은 언제 공부하기(공부를) 시작할 것
이냐?'
> مَتَى سَيَبْدَأُونَ يَدْرُسُونَ؟
> مَتَى سَيَبْدَأُونَ ٱلدِّرَاسَةَ؟

بَدَأَ بِ 는 '~으로(써) 시작하다'의 뜻이다.

'제4과로써 시작하자.'
> فَلْنَبْدَأْ بِٱلدَّرْسِ ٱلرَّابِعِ.

연습 2. (녹음자료에 수록) 동사활용 : 시작동사

연습 3. 쓰기, 변형 : 시작동사

'그 두 친구는 서로 편지했다.' →
> ← تراسل الصديقان. (أخذ)

'그 두 친구는 서로 편지하기 시작했다.'
> أخذ الصديقان يتراسلان.

١ – فكّر فريد بها. (جعل)

٢ – تحدّث الناس عن الوضع الاقتصاديّ وعن السلام. (أخذ)

٣ – فعل كريم ذلك كلّ يوم. (بدأ)

٤ – درس الطلّاب العربيّة في جامعة لندن. (أخذ)

٥ – بحثت المرأة عن عمل في هذه المدينة. (بدأ)

٦ – كتب المراسل مقالات في هذه المجلّة. (جعل)

٧ – بذل الأطبّاء جهودا كبيرة في خدمة المجتمع. (أخذ)

٨ – تعاونت الدولتان في هذا الأمر الهامّ. (جعل)

٩ – بحثت الشركة عن الماء في الصحراء. (بدأ)

연습 4. 변형 : 동사 → 동명사

'당신은 언제 공부하기 시작할 것이냐?' →
> ← متى ستبدأ تدرس؟

'당신은 언제 공부를 시작할 것이냐?'
> متى ستبدأ الدراسة؟

530

١ – بدأ يعمل هذه السنة.

٢ – بدأ يدرس الأدب الفرنسيّ.

٣ – هل سيبدأون يحفرون القناة الجديدة قريبا؟

٤ – بدأت أدرس في مدرسة ثانويّة سنة ٢٠١٠.

٥ – بدأوا يبحثون الوضع السياسيّ في مدينة بوسان.

٦ – بدأن يجمعن الكتب القديمة.

3. 시상 : 과거 미완료형

미완료형은 다음과 같이 여러 가지의 행위를 표시하는데 쓰인다.

ㄱ. 습관적 행위

يَدْرُسُ فِي بَيْتِهِ عَادَةً. '그는 보통은 자기 집에서 공부한다'

ㄴ. 진행적 행위

مَاذَا يَدْرُسُ ٱلْآنَ؟ '그는 지금 무엇을 공부하고 있느냐?'

ㄷ. 미래의 행위

سَيَدْرُسُ غَدًا. '그는 내일 공부할 것이다.'

ㄹ. 상태(동작이 없음)

هَلْ يَعْرِفُ ذٰلِكَ؟ '그는 그것을 알고 있느냐?'

위의 여러가지 행위는 문맥에 따라서 다르게 해석될 수 있다. 또 위의 문장들은 현재를 나타내는데, 과거의 동작이나 상태를 나타내려면 كَانَ 동사의 완료형을 그 동사의 미완료형과 같이 쓴다.

ㄱ. 과거의 습관

كَانَ يَدْرُسُ فِي بَيْتِهِ عَادَةً. '그는 보통은 자기 집에서 공부하곤 했다.'

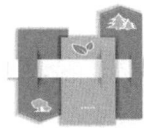

다. 문법과 연습

ㄴ. 과거의 진행

> مَاذَا كَانَ يَدْرُسُ فِي ذٰلِكَ ٱلْحِينِ؟ '그는 그때 무엇을 공부하고 있었느냐?'

ㄷ. 과거의 미래

> كَانَ سَيَدْرُسُ أَمْسِ. '그는 어제 공부하고 있었을 것이다.'

ㄹ. 상태(동작이 없음)

> هَلْ يَعْرِفُ ذٰلِكَ؟ '그는 그것을 알고 있느냐?'

위의 여러가지 행위는 문맥에 따라서 다르게 해석될 수 있다. 또 위의 문장들은 현재를 나타내는데, 과거의 동작이나 상태를 나타내려면 كَانَ 동사의 완료형을 그 동사의 미완료형과 같이 쓴다.

ㄱ. 과거의 습관

> كَانَ يَدْرُسُ فِي بَيْتِهِ عَادَةً. '그는 보통은 자기 집에서 공부하곤 했다.'

ㄴ. 과거의 진행

> مَاذَا كَانَ يَدْرُسُ فِي ذٰلِكَ ٱلْحِينِ؟ '그는 그때 무엇을 공부하고 있었느냐?'

ㄷ. 과거의 미래

> كَانَ سَيَدْرُسُ أَمْسِ. '그는 어제 공부하고 있었을 것이다.'

ㄹ. 과거의 상태

> هَلْ كَانَ يَعْرِفُ ذٰلِكَ؟ '그가 그것을 알고 있었느냐?'

이들 구문의 부정은 미완료형 앞에 لَا 를 놓아 만든다.

> كَانَ لَا يَدْرُسُ أَحْيَانًا. '그는 가끔 공부하지 않고 있었다.'

이들 구문을 과거 미완료형이라고 한다.

아랍어의 상태동사는 특이한데, 이들 동사는 행위나 동작이 아닌 상태나 성질을 나타낸다. 또 상태동사는 우리말에서처럼 완료형은 상태나 상황의 끝남을 뜻하며, 미완형은 진행형도 가질 수 있다.

다음을 비교하라.

미완료형		완 료	
يَعْرِفُ	'그가 안다' = '알고 있다'	عَرَفَ	'그가 안 상태에 들어갔다' = '알아냈다' = '알았다'
كَانَ يَعْرِفُ	'그가 알고 있었다'		
يُحِبُّ	'그가 사랑한다, 좋아한다'	أَحَبَّ	'그가 사랑에 빠졌다, 사랑했다'

아랍어에서 과거의 습관·진행·미래·상태 등은 우리말에서처럼 완료형으로는 표시될 수 없다. 완료형은 완료된 사건이나,

دَرَسَ ذلِكَ أَمْسِ. '그가 어제 그것을 공부했다.'

연속적인 사건을 나타내는데 쓰인다.

دَرَسَ ٱلدَّرْسَ ٱلثَّالِثَ كَثِيرًا. '그는 제3과를 많이 공부했다.'

다음 표에서 아랍어와 우리말의 시상의 표현을 대조해 보라.

		현 재		과 거	
ㄱ. 습관적 행위		يَدْرُسُ	'그가 공부한다.'	كَانَ يَدْرُسُ	'그가 공부하곤 했다.'
ㄴ. 진행적 행위		يَدْرُسُ	'그가 공부하고 있다.'	كَانَ يَدْرُسُ	'그가 공부하고 있었다.'
ㄷ. 미래		سَيَدْرُسُ	'그가 공부할 것이다.'	كَانَ سَيَدْرُسُ	'그가 공부하고 있을 것이었다.'
ㄹ. 상태		يَعْرِفُ	'그가 알고 있다.'	كَانَ يَعْرِفُ	'그가 알고 있었다.'
ㅁ. 완료된 사건		دَرَسَ	'그가 공부했다.'	دَرَسَ	'그가 공부했(었)다.'

위에서 보았듯이 كَانَ 동사의 완료형 뒤에 오는 미완료형 직설법은 과거를 나타낸다. 마찬가지로 다른 완료형 동사의 뒤에 와도 과거를 나타낸다.

كَتَبَ يَقُولُ : '그가 말하면서 썼다(편지했다).'

다. 문법과 연습

كَانَتْ تَكْتُبُ إِلَيْهِ كُلَّ يَوْمٍ، تَتَحَدَّثُ إِلَيْهِ عَنْ حُبِّهَا.	'그[여]는 그에게 자기의 사랑에 대해 이야기하면서 날마다 그에게 편지를 쓰곤 했다.'

이것은 종속절에서도 마찬가지이다.

عَرَفَتْ أَيْضًا أَنَّهُ يُحِبُّهَا.	'그[여]는 그가 자신을 사랑한다는 것도 알았다.'
كُنْتُ أَعْرِفُ أَنَّهُ سَيَتَزَوَّجُ فَرَنْسِيَّةً.	'나는 그가 한 프랑스 여성과 결혼할 것이라는 것을 알고 있었다.'

종속절이 명사문일 때도 역시 주절의 동사와 같은 시간을 나타낸다.

كُنْتُ أَعْرِفُ أَنَّهُ فِي الْمَكْتَبِ.	'나는 그가 사무실에 있는 것을 알고 있었다.'
اِعْتَقَدْتُ أَنَّهُمْ هُنَاكَ.	'나는 그들이 거기에 있다고 믿었다.'

위의 모든 구문은 우리말과 아랍어가 거의 일치함을 보여 준다.

연습 5. 묻고 대답하기 : 미완료형의 의미

١ – هل تدرس عادة في بيتك أم في المكتبة؟

٢ – هل تفكّر بصديقك كثيرا؟

٣ – هل تقرأ الجريدة كلّ يوم؟

٤ – هل تعرف اسم المهندس الّذي أشرف على حفر قناة السويس؟

٥ – هل ستذهب مع صديقك غدا لتأكلا في المطعم العربيّ؟

٦ – هل تتكلّم العربيّة الآن؟

٧ – هل يعقد الحزب الجمهوريّ الأمريكيّ مؤتمرا كلّ أربع سنوات؟

٨ – هل ترغب في الذهاب إلى السينما غدا مساءً؟

٩ – هل ستبذل جهودا كبيرة في دراستك هذه السنة؟

١٠ – هل تعيّن وزارة التعليم كلّ الأساتذة الجامعيّين في هذا البلد؟

١١ – هل يسمح الوقت بذلك؟

١٢ – هل يشمل الامتحان محاضرة أستاذنا الأخيرة؟

연습 6. (녹음자료에 수록) 변형 : 완료형 → كَانَ + 미완료형

연습 7. 쓰기, 변형 : 시상

다음 각 문장을 우리말로 가장 적절하게 옮겨라.

١ – كان عليّ وسوزان يتراسلان.

٢ – فتحنا الشبّاك ونظرنا منه.

٣ – هل تعرف اسم القائد المسلم الّذي فتح مصر؟

٤ – ماذ تفعلون في الوقت الحاضر؟

٥ – هل كان يعرف ذلك عندما تحدّثت إليه؟

٦ – شاهدت فلما جميلا جدّا أمس.

٧ – ترغب النساء في الحصول على مكانة عالية في المجتمع.

٨ – كنت أدرس عندما انصرفت.

٩ – كنّا نشاهد أفلاما كثيرة معا.

١٠ – كانوا سيذهبون لزيارة أصدقائهم في البلاد العربيّة.

١١ – يدرس الفنّ في جامعة لندن.

١٢ – كنّا نذهب إلى مؤتمر الحزب كلّ أربع سنوات.

연습 8. (녹음자료에 수록) 동사활용 : كتب يسأل ....

연습 9. 쓰기, 문장 만들기 : 시상

다음 각 동사를 사용하여 문장을 만들고, 우리말로 옮겨라. 이 때 عادة, أحيانا, كلّ يوم, والآن와 같은 시간의 부사를 적절히 사용하라.

	كان يرغب	سألت	عرفت
(진행적 의미로 사용하라)	ندرس	تقدّم	فكّر بـ
(습관적 의미로 사용하라)	يدرسون	تقرّر	أجّلنا
	كنت سأسافر		بذلوا

라. 강 독

د – نُصُوصٌ لِلْفَهْمِ

(1) 다음 문장을 읽고 연습 10을 하라.

* أَيْنَ ٱلْحَبِيبُ

같은

만남

كَانَتْ طَالِبَةً فِي ٱلْجَامِعَةِ ٱلْأَمْرِيكِيَّةِ فِي بَيْرُوتَ، وَكَانَ طَالِبًا فِي نَفْسِ ٱلْجَامِعَةِ. تَقَابَلَا. فَأَحَبَّهَا بَعْدَ ٱللِّقَاءِ ٱلْأَوَّلِ، وَأَخْبَرَهَا بِحُبِّهِ، فَقَالَتْ : أَنَا أَيْضًا أُحِبُّكَ. تَقَابَلَا بَعْدَ ذَلِكَ كَثِيرًا، وَتَحَدَّثَا طَوِيلاً، فَعَرَفَتْ عَنْ حَيَاتِهِ كُلَّ شَيْءٍ، وَعَرَفَتْ أَيْضًا أَنَّهُ يَرْغَبُ فِي ٱلسَّفَرِ إِلَى فَرَنْسَا لِلْحُصُولِ عَلَى ٱلدُّكْتُورَاهِ فِي

가난

ٱلْعُلُومِ ٱلسِّيَاسِيَّةِ، لَكِنَّ ٱلْفَقْرَ يَمْنَعُهُ مِنْ تَحْقِيقِ رَغْبَتِهِ. وَحَصَلَ عَلَى ٱلْبَكَالُورِيُوسِ قَبْلَ أَنْ تَحْصُلَ عَلَيْهَا، فَقَالَتْ لَهُ : قَرَّرْتُ أَلَّا أُكْمِلَ ٱلدِّرَاسَةَ ٱلْجَامِعِيَّةَ. سَوْفَ أَعْمَلُ حَتَّى تَتَمَكَّنَ مِنَ ٱلسَّفَرِ إِلَى أُورُبَّا وَتَحْصُلَ عَلَى ٱلدُّكْتُورَاهِ. لَمْ تُعْجِبْهُ ٱلْفِكْرَةُ، لَكِنَّهَا قَالَتْ سَتَرْجِعُ وَسَنُصْبِحُ بَعْدَ ذَلِكَ زَوْجَيْنِ. أَلَا تُسَاعِدُ ٱلزَّوْجَةُ ٱلْمُخْلِصَةُ زَوْجَهَا؟

وَذَهَبَ إِلَى فَرَنْسَا، وَأَخَذَا يَتَرَاسَلَانِ. كَانَتْ تَكْتُبُ إِلَيْهِ كُلَّ يَوْمٍ تَتَحَدَّثُ إِلَيْهِ عَنْ حُبِّهَا وَتُخْبِرُهُ بِأَنَّهَا فِي ٱنْتِظَارِهِ. وَكَانَ لَا يَكْتُبُ أَحْيَانًا فَتَقُولُ : إِنَّ ٱلدِّرَاسَةَ لَا تَسْمَحُ لَهُ بِأَنْ يَكْتُبَ.

وَبَعْدَ عَامَيْنِ ٱنْقَطَعَتْ رَسَائِلُهُ. سَأَلَتْنِي عَنْهُ كَثِيرًا فَقَدْ كُنْتُ صَدِيقَهُ. وَكُنْتُ أَقُولُ : لَسْتُ أَعْرِفُ عَنْ أَخْبَارِهِ شَيْئًا، لَكِنِّي كُنْتُ أَعْرِفُ. كُنْتُ أَعْرِفُ

그것이
변화시킨
다.

أَنَّهُ تَزَوَّجَ فَرَنْسِيَّةً وَأَنَّهُ قَرَّرَ أَلَّا يَرْجِعَ. وَكُنْتُ أَسْأَلُ نَفْسِي : هَلْ تُؤَثِّرُ ٱلْمَسَافَاتُ فِي ٱلْحُبِّ، وَهَلْ تُغَيِّرُ ٱلْقَلْبَ؟

* 단편소설에서 뽑아서 고쳐 씀. 작가와 발행연도 미확인.

(2) 녹음자료에서 문장을 듣고 연습 11을 하라.

연습 10. 쓰기

위의 강독 문장을 5문장 이상으로 요약하라.

연습 11. (녹음자료에 수록) 듣고 이해하기

أسئلة

١ – هل كان قيس بدويّا؟ وليلى؟

٢ – هل أحبّ قيس ليلى؟ هل أحبّته؟

٣ – لماذا لم يتزوّج قيس ليلى؟

٤ – هل يقرأ العرب الآن عن حبّ قيس لليلى؟

٥ – عمّ تحدّث قيس في شعره؟

هـ – اَلتَّمَارِينُ ٱلْعَامَّةُ

연습 12. (녹음자료에도 수록) 부정문

다음의 밑줄 친 부분을 부정하라.

١ – <u>فكّروا</u> بهذا الموضوع.

٢ – هذه بلاد <u>إسلاميّة</u>.

٣ – <u>دراسة العلوم السياسيّة</u> سهلة.

٤ – ستمنع الحكومة عقد الاجتماع في هذا البناء.

٥ – <u>كان يرغب</u> في إنشاء مجلّة أدبيّة.

٦ – يجب أن <u>ينصرف الطلّاب</u> بعد الصفّ.

٧ – <u>انقطعت</u> الرسائل بين الحبيبين.

٨ – يعتقد بعض الناس أن وظيفة رئيس الجمهوريّة <u>لها أهمّيّة كبيرة</u>.

٩ – قال والد أحمد : <u>تزوّجها</u>.

١٠ – المسافة بين هاتين المدينتين <u>بعيدة</u>.

١١ – <u>تشرف</u> الحكومة على الانتخابات.

연습 13. 말바꾸기/변형 : أَنْ 절 → 동명사

'그는 이 옛날 책들을 모았다.' →

جمع هذه الكتب القديمة. ←

'그는 이 옛날 책들을 모으기를 원한다.' →

يرغب في أن يجمع هذه الكتب القديمة.

←

'그는 이 옛날 책들의 모음을 원한다.'

يرغب في جمع هذه الكتب القديمة.

١ – تراسل مع صديق أجنبيّ.

٢ – أجّل دراسة الموضوع إلى وقف آخر.

٣ – يذهب إلى الإسكندريّة في الصيف.

٤ – أشرف على حفر القناة الجديدة.

٥ – توفّرت حرّيّة الرأي للشعب إلى أبعد حدّ.

٦ – حصل على الدكتوراه في الاقتصاد السيا سيّ.

٧ – رحل من مكان إلى آخر.

연습 14. 끼워 넣기, 관계절

다음의 두번째 문장을 관계절로 하여 두 문장을 결합하라.

انقطعت الرسائل بين الحبيبين. +   '두 연인 사이의 편지가 끊어졌다.' +

كان الحبيبان سيتزوّجان. ←   '두 연인은 결혼하려고 하고 있었다.'
→

انقطعت الرسائل بين الحبيبين اللّذين كانا سيتزوّجان.   '결혼하려고 하고 있었던 두 연인 사이의 편지가 끊어졌다.'

المفكّرن يساعدون على تقدّم المجتمع.
١ –
المفكّرون يدرسون الأوضاع الاجتماعيّة.

قرأت كتابا عن القائد.
٢ –
فتح القائد العراق.

تأثّر الشعر بالنهضة القوميّة.
٣ –
حقّق المفكّرون العرب النهضة القوميّة.

تمّ حفر قناة كبيرة.
٤ –
ستساعد القناة على تقدّم اقتصاد البلد.

سكنت في مدينة صغيرة.
٥ –
انعقد مؤتمر هامّ في المدينة الصغيرة.

حضرت في القاهرة مؤتمرا هامّا.
٦ –
انعقد المؤتمر لدراسة الوضع الاقتصاديّ في الشرق الأوسط.

احترم هذه المرأة.

ساعدت هذه المرأة على تقدّم النهضة النسائيّة.

استقبلتني في المطار إحدى البنات.

درست مع البنات في الجامعة.

٧ –

٨ –

연습 15. 쓰기, 작문

1. 수잔과 알리는 알리가 유럽으로 여행한 후에(أنْ بعد) 편지 왕래하기 시작했다.

2. 당신이 식당에서 그를 만났을 때 그는 커피를 마시고 있었느냐?

3. 이 새소식을 방송하지('전달하다') 마라.

4. 그것은 당신의 의견이지 내 의견이 아니다.

5. 나는 정치학을 공부하고 있는 내 친구가 그것을 나에게 언급해 주었기 때문에 그것을 알고 있다.

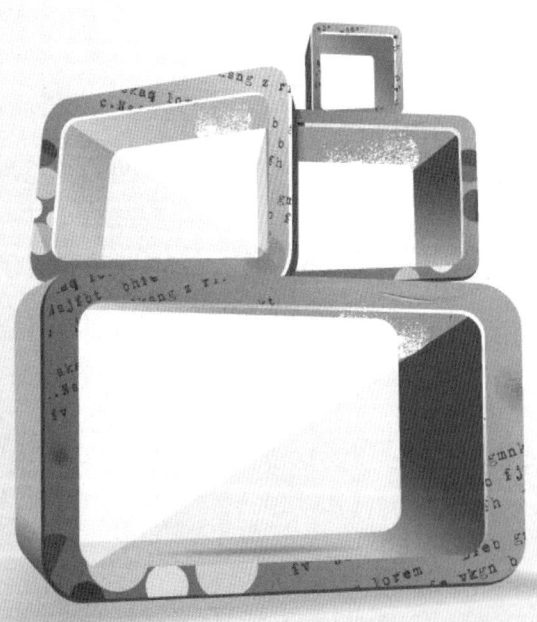

اَلدَّرْسُ ٱلسَّابِعُ وَٱلْعِشْرُونَ

رِسَالَةٌ

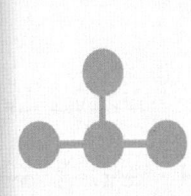

27

1. 능동분사 : 원형

2. **إِنَّ**의 자매어 : **لَعَلَّ** '아마'

3. 명사 **نَفْسٌ** '같은; ~ 자신'

4. **أَبٌ** '아버지'와 **أَخٌ** '형제' 등의 격변화

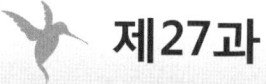

رِسالَةٌ

عَزيزي فْرانْك :

تَرْغَبُ في أَنْ تُراسِلَ عَرَبِيًّا وَتُصادِقَهُ، وَأَنا سَعيدٌ بِأَنْ أُراسِلَكَ وَأُصادِقَكَ. اِسْمي مُحَمَّدٌ بَغْدادِيٌّ، وَأَنا مُهَنْدِسٌ في أَحَدِ اَلْمَصانِعِ اَلْمُنْتَشِرَةِ خارِجَ اَلظَّهْرانِ، (وَأَخي عامِلٌ في نَفْسِ اَلْمَصْنَعِ).

أَنا حاصِلٌ عَلَى اَلْبَكالوريوسِ مِنْ جامِعَةِ اَلْقاهِرَةِ وَقَدْ دَرَسْتُ عامًا في لَنْدَنَ. لي عائِلَةٌ صَغيرَةٌ تَشْمَلُ اِبْنًا وَاِبْنَةً. أَنا ساكِنٌ مَعَ عائِلَتي في بَيْتٍ قَريبٍ مِنَ اَلْمَصْنَعِ. اِبْني طالِبٌ في مَدْرَسَةٍ ثانَوِيَّةٍ وَاِبْنَتي صَغيرَةٌ فَهِيَ لا تَدْرُسُ. زَوْجَتي لُبْنانِيَّةٌ اِنْتَقَلَتْ مَعَ وَالِدَيْها إِلَى اَلظَّهْرانِ في اَلْخامِسَةِ مِنْ عُمْرِها، وَكانَتْ عِنْدَما قابَلْتُها مُوَظَّفَةً في شَرِكَةِ أَرامْكو.

أَنا وَزَوْجَتي نَعْرِفُ شَيْئًا كَثيرًا عَنْ سِياسَةِ بِلادِكَ وَعَنِ اَلْوَضْعِ اَلاِقْتِصادِيِّ فيها، لِأَنَّنا نَقْرَأُ اَلصُّحُفَ اَلْأَمْريكِيَّةَ. لَعَلَّكَ في رِسالَتِكَ اَلْقادِمَةِ تَذْكُرُ رَأْيَكَ في ذٰلِكَ اَلْوَضْعِ.

نَحْنُ في اَلسُّعودِيَّةِ مُقْبِلونَ عَلَى نَهْضَةٍ صِناعِيَّةٍ عَظيمَةٍ وَحَياتُنا اَلْيَوْمَ مُخْتَلِفَةٌ عَنِ اَلْحَياةِ اَلَّتي كانَتْ كُتُبُ اَلْغَرْبِ تَتَحَدَّثُ عَنْها إِلَى زَمَنٍ قَريبٍ. سَوْفَ أَكْتُبُ إِلَيْكَ عَنْ هٰذا اَلْأَمْرِ في رِسالَتِيَ اَلْقادِمَةِ.

اَلْمُخْلِصُ

مُحَمَّدٌ بَغْدادِيٌّ

편지

　친애하는 프랭크씨,

　당신은 아랍사람과 서신 연락을 하며, 그와 친구하고 싶다고 했지요. 나는 당신과 서신 연락을 하며, 편지를 주고받고, 당신과 친구하는데 대해서 기쁩니다. 내 이름은 무함마드 바그다디이며, 다흐란 교외에 산재해 있는 한 공장의 기술자입니다. (내 형제도 같은 공장에서 일하고 있습니다.)

　나는 카이로 대학교에서 학사학위를 얻고서, 런던에서 1년간 공부했습니다. 내게는 아들·딸 하나씩 있는 작은 가족이 있습니다. 공장에서 가까운 집에서 내 가족과 함께 살고 있지요. 내 아들은 고등학교의 학생이고, 딸은 어려서 학교에는 아직 안 다닙니다('공부하지 않습니다'). 아내는 나이 5살 때 부모와 함께 다흐란으로 이사한 레바논인이며, 내가 그를 만났을 때는 아람코 회사의 직원이었습니다.

　나와 내 아내는 미국 신문들을 읽고 있으므로, 당신 나라의 정치와 그곳의 경제 상황에 관해서 많은 것을 알고 있습니다. 아마 당신은 당신의 다음 편지에서 그 상황에 대한 당신의 의견을 언급할 수 있겠지요.

　사우디의 우리는 굉장한 산업 부흥에 착수하고 있으며, 오늘날 우리의 생활은 최근까지 서방의 책들이 이야기해 왔던 생활과는 다릅니다.

　나의 다음 편지에서는 당신에게 이 문제에 관해 쓰겠습니다.

무함마드 바그다디 드림

 **27 편지**

رَاسَلَ، مُرَاسَلَةٌ	Ⅲ (~와) 서신 연락하다
صَادَقَ، مُصَادَقَةٌ	Ⅲ (~와) 친구하다
سَعِيدٌ – سُعَدَاءُ (بِ)	(~에 대해) 기쁜
مُنْتَشِرٌ	흩어져 있는, 널려 있는, 산재해 있는
خَارِجَ	[전] ~의 밖에
اَلظَّهْرَانُ	다흐란(사우디의 도시)
أَخٌ (أَخُو) – إِخْوَةٌ	형제
أَخَوِيٌّ	(أَخٌ의 [관형]) 형제의
عَامِلٌ – عُمَّالٌ	일꾼, 근로자
نَفْسٌ – أَنْفُسٌ	[여] 영혼; ~ 자신; (연결형의 제1요소로서) 같은
حَاصِلٌ – ون (عَلَى)	(~을) 얻고서
اِبْنَةٌ – بَنَاتٌ	딸
سَاكِنٌ – ون	살고 있는, 거주하는
عُمْرٌ – أَعْمَارٌ	나이, 수명, 생애
فِي اَلْخَمْسِينَ مِنَ اَلْعُمْرِ	나이 50살 때
أَرَامْكُو	아람코(아라비아 미국 석유회사 = The Arabian-American Oil Company)
سِيَاسَةٌ – ات	정치, 정책
صَحِيفَةٌ – صُحُفٌ	신문
صُحُفِيٌّ	(صَحِيفَةٌ의 [관형]) 신문의; 신문인

لَعَلَّ　아마

مُقْبِلٌ – ون (عَلَى)　(~에) 다가가는; (~에) 착수하는, (~에) 몰두하는

صِنَاعَةٌ – ات　산업, 공업

مُخْتَلِفٌ – ون (عَنْ، مِنْ)　(~와) 다른

☆ 보충어

خَرَجَ ـُ، خُرُوجٌ (مِنْ)　(~에서) 나가다

اَلْخَارِجُ　바깥, 국외

خَارِجِيٌّ　바깥의, 외국의

أَخْرَجَ، إِخْرَاجٌ　나가게 하다; 쫓아내다, 해고하다

أَبٌ (أَبُو) – آبَاءٌ　아버지

أَبَوِيٌّ　(أَبٌ의 [관형]) 아버지의

حَمٌّ (حَمُو) – أَحْمَاءٌ　장인, 시아버지

ذُو　임자

فَمٌّ (فُو ، فَمُ) – أَفْوَاهٌ　입

다. 문법과 연습

---

1. 능동분사 : 원형

2. إِنَّ의 자매어 : لَعَلَّ '아마'

3. 명사 نَفْس '같은; ~ 자신'

4. أَبٌ '아버지'와 أَخٌ '형제' 등의 격변화

1. 능동분사 : 원형

아랍어의 분사는 동사에서 파생되어 그 동사의 뜻과 기능을 보유하는 명사(형용사)이다. 이에는 능동과 수동이 있는데, 이 과에서는 원형의 능동분사만 다룬다.

능동분사의 기본적인 뜻은 '(주어진 동사의 행위를) 하는/하고 있는/한 (사람, 것)'이다.

> هَلْ أَنْتَ ذَاهِبٌ؟ '당신은 가고 있느냐?'
>
> اَلْأُسْتَاذُ ٱلزَّائِرُ '그 방문(하는) 교수'

원형의 능동분사형은 فَاعِلٌ형이다.

동사		능동분사	
كَتَبَ	'쓰다'	كَاتِبٌ	'쓰고 있는'
ذَهَبَ	'가다'	ذَاهِبٌ	'가고 있는'
رَجَعَ	'돌아오다'	رَاجِعٌ	'돌아오는'
عَمِلَ	'일하다'	عَامِلٌ	'일하는'

능동분사가 형용사로 쓰일 때는 성·수·격·한정여부에 따라 변화하며, 그것이 수식하는 명사와 일치한다. 복수는 규칙복수형을 취한다.

> اَلرَّجُلُ ٱلسَّاكِنُ فِي ذٰلِكَ ٱلْبَيْتِ '저 집에 살고 있는 남자'
>
> اَلْمَرْأَةُ ٱلسَّاكِنَةُ فِي ذٰلِكَ ٱلْبَيْتِ '저 집에 살고 있는 여자'
>
> اَلرِّجَالُ ٱلسَّاكِنُونَ فِي ذٰلِكَ ٱلْبَيْتِ '저 집에 살고 있는 남자들'

اَلنِّسَاءُ ٱلسَّاكِنَاتُ فِي ذٰلك ٱلْبَيْتِ   '저 집에 살고 있는 여자들'

능동분사는 다음과 같이 여러 가지 의미를 가질 수 있다. 몇몇 동사의 능동분사는 진행적인 의미를 가진다. 이에는 '가다, 오다, 걷다' 등의 장소 변화의 동사와 '머무르다, 멈추다, 서다' 등의 장소 변화가 없는 동사가 있다.

أَنَا سَاكِنٌ فِي بَيْتٍ قَرِيبٍ مِنَ ٱلْمَصْنَعِ.   '나는 공장에서 가까운 집에서 살고 있다.'

هِيَ ذَاهِبَةٌ إِلَى دِمَشْقَ.   '그[여]가 다마스쿠스로 가고 있다.'

능동분사는 또 문맥에 따라 미래의 의미도 나타낸다.

نَحْنُ مُسَافِرُونَ غَدًا.   '우리는 내일 떠난다.'

상태동사의 능동분사는 보통은 단순한 현재 시제로 번역된다.

أَنَا عَارِفٌ   '내가 알고 있다, 안다'

أَنَا سَامِعٌ   '내가 듣고 있다, 듣는다'

حَاضِرٌ   '참석한; 준비가 된'

어떤 동사의 능동부사는 현재 완료의 의미를 가진다.

أَنَا حَاصِلٌ عَلَى ٱلْبَكَالُورِيُوسِ.   '나는 학사 학위를 얻었다.'

هُنَّ نَاجِحَاتٌ فِي ٱلْٱمْتِحَانِ.   '그[여]들이 시험에 합격했다.'

많은 경우에 능동분사에 의해 수식된 명사는 같은 동사의 관계절로 수식된 명사와 뜻이 같다.

أَعْرِفُ ٱلرَّجُلَ ٱلَّذِي يَسْكُنُ هُنَاكَ.   '나는 거기에 살고 있는 그 남자를

أَعْرِفُ ٱلرَّجُلَ ٱلسَّاكِنَ هُنَاكَ.   알고 있다.'

أَعْرِفُ رَجُلاً يَسْكُنُ هُنَاكَ.   '나는 거기에 살고 있는 한 남자를

أَعْرِفُ رَجُلاً سَاكِنًا هُنَاكَ.   알고 있다.'

능동분사가 현재 완료의 의미를 가지고 있으면, 관계절의 동사도 완료형을 쓴다.

> اَلطَّالِبُ ٱلَّذِي دَرَسَ دُرُوسَهُ
>
> اَلطَّالِبُ ٱلدَّارِسُ دُرُوسَهُ   '자기의 과를 공부한 학생'

마지막의 보기에서처럼 능동분사도 동사처럼 목적격의 직접목적어를 가질 수 있다.

능동분사가 명사로 쓰이면 불규칙 복수형을 가질 수 있다.

> كَاتِبٌ – كُتَّابٌ   '작가'
>
> عَامِلٌ – عُمَّالٌ   '근로자'
>
> سَاكِنٌ – سُكَّانٌ   '주민'
>
> طَالِبٌ (عِلْمٍ) – طُلَّابٌ   '학생'('(학문을) 찾는 자')
>
> حَاكِمٌ – حُكَّامٌ   '통치자, 지사; 판사'
>
> عَالِمٌ – عُلَمَاءُ   '학자'
>
> بَاحِثٌ – بَاحِثُونَ   '연구원'
>
> جَامِعٌ – جَوَامِعُ   '모스크'
>
> شَارِعٌ – شَوَارِعُ   '거리, 한길'

연습 1. 쓰기, 가려내기 : 능동분사

다음 각 문장에서 능동분사를 찾아 밑줄을 치고, 그것이 파생된 동사를 적어라.

'그[여]는 저 집에 살고 있다.' →   ← هي <u>ساكنة</u> في ذلك البيت.

살고 있는 - 살다   ساكنة – سكن

١ – المستشرقون ذاهبون إلى مصر قريبا.

٢ – والدي عامل في مصنع سيّارات.

٣ – قابلت كاتبة هذا المقال.

٤ – راسلت طالبا ساكنا في تونس.

٥ – أخي ناجح في الامتحانات كلّها.

٦ – هما راغبان في العمل هنا.

٧ – صديقي حاصل على شهادة الدكتوراه.

٨ – من حاكم بلدكم؟

٩ – هل هنّ ناجحات في الامتحان؟

연습 2. 쓰기, 능동분사의 용법

다음 각 원형 동사의 능동분사를 사용하여 문장을 만들고 우리말로 옮겨라(능동분사의 우리 말이 주어졌음).

ترك	'떠나고서'	حضر	'출석한, 준비된'	سمع	'듣고 있는'
درس	'공부하고서'	رحل	'여행하는'	عرف	'알고 있는'

2. إِنَّ의 자매어 : لَعَلَّ '아마'

لَعَلَّ '아마'는 إِنَّ의 자매어로서 절을 이끌며, 희망적인 기대를 내포한다. 명사문을 이끌 때는 주어가 명사이면 목적격으로 놓고, 대명사이면 연계형을 쓴다.

> لَعَلَّ جَمِيعَ ٱلْوُزَرَاءِ يَحْضُرُونَ ٱلْإِجْتِمَاعَ. '아마 모든 장관이 그 회의에 참석할 것이다.'
>
> لَعَلَّ فِي ٱلْبَيْتِ أَصْدِقَاءَ. '아마 집에는 친구들이 있을 것이다.'
>
> لَعَلَّهُ طَالِبٌ. '아마 그는 학생일 것이다.'

لَعَلَّ가 동사문을 이끌 때는 동사가 바로 오지 못하고, 그 동사와 일치하는 연계형대명사가 먼저 오게 된다.

> لَعَلَّهُ لَا يَعْرِفُ ذٰلِكَ. '아마 그는 그것을 알고 있지 못할 것이다.'
>
> لَعَلِّي أَنْجَحُ. '아마 나는 성공하게 될 것이다.'

다. 문법과 연습

연습 3. (녹음자료에도 수록) 변형 : 서술문 → لَعَلَّ + 서술문

'그는 영어를 말한다.' →

← يَتَكَلَّم الإنكليزيّة.

'아마 그는 영어를 말할 것이다.'

لَعَلَّه يَتَكَلَّم الإنكليزيّة.

٧ – تمكّنوا من الإقامة هنا.	١ – يعتبرونه أمرا هامًّا.
٨ – ينعقد المؤتمر في مدينتنا هذا الصيف.	٢ – سيسافر أخي بالطائرة.
٩ – هي أستاذة جامعيّة.	٣ – ستنتشر المجلّة شعري.
١٠ – أنت بخير.	٤ – سينجح المرشّح في الانتخابات هذه السنة.
١١ – أنتم مستعدّون للامتحان.	٥ – كانت عائلته معه.
١٢ – هم بحاجة إلى معلّمين وأطبّاء.	٦ – جمل النصّ الأساسيّ سهلة.

3. 명사 نَفْسٌ '같은; ~ 자신'

نَفْسٌ(أَنْفُسٌ [복])란 단어는 '영혼'을 뜻하는 여성 명사이나, 다음과 같은 구문에서는 '같은, ~ 자신'을 뜻하게 된다.

(1) 뒤의 한정명사와 연결형이 될 때 : '같은'

> في نَفْسِ ٱلْمَصْنَعِ '같은 공장에서'
>
> هؤُلَاءِ نَفْسُ ٱلْكُتَّابِ. '이들은 같은 작가이다.'

(2) 한정명사 뒤에서 격과 수에 일치하며, 그 명사를 받는 대명사와 연결형이 될 때 : '같은, ~ 자신'

> في ٱلْمَصْنَعِ نَفْسِهِ '같은 공장에서'
>
> حَضَرَ ٱلرَّئِيسُ نَفْسُهُ. '총장이 몸소 왔다.'

552

> تَحَدَّثْنَا مَعَ ٱلْوُزَرَاءِ أَنْفُسِهِمْ. '우리는 장관들 자신과 이야기했다.'

(3) 대명사와 연결형이 될 때 : '~ 자신'

> أُحْكُمْ عَلَى نَفْسِكَ قَبْلَ أَنْ تَحْكُمَ عَلَى غَيْرِكَ. '남을 판단하기 전에 당신 자신을 판단하라.'
>
> عَيَّنَ نَفْسَهُ وَزِيرًا. '그는 자신을 장관으로 임명했다.'

연습 4. 쓰기, 가려내기 : نَفْسٌ의 용법

다음 각 문장의 밑줄 친 말을, نَفْسٌ의 다른 용법에 유의하면서 우리말로 옮겨라.

١ – يعمل في نفس الشركة الّتي كنت أعمل فيها.

٢ – أحبّ هذان الرجلان نفس البنت.

٣ – درسَتِ الفنّ في نفس الجامعة الّتي درستُ فيها.

٤ – اجتمعنا مع رئيس الجمهوريّة نفسه.

٥ – كانا يفكّران بنفس الشيء.

٦ – لا أعتمد على أحد غير نفسي.

٧ – اسألوا أنفسكم هذا السؤال.

٨ – يعتبر نفسه زوجا مخلصا.

٩ – ننقل إليكم هذا الخبر من وزارة التربية نفسها.

연습 5. 구두 작문

1. 우리는 같은 은행에서 일했다.

2. 그[여]는 스스로를 매우 예쁘다고 여긴다.

3. 그들은 같은 대학에서 정치학을 공부했다.

4. 내가 스스로 그에게 이야기했다.

5. 그들 둘[남]은 같은 날에 그들의 학위를 받을 것이다.

4. أَبٌ '아버지'와 أَخٌ '형제' 등의 격변화

أَبٌ '아버지', أَخٌ '형제', حَمٌ '장인, 시아버지', ذُو '임자', فَمٌ '입'과 같은 명사는 연결형의 제1요소로 쓰일 때는 격모음이 길어진다. 이러한 명사를 (ٱلْأَسْمَاءُ ٱلْخَمْسَةُ)라고 한다. ذُو 는 늘 연결형의 제1요소로 쓰인다. فَمٌ은 م이 없어져서 [주] فُو, [소] فِي, [목] فَا의 형태로 쓰이거나, 규칙적으로 فَمٌ 등으로도 쓰인다.

[주]	أَبُو (أَخُو/حَمُو) ٱلرَّجُلِ	'그 남자의 아버지가(형이/장인이)'
[소]	أَبِي (أَخِي/حَمِي) ٱلرَّجُلِ	'그 남자의 아버지의(형의/장인의)'
[목]	أَبَا (أَخَا/حَمَا) ٱلرَّجُلِ	'그 남자의 아버지를(형을/장인을)'
[주]	فُوكَ، فَمُكَ	'당신[남]의 입이'
[소]	فِيكَ، فَمِكَ	'당신[남]의 입의'
[목]	فَاكَ، فَمَكَ	'당신[남]의 입을'

1인칭 단수 대명사 ي는 위의 규칙에 관계 없이 다음과 같이 모든 격의 형이 똑같다.

[주/소/목]	أَبِي	'나의 아버지가/의/를'	أَخِي '나의 형이/의/을'

연습 6. 만들기: أَبٌ과 أَخٌ의 격

ㄱ. 다음 빈 칸에 أَبُو صَدِيقِي '내 친구의 아버지'의 알맞은 형을 넣어라.

٥ – استقبلن _____.   ١ – حضر _____.

٦ – تحدّثنا إلى _____.   ٢ – قابلت _____.

٧ – تقدّم _____ بطلب لعمل جديد.   ٣ – ذهبت لزيارة _____.

٤ – عيّن _____ وزيرا.

ㄴ. أَخُوهُ '그의 형'으로 위와 같이 하라.

ㄷ. أَخِي '나의 형'으로 위와 같이 하라.

라. 강 독

د – نُصُوصٌ لِلْفَهْمِ

다음 문장을 읽고 연습 7을 하라.

اَلثَّوْرَةُ ٱلْمِصْرِيَّةُ

왕

كَانَ جَمَالٌ عَبْدُ ٱلنَّاصِرِ قَائِدًا لِلثَّوْرَةِ ٱلَّتِي طَالَبَتِ ٱلْمَلِكَ فَارُوقَا بِتَرْكِ مِصْرَ. وَبَعْدَ أَنْ رَحَلَ فَارُوقٌ إِلَى "نَابُولِي" وَأَصْبَحَتْ مِصْرُ جُمْهُورِيَّةً، ٱنْتَخَبَ ٱلشَّعْبُ ٱلْمِصْرِيُّ جَمَالاً عَبْدَ ٱلنَّاصِرِ رَئِيسًا.

그의 연설들

تَحَدَّثَ عَبْدُ ٱلنَّاصِرِ فِي خِطَابَاتِهِ وَمُؤْتَمَرَاتِهِ عَنِ ٱلْأَوْضَاعِ ٱلسِّيَاسِيَّةِ وَٱلِاقْتِصَادِيَّةِ وَٱلِاجْتِمَاعِيَّةِ فِي مِصْرَ قَبْلَ ٱلثَّوْرَةِ فَقَالَ :

국내의;
더 성공적인

- لَمْ تَكُنِ ٱلسِّيَاسَةُ ٱلْخَارِجِيَّةُ نَاجِحَةً، وَلَمْ تَكُنِ ٱلسِّيَاسَةُ ٱلدَّاخِلِيَّةُ أَكْثَرَ نَجَاحًا.

- لَمْ تَكُنِ ٱلصُّحُفُ تَتَأَثَّرُ بِآرَاءِ ٱلشَّعْبِ وَلَمْ يَكُنْ لَهَا حُرِّيَّةُ ٱلرَّأْيِ.

- لَمْ تَكُنِ ٱلصِّنَاعَةُ تَتَقَدَّمُ، لَمْ تَكُنْ فِي مِصْرَ مَصَانِعُ كَثِيرَةٌ وَلَمْ يَكُنْ عَدَدُ ٱلْعُمَّالِ كَبِيرًا.

가난;
일반국민

- كَانَ ٱلْفَقْرُ مُنْتَشِرًا بَيْنَ أَبْنَاءِ ٱلشَّعْبِ. لَمْ يَكُنِ ٱلشَّعْبُ سَعِيدًا وَلَمْ يَكُنْ بَيْنَ أَبْنَائِهِ شَيْءٌ مِنَ ٱلتَّعَاوُنِ.

- لَمْ تَكُنِ ٱلْمَدَارِسُ كَثِيرَةً، وَلَمْ يَكُنِ ٱلتَّعْلِيمُ مُنْتَشِرًا بَيْنَ ٱلْمِصْرِيِّينَ.

철학

كَتَبَ عَبْدُ ٱلنَّاصِرِ كِتَابًا هُوَ "فَلْسَفَةُ ٱلثَّوْرَةِ"، تَحَدَّثَ فِيهِ عَنِ ٱلثَّوْرَةِ فَقَالَ

시대; 그러
므로

إِنَّ مِصْرَ مُقْبِلَةٌ عَلَى عَهْدٍ جَدِيدٍ، وَقَالَ إِنَّ مِصْرَ دَوْلَةٌ عَرَبِيَّةٌ وَلِذٰلِكَ يَجِبُ أَنْ تَتَعَاوَنَ مَعَ كُلِّ بَلَدٍ عَرَبِيٍّ، وَهِيَ دَوْلَةٌ إِسْلَامِيَّةٌ وَلِذٰلِكَ يَجِبُ أَنْ تَتَعَاوَنَ مَعَ كُلِّ

아프리카의

بَلَدٍ إِسْلَامِيٍّ. وَهِيَ دَوْلَةٌ إِفْرِيقِيَّةٌ وَلِذٰلِكَ يَجِبُ أَنْ تَتَعَاوَنَ مَعَ كُلِّ بَلَدٍ إِفْرِيقِيٍّ.

연습 7. 묻고 대답하기

أَسْئِلَـةٌ

١ – من كان جمال عبد الناصر؟

٢ – من الرجل الّذي حكم مصر قبل الثورة؟ إلى أين رحل بعد الثورة؟

٣ – كيف كانت سياسة مصر الخارجية في زمن فاروق؟

٤ – هل كانت للصحف المصريّة حرّيّة في زمن فاروق؟

٥ – لماذا لم يكن عدد العمّال في مصر كبيرا قبل الثورة؟

٦ – أكان التعاون منتشرا بين المصريّين في زمن الملك فاروق؟

٧ – هل كانت المدارس تخرّج عددا كبيرا من المصريّين قبل الثورة؟ لماذا؟

٨ – هل كلّ الدول الإسلاميّة عربيّة؟ هل كلّ الدول الإفريقيّة عربيّة؟ هل كلّ
الدول الإفريقيّة إسلاميّة؟

هـ - اَلتَّمَارِينُ اَلْعَامَّةُ

연습 8. 쓰기, 연결형

다음 빈 칸에 알맞은 아랍어 단어를 넣어라.

شاركوا في حفر القناة.
그 운하 굴착

١ – _____ _____ مهندس مشهور.
형 나의 친구

٢ – عرفت من أستاذ التاريخ _____ _____ المصريّة.
중요성 그 혁명

٣ – أخذ _____ _____ يتحدّث إلى الناس في المؤتمر السياسيّ.
우두머리(대통령) 그 공화국

٤ – بدأ حسين و _____ _____ يتراسلان.
아버지 사미

٥ – لم يبدأ _____ _____ الاقتصاديّ حتّى الساعة الحادية عشرة.
토의 그 상황

٦ – اعتبر _____ _____ أجمل عينين في العالم.
두 눈 그의 애인

٧ – سأتمكّن من الإقامة في القاهرة _____ _____.
넷 달

٨ – تفكّر به في _____ _____.
대부분의 그 시간들

٩ – كنّا نرغب في _____ _____ الدوليّ في الصيف.
참석 그 회의

١٠ – للابنة عادة مكانة خاصّة في _____ _____.
마음 그[여]의 어머니

연습 9. 복습 : 명사화사

다음의 빈 칸에 إِنَّ, أَنَّ, أَنْ, مَا 중의 알맞은 것을 넣어라.

١ – قال _____ الوزير سينظر في طلبات الموظّفين.

٢ – استقبلها أهلها عند _____ رجعت من فرنسا.

٣ – قرأت _____ الصناعة تقدّمت تقدّما عظيما في الشرق الأوسط.

٤ – يجب _____ تصادقوا الجيران.

٥ – منعتني من _____ أخرج من الصفّ.

٦ – أصبح رجلا سعيدا عند _____ تزوّج حبيبته.

٧ – سمعنا _____ حفر القناة تمّ في خمسة أعوام.

٨ – هل ستتمكّن من _____ تذهب إلى المسرح؟

연습 10. 쓰기, 옮기기

1. 나가서 당신의 동생을 데려가시오.

2. 그는 그 도시의 밖에 흩어져 있는 역사 유물들을 방문하기를 원했다.

3. 그 이사는 그의 회사가 새 공업 계획에 착수할 것이라고 말했다.

4. 그는 나이 30살에 ('그의 나이에서 30년째 해에') 조그만 신문을 창간했다.

5. 나는 "나는 한 남자를 만났어요. 그와 결혼할 거예요."라고 말하면서 편지했다('썼다').

6. 동양에는 여성의(을 위한) 행동의 자유가 있느냐?

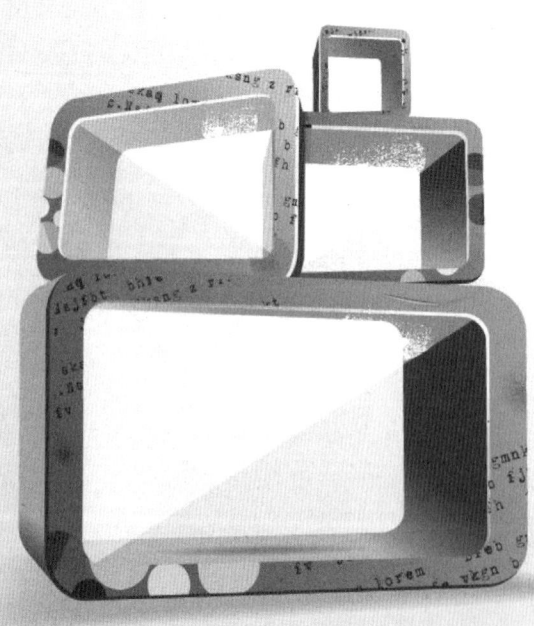

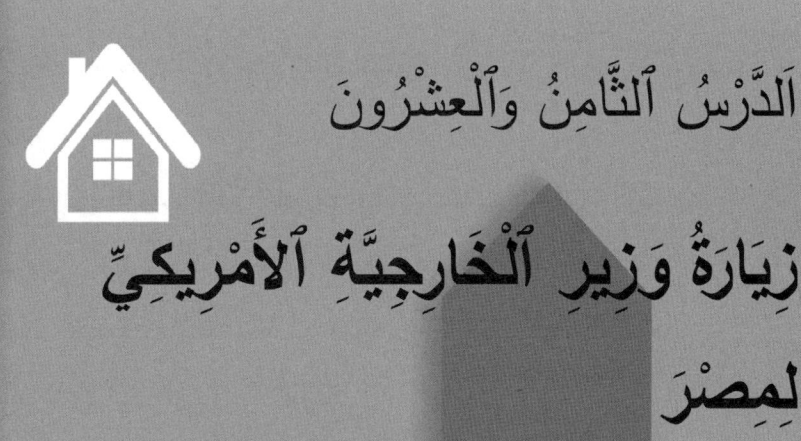

اَلدَّرْسُ ٱلثَّامِنُ وَٱلْعِشْرُونَ

زِيَارَةُ وَزِيرِ ٱلْخَارِجِيَّةِ ٱلْأَمْرِيكِيِّ لِمِصْرَ

28

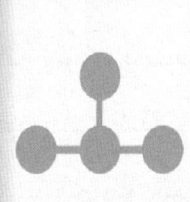

1. 능동분사 : 파생형

2. 상태문

3. 강세사 لَ

4. 명사 **جَمِيعٌ** '모두'

5. '자존의 우리'와 존경의 복수형 용법

زِيَارَةُ وَزِيرِ اَلْخَارِجِيَّةِ اَلْأَمْرِيكِيِّ لِمِصْرَ   اَلدَّرْسُ 28

كَتَبَ مُرَاسِلٌ أُورُوبِّيٌّ مَقَالَةً عَنِ اَلشَّرْقِ اَلْأَوْسَطِ مُتَنَاوِلاً فِيهَا زِيَارَةَ وَزِيرِ اَلْخَارِجِيَّةِ اَلْأَمْرِيكِيِّ لِمِصْرَ. قَالَ كَاتِبُ اَلْمَقَالَةِ:

وَصَلَ وَزِيرُ اَلْخَارِجِيَّةِ إِلَى اَلْقَاهِرَةِ لَيْلَةَ أَمْسِ حَامِلاً رِسَالَةً هَامَّةً إِلَى اَلرَّئِيسِ اَلْمِصْرِيِّ مِنَ اَلرَّئِيسِ اَلْأَمْرِيكِيِّ. وَفِي تِلْكَ اَلرِّسَالَةِ تَحَدَّثَ اَلرَّئِيسُ اَلْأَمْرِيكِيُّ عَنِ اَلْوَضْعِ فِي اَلشَّرْقِ اَلْأَوْسَطِ، مُظْهِرًا اِهْتِمَامًا خَاصًّا بِمَوْضُوعِ اَلسَّلَامِ فِي اَلْمِنْطَقَةِ.

그 편지의 내용은
아래와 같다

وَجَاءَ فِي اَلرِّسَالَةِ اَلَّتِي أَرْسَلَهَا اَلرَّئِيسُ اَلْأَمْرِيكِيُّ:

"لَقَدْ دَرَسْنَا مُشْكِلَةَ اَلشَّرْقِ اَلْأَوْسَطِ دِرَاسَةً شَامِلَةً، وَطَلَبْنَا مِنْ وَزِيرِ خَارِجِيَّتِنَا أَنْ يَنْقُلَ إِلَيْكُمْ رَأْيَنَا فِيهَا وَيَبْحَثَ مَعَكُمْ سِيَاسَتَنَا بِشَأْنِهَا. نَعْلَمُ أَنَّ اَلْوُصُولَ إِلَى حَلٍّ لِهَذِهِ اَلْمُشْكِلَةِ لَيْسَ سَهْلاً، وَأَنَّهُ سَوْفَ يَتَطَلَّبُ تَعَاوُنَ جَمِيعِ اَلْحُكُومَاتِ فِي اَلْمِنْطَقَةِ. نَحْنُ مُتَأَكِّدُونَ أَنَّكُمْ مِنَ اَلرَّاغِبِينَ فِي اَلسَّلَامِ، اَلْبَاذِلِينَ أَعْظَمَ اَلْجُهُودِ لِتَحْقِيقِهِ وَالْمُحَافَظَةِ عَلَيْهِ، اَلْعَامِلِينَ عَلَى أَنْ يَنْتَشِرَ بَيْنَ شُعُوبِ اَلشَّرْقِ اَلْأَوْسَطِ".

وَسَوْفَ يَتْرُكُ اَلْوَزِيرُ اَلْأَمْرِيكِيُّ مِصْرَ غَدًا لِزِيَارَةِ سُورِيَا. وَالْمَعْرُوفُ أَنَّهُ سَيُقَابِلُ أَثْنَاءَ زِيَارَتِهِ لِلشَّرْقِ اَلْأَوْسَطِ كُلَّ اَلرُّؤَسَاءِ اَلَّذِينَ لَهُمْ عَلَاقَةٌ بِمَوْضُوعِ اَلسَّلَامِ فِي اَلْمِنْطَقَةِ، وَأَنَّهُ سَيَحْمِلُ إِلَى كُلٍّ مِنْهُمْ رِسَالَةً مِثْلَ اَلرِّسَالَةِ اَلَّتِي حَمَلَهَا إِلَى اَلرَّئِيسِ اَلْمِصْرِيِّ.

미국 국무장관의 이집트 방문

유럽의 한 기자가 미국 국무장관의 이집트 방문을 다루면서, 중동에 관한 한 기사를 썼다. 그 기사의 필자는 다음과 같이 말했다.

국무장관이 미국 대통령이 이집트 대통령에게 보내는 한 중요한 서한을 휴대하고 어젯밤 카이로에 도착했다. 그 서한에서 미국 대통령은 중동의 평화 주제에 특별한 관심을 표명하면서, 그 지역의 상황에 대하여 이야기했다.

미국 대통령이 보낸 서한은 다음과 같다.

"본인은 중동 문제를 포괄적으로 연구했으며, 본인의 국무장관에게 그에 대한 본인의 견해를 귀하에게 전하고 그에 대한 우리의 정책을 귀하와 의논하도록 요청하였습니다. 본인은 이 문제의 해결에 도달하기가 쉽지 않으며, 그것은 그 지역의 모든 정부의 협력이 필요할 것이라는 것을 알고 있습니다. 본인은 귀하께서 평화를 갈망하며 그의 실현과 보존에 커다란 노력을 기울이고 있으며, 또한 그것이 중동 국민들 사이에 퍼지도록 일하고 있는 사람 중에 들어 있다고 확신하고 있습니다."

미국 국무장관은 시리아를 방문하기 위하여 내일 이집트를 떠날 것이다. 알려진 바는 그가 자신의 중동 방문 동안 그 지역의 평화 주제와 관련 있는 모든 국가 원수들을 만날 것이며, 이집트 대통령에게 전달한('휴대한') 것과 같은 서한을 그들 각자에게 전달할('휴대할') 것이라고 한다.

28   미국 국무장관의 이집트 방문

اَلْخَارِجِيَّةُ (= اَلشُّؤُونُ ٱلْخَارِجِيَّةُ)	외교(활동), 외무
وَزِيرُ ٱلْخَارِجِيَّةِ	외무장관; (미국의) 국무장관
مُتَنَاوِلٌ – ون	취급하고 있는, 다루고 있는
وَصَلَ	도착하다
لَيْلَةٌ – لَيَالٍ	밤
حَمَلَ ـِ، حَمْلٌ	운반하다
مُظْهِرٌ – ون	보이고 있는, 나타내고 있는, 드러내고 있는
اِهْتِمَامٌ – ات (بِ)	(~에 관한) 관심, 이해 관계
مِنْطَقَةٌ – مَنَاطِقُ	지역, 구역
لَ	([강세의 불변사] 아래의 다. 3 참조)
مُشْكِلَةٌ – ات، مَشَاكِلُ	문제
شَأْنٌ – شُؤُونٌ	일, 사정, 관심사; 상황
بِشَأْنِ	~에 대한
وُصُولٌ (إِلَى)	[동] (~에) 도착(함)
حَلٌّ – حُلُولٌ	해결, 해산
تَطَلَّبَ، تَطَلُّبٌ	V 요구하다, 필요로 하다
جَمِيعٌ	모두
مُتَأَكِّدٌ – ون (مِنْ)	(~에 대해) 확신하는
حَافَظَ، مُحَافَظَةٌ (عَلَى)	Ⅲ (~을) 보존하다, 유지하다; 막다, 방어하다

اِنْتَشَرَ ، اِنْتِشَارٌ ‏ VIII 퍼지다; 산재하다

بَيْنَ ‏ ~의 사이에, ~ 중에(بَيْنَ는 각 대명사 앞에서 반복됨)

مَعْرُوفٌ (بِ) ‏ (~으로) 알려진; 잘 알려진, 유명한

اَلْمَعْرُوفُ أَنَّ ، مِنَ ٱلْمَعْرُوفِ أَنَّ ‏ ~은 알려져 있는 사실이다, 알려진 바는 ~이다

عَلَاقَةٌ – ات (بِ) ‏ (~와의) 관계

مِثْلَ ‏ [전] ~와 같이, ~처럼

☆ 보충어

تَأَكَّدَ ، تَأَكُّدٌ (مِنْ) ‏ V (~에 대해) 확신하다

كَمْ عُمْرُهُ؟ ‏ 그는 몇 살이냐?

مِنْ ‏ ~에서부터; ~의 중에, ~의 중의 하나

1. 능동분사 : 파생형

2. 상태문

3. 강세사 لَ

4. 명사 جَمِيعٌ '모두'

5. '자존의 우리'와 존경의 복수형 용법

1. 능동분사 : 파생형

모든 파생형 동사의 능동분사형은 어간에 مُ 를 접두시키고 중간모음을 ـِ 로 한다. (IX형 مُحْمَرٌّ은 원래 مُحْمَرِرٌ의 ـرر가 중복된 것임.)

다음에 이들 파생형의 능동분사형을 완료형·미완료형과 같이 보인다.

능동분사	미완료형	완료형	형
مُدَرِّسٌ	يُدَرِّسُ	دَرَّسَ	II '가르치다'
مُسَاعِدٌ	يُسَاعِدُ	سَاعَدَ	III '돕다'
مُكْمِلٌ	يُكْمِلُ	أَكْمَلَ	IV '완성하다'
مُتَكَلِّمٌ	يَتَكَلَّمُ	تَكَلَّمَ	V '말하다'
مُتَرَاسِلٌ	يَتَرَاسَلُ	تَرَاسَلَ	VI '서신 연락하다'
مُنْصَرِفٌ	يَنْصَرِفُ	اِنْصَرَفَ	VII '가버리다'
مُسْتَمِعٌ	يَسْتَمِعُ	اِسْتَمَعَ	VIII '듣다'
مُحْمَرٌّ	يَحْمَرُّ	اِحْمَرَّ	IX '붉어지다'
مُسْتَقْبِلٌ	يَسْتَقْبِلُ	اِسْتَقْبَلَ	X '맞이하다'

지금까지 나온 파생형의 능동분사를 그 동사와 같이 보인다.

능동분사	미완료형	완료형	형
مُقْبِلٌ عَلَى	يُقْبِلُ عَلَى	أَقْبَلَ عَلَى	IV '~에 다가가다'
مُخْلِصٌ (لِـ)	يُخْلِصُ (لِـ)	أَخْلَصَ (لِـ)	IV '(~에) 성실하다, 헌신하다'
مُسْلِمٌ	يُسْلِمُ	أَسْلَمَ	IV '넘겨주다; 이슬람을 받아들이다'
مُتَأَكِّدٌ	يَتَأَكَّدُ	تَأَكَّدَ	V '확신하다'
مُنْتَشِرٌ	يَنْتَشِرُ	اِنْتَشَرَ	VIII '퍼지다'
مُخْتَلِفٌ	يَخْتَلِفُ	اِخْتَلَفَ	VIII '다르다'

نَحْنُ مُقْبِلُونَ عَلَى نَهْضَةٍ صِنَاعِيَّةٍ عَظِيمَةٍ.	'우리는 굉장한 산업 부흥에 착수하고 있다.'
فِي أَحَدِ ٱلْمَصَانِعِ ٱلْمُنْتَشِرَةِ خَارِجَ ٱلظَّهْرَانِ.	'다흐란 교외에 산재해 있는 한 공장에서'
وَحَيَاتُنَا ٱلْيَوْمَ مُخْتَلِفَةٌ عَنِ ٱلْحَيَاةِ ٱلَّتِي …	'그리고 오늘날 우리의 생활은 ~한 생활과는 다르다.'

파생형 동사의 능동분사도 원형 동사의 능동분사와 그 기능이 같다. 먼저, 능동분사는 관계대명사 + 동사를 대신할 수 있다.

اَلرَّجُلُ ٱلَّذِي يَنْتَظِرُ فِي ٱلْمَكْتَبِ. اَلرَّجُلُ ٱلْمُنْتَظِرُ فِي ٱلْمَكْتَبِ.	'사무실에서 기다리고 있는 그 남자'

능동분사가 미완료형을 대신하면 경우에 따라 진행·미래·습관 등의 뜻을 가지며, 완료형을 대신하면 현재 완료(상태를 포함)의 뜻을 가질 수 있다. 또 타동사의 능동분사는 (격변화하면 목적격의) 직접목적어를 가질 수 있다.

다. 문법과 연습

진행(= 미완료형)

> اَلرَّجُلُ ٱلَّذِي يَنْتَظِرُ أَخَاكَ.
> اَلرَّجُلُ ٱلْمُنْتَظِرُ أَخَاكَ.
>
> '당신 형을 기다리고 있는 그 남자'

미래(= 미완료형)

> اَلرَّجُلُ ٱلَّذِي سَيُسَافِرُ غَدًا.
> اَلرَّجُلُ ٱلْمُسَافِرُ غَدًا.
>
> '내일 떠날 그 남자'

습관(= 미완료형)

> اَلرَّجُلُ ٱلَّذِي يَتَنَاوَلُ هٰذَا ٱلْمَوْضُوعَ عَادَةً.
> اَلرَّجُلُ ٱلْمُتَنَاوِلُ هٰذَا ٱلْمَوْضُوعَ عَادَةً.
>
> '보통, 이 주제를 다루는 그 남자'

현재 완료(= 완료형)

> اَلرَّجُلُ ٱلَّذِي تَزَوَّجَ
> اَلرَّجُلُ ٱلْمُتَزَوِّجُ
>
> '결혼한 그 남자'

상태(= 완료형)

> اَلرَّجُلُ ٱلَّذِي حَضَرَ صَفَّنَا.
> اَلرَّجُلُ ٱلْحَاضِرُ صَفَّنَا.
>
> '우리 학급에 출석한 그 남자'

مُسَافِرٌ와 같은 몇몇 분사들은 진행이나('여행하고 있는'), 미래('여행할')의 뜻을 가질 수 있다. 이러한 개별적인 뜻은 따로 익혀야 한다.

타동사의 능동분사는 직접목적어를 위에서 말한 대로 목적격으로 취하지만, 경우에 따라서는, 문체사의 이유로 목적격 대신 전치사 لِ의 목적어로 취한다.

> مَنْ هٰذَا ٱلْأُسْتَاذُ ٱلْمُقَاوِمُ لِفِكْرَةِ ٱلْحُرِّيَّةِ فِي ٱلتَّعْلِيمِ؟
>
> '교육의 자유 사상에 반대하는 이 교수는 누구냐?'

파생형의 능동분사가 명사로 쓰일 때는 대개 규칙 복수형을 취한다.

مُدَرِّسٌ – مُدَرِّسُونَ	'선생'
مُسَاعِدٌ – مُسَاعِدُونَ	'돕는 이, 조수'
مُتَكَلِّمٌ – مُتَكَلِّمُونَ	'말하는 이, 연사, 대변인'

연습 1. 쓰기, 가려내기 : 능동분사

다음 문장에서 모든 능동분사를 찾아 밑줄을 치고 모음부호를 붙여라. 또 그 문장을 우리말로 옮겨라.

١ – نحن متأكّدون أنّهم من الراغبين في التقدّم الصناعيّ.

٢ – صادقت المراسل المتناول في مقالاته مشاكل هذه المنطقة.

٣ – أنا منتظرة رسالتكم القادمة.

٤ – قابل رئيس الجمهوريّة المتكلّم باسم الحكومة الأجنبيّة.

٥ – يجب أن تتوفّر للعمّال في البلاد كلّ الحقوق.

٦ – جيراني مسافرون إلى أوربّا غدا.

٧ – اجتمع مساعد المدير مع موظّفي الشركة.

٨ – بلادنا من البلاد المقبلة على نهضة صناعيّة.

٩ – تحدّث الصحفيّ إلى الرجل المقاوم لسياسة الحكومة.

연습 2. (녹음자료에 수록) 능동분사

연습 3. 변형 : 관계절 → 능동분사

'당신의 동생의 사무실에서 그를 기다리고 있는 여자는 누구이냐?'	→ من هي المرأة الّتي تنتظر أخاك في مكتبه؟
	من هي المرأة المنتظرة أخاك في مكتبه؟

١ – أعرف الرجل الّذي تزوّج.

٢ – قرأت كتابا عن المفكّرين الّذين يقاومون سياسة الحكومة.

٣ – من هم الوزراء الّذين سيسافرون إلى بلاد الشرق الأوسط؟

٤ – من هم الرجال الّذين يتعاونون في حلّ هذه المشاكل الصعبة؟

٥ – من هما المستشرقان اللّذان يتحدّثان في كتبهما عن العالم العربيّ؟

٦ – عيّن الرئيس مهندسا تعلّم خارج البلد.

٧ – من هم المفكّرون المسلمون الّذين حقّقوا النهضة الإسلاميّة؟

٨ – هذا من الرجال الّذين تأثّروا بالأدب الفرنسيّ.

2. 상태문

접속사 وَ는 대등의 뜻('그리고')과 종속의 뜻('~하면서, ~한 채로')이 함께 있는데, 후자의 절(문장)을 상태문(حَالٌ '상태')이라고 한다.

وَصَلَ ٱلْوَزِيرُ وَهُوَ يَحْمِلُ رِسَالَةً هَامَّةً مِنَ ٱلرَّئِيسِ.	'그 장관은 대통령의 중요한 서한을 휴대하고 도착했다.'

위에서 وَهُوَ يَحْمِلُ رِسَالَةً مِنَ ٱلرَّئِيسِ '그는 대통령의 서한을 휴대하고(서)[휴대한 채(로)]'절 은 ٱلْوَزِيرُ를 수식하며, 또 وَزِيرٌ가 행한 행위('도착')와 동시적인 상태 또는 상황을 나타낸다. 상태문의 특징은 다음과 같다.

(1) 상태문의 구조(오른쪽에서 왼쪽으로 읽음)

(ㄱ) 명사문	وَ '~하면서'
(ㄴ) 동사문 + 분리형대명사	

분리형대명사는 상태문이 수식하는 명사에 일치한다. 다음의 두 가지 형태의 상태문(밑줄 친 부분)을 보라.

(ㄱ)	وَصَلَ وَبَيْنَ كُتُبِهِ رِسَالَةُ ٱلرَّئِيسِ.	'그는 그의 책들 사이에 대통령의 서한을 갖고 도착했다.'
	حَضَرَ إِلَى أَمْرِيكَا وَهُوَ صَغِيرٌ.	'그는 어려서 미국에 왔다.'

(ㄴ)	وَصَلَ ٱلْوَزِيرُ وَهُوَ يَحْمِلُ رَسَائِلَ هَامَّةً.	'그 장관은 중요한 서한들을 휴대하고 도착했다.'

상태문에서의 동사는 미완료형이면 주절의 동사와 같은 때를 뜻한다. 이것은 우리말의 용법과 같다.

(2) 상태문에는 수식되는 명사를 받는 대명사가 있다. 위의 보기에서는 (ㄱ)의 كُتُبِهِ의 هِ와 (ㄴ)의 هُوَ이다.

<변형 ㄱ> '불변사 وَ '~하면서' + 분리형대명사'는 흔히 생략될 수 있다. 명사문에서는 술어가 수식되지 않은 비한정 명사일 때 생략이 가능하며, 이 때 그 술어의 명사는 목적격으로 놓는다.

حَضَرَ إِلَى أَمْرِيكَا أُسْتَاذًا.	'그는 교수로서 미국에 왔다.'
وَصَلَ ٱلْوَزِيرُ يَحْمِلُ رَسَائِلَ هَامَّةً.	'그 장관은 중요한 서신들을 휴대하고 도착했다.'
كَتَبَتْ تَسْأَلُ عَنِ ٱلْوَضْعِ ٱلسِّيَاسِيِّ فِي بَلَدِهِ.	'그[여]는 그의 나라의 정치적 상황에 관하여 질문하면서 (편지를) 썼다.'

<변형 ㄴ> 위의 변형 ㄱ에서 상태문이 동사문이면, 상태문의 미완료형 동사를 비한정 목적격의 능동분사로 바꿀 수 있다. 이 때 능동분사는 수식되는 명사와 성·수에 일치한다.

وَصَلَ ٱلْوَزِيرُ حَامِلاً رَسَائِلَ هَامَّةً.	'그 장관은 중요한 서신들을 휴대하고 도착했다.'
كَتَبَتْ سَائِلَةً عَنِ ٱلْوَضْعِ ٱلسِّيَاسِيِّ فِي بَلَدِهِ.	'그[여]는 그의 나라의 정치적 상황에 관하여 질문하면서 (편지를) 썼다.'

위에서 보듯이, 동사문을 포함하는 상태문은 다음과 같이 세 가지이다.

وَهُوَ يَحْمِلُ رِسَالَةً.

وَصَلَ يَحْمِلُ رِسَالَةً.   '그는 한 서신을 휴대하고 도착했다.'

حَامِلاً رِسَالَةً.

<완료형이 쓰이는 상태문>

위에서 설명했듯이, 상태문의 미완료형 직설법은 주절의 동사와 동시적 상황을 나타낸다. 그러나 상태문의 동사의 행위가 주절의 동사의 행위보다 앞선 행위이고(완료된 행위) 그 결과의 효과가 지속적이면, 상태문의 동사를 وَقَدْ + 완료형으로 놓으며, '~하고 나서, ~하고(서)' 등으로 옮긴다.

رَجَعَ ٱلْمُرَاسِلُ إِلَى بَلَدِهِ وَقَدْ تَحَدَّثَ طَوِيلاً مَعَ ٱلرَّئِيسِ وَبَعْضِ وُزَرَائِهِ.   '그 기자는 대통령과 그의 몇몇 각료들과 오랫동안 대담하고서 자기 나라로 돌아왔다.'

نَشَرَتِ ٱلْكَاتِبَةُ وَقَدْ سَكَنَتْ سَنَوَاتٍ طَوِيلَةً فِي ٱلشَّرْقِ ٱلْأَوْسَطِ مَقَالَاتٍ طَوِيلَةً عَنِ ٱلْأَوْضَاعِ ٱلسِّيَاسِيَّةِ فِي ٱلْمِنْطَقَةِ.   '그 여류작가는 여러 해를 중동에서 거주한 후에 그 지역의 정치 상황들에 관한 긴 기사들을 발표했다.'

상태문의 미완료형 동사는 لَا 또는 وَمَا로, 완료형 동사는 لَمْ + 단축법으로 부정된다.

وَصَلَ لَا يَعْرِفُ (وَمَا يَعْرِفُ) مَنْ أَنَا.   '그는 내가 누군지 모른 채 도착했다.'

رَجَعَ وَلَمْ يَحْصُلْ عَلَى شَيْءٍ.   '그는 아무 것도 얻지 못하고 돌아갔다.'

연습 4. 쓰기, 가려내기 : 상태문

다음 문장에서 상태문을 찾아 밑줄을 치고, 모든 문장을 우리말로 옮겨라.

١ - كتب المراسل مقالة طويلة متناولا فيها مشاكل بعض البلاد.

٢ - وصل الوزير إلى الرياض وهو يحمل رسالة من رئيس مصر.

٣ ـ تحدّثت إليّ تسألني رأيي في هذا الموضوع.

٤ ـ حمل الرسالة وهو لا يعرف ما فيها.

٥ ـ كنت أرغب وأنا صغيرة في السفر إلى بلاد بعيدة.

٦ ـ شاهدنا آثار بعلبكّ ونحن في لبنان.

٧ ـ خرج من مكتب الشركة ولم يحصل على عمل.

٨ ـ تحدّث إليّ سعيدا.

٩ ـ رجع من أمريكا وقد درس سياستها الخارجيّة دراسة شاملة.

١٠ ـ خرج من داره مسرعا.

연습 5. (녹음자료에도 수록) 변형 : 명사문인 상태문

변형된 문장을 우리말로 옮겨라.

درست نانسي اللغة العربيّة. +
'낸시는 아랍어를 공부했다.' +

نانسي طالبة في الجامعة. ←
'낸시는 그 대학의 학생이다.' →

درست نانسي اللغة العربيّة وهي طالبة في الجامعة.
'낸시는 그 대학의 학생일 때 아랍어를 공부했다.'

١ ـ وصل الوزير إلى القاهرة. مع الوزير عائلته.

٢ ـ خرجت من المكتب. بيدها جريدة.

٣ ـ صادق أحمد طلّابا كثيرين. أحمد أستاذ في الجامعة.

٤ ـ فكّر بحبيبته كثيرا. حبيبته بعيدة عنه.

٥ ـ أشرف المهندس على حفر القناة. المهندس في الخمسين من عمره.

٦ ـ شارك في تعيين الاساتذة. هو مساعد لوزير التربية و التعليم.

٧ ـ درست في جامعة جورجتاون. أنا ساكن في مدينة واشنطن.

٨ ـ كان يكتب شعرا جميلا. هو طالب في الجامعة.

다. 문법과 연습

연습 6. 변형 : 완료형 → 완료형의 상태문

변형된 문장을 우리말로 옮겨라.

سافرت البنت إلى بلدها. +

'그 소녀는 자기 나라로 여행했다.' +

أكملت البنت دراستها الجامعيّة. ←

'그 소녀는 대학 공부를 끝마쳤다.' →

سافرت البنت إلى بلدها وقد أكملت دراستها الجامعيّة.

'그 소녀는 대학 공부를 끝마치고서 자기 나라로 여행했다.'

١ – قابل الرئيس الوزير. تأكّد الرئيس من أهمّيّة المشكلة.

٢ – تقدّم المراسل بطلب للعمل في الجريدة. عرف أنّها بحاجة إلى مراسل أجنبيّ.

٣ – رجع وزير الخارجية من فرنسا. حمل الوزير رسالة إلى الرئيس الفرنسيّ.

٤ – تحدّث عن الوضع السياسيّ. درس الوضع دراسة شاملة.

٥ – ترك السيّد أحمد المؤتمر. انتخب الحزب السيّد أحمد مرشّحا.

연습 7. 변형 : 미완료형 → 능동분사

كتب إليّ رسالة يسأل عن الوضع السياسيّ.

'그는 정치 상황에 대해 물으면서 나에게 편지를 썼다.'

كتب إليّ رسالة سائلا عن الوضع السياسيّ.

١ – أرسلوا يطلبون عملا في شركة السيّارات.

٢ – وصلت تحمل كتبها.

٣ – تحدّثنا إليهم نتناول الوضع الحاضر في الشرق الأوسط.

٤ – خرجا يتحدّثان معا عن حبّ قيس لليلى.

٥ – ترك المكتبة يقرأ جريدة عربيّة.

٦ – أرسل إليه يطالب بحقّه.

3. 강세사 لَ

불변사 لَ는 서술의 진실 가치를 강세하거나 강조하기 위해 쓰이며, 보통은 완료형에서 قَدْ 앞에 놓인다. 이 말은 '참으로, 실로' 등으로 옮길 수 있으나, 옮기지 않아도 좋을 때가 있다.

> لَقَدْ دَرَسْنَا مُشْكِلَةَ ٱلشَّرْقِ ٱلْأَوْسَطِ دِرَاسَةً شَامِلَةً.   '실로 우리는 중동 문제를 포괄적으로 연구했다.'

4. 명사 جَمِيعٌ '모두'

جَمِيعٌ라는 단어는 كُلٌّ과 마찬가지로 명사이며 '모두'라는 같은 뜻을 가진다. 또, كُلٌّ처럼

(1) 뒤따라 오는 명사와 연결이 되거나,

> حَضَرَ جَمِيعُ ٱلْمُهَنْدِسِينَ.   '모든 기술자들이 왔다.'

(2) 명사 뒤에서 그 명사와 격이 일치하며, 그 명사를 받는 연계형대명사와 연결형을 이룬다.

> حَضَرَ ٱلْمُهَنْدِسُونَ جَمِيعُهُمْ.   '기술자들 모두가 왔다.'

كُلٌّ과는 달리 جَمِيعٌ는 비한정 목적격으로 명사 뒤에 놓여서, 부사의 구실을 한다.

> حَضَرَ ٱلْمُهَنْدِسُونَ جَمِيعًا.   '기술자들이 모두 왔다.'
> تَحَدَّثَ ٱلْمُدِيرُ إِلَى ٱلْمُهَنْدِسِينَ جَمِيعًا.   '이사는 기술자들 모두에게 이야기했다.'

اَلْجَمِيعُ는 단독 명사로 쓰여서, '누구든지 모두'를 뜻한다. (اَلْكُلُّ는 '무엇이든지 모두'를 뜻함.)

> حَضَرَ ٱلْجَمِيعُ.   '모든 사람이 왔다.'

جَمِيعٌ가 연결형의 제1요소로 쓰이면 제2요소의 성·수에 따라 اَلْجَمِيعُ는 복수로 받아준다.

> جَمِيعُ ٱلدُّرُوسِ صَعْبَةٌ.   '모든 과가 어렵다.'

다. 문법과 연습

اَلْجَمِيعُ يَعْرِفُونَ ذٰلِكَ.   '누구나 그것을 알고 있다.'

연습 8. 변형 : 명사 → جميع + 명사 → جميع + 대명사

درس الطلاّب العلوم السياسيّة. ←
        '그 학생들이 정치학을 공부했다.'
→

درس جميع الطلاّب العلوم السياسيّة. ←
        '모든 학생들이 정치학을 공부했다.'
→

درس الطلاّب جميعهم العلوم السياسيّة.
        '학생들 모두가 정치학을 공부했다.'

١ – تأكّد المفكّرون من أهمّيّة هذه السياسة.

٢ – صادق المدير العمّال.

٣ – أراسل أصدقائي الأجانب.

٤ – الطلاّب حاصلون على شهادات عالية.

٥ – درست الحِكَمَ في النصّ الأساسيّ.

٦ – للقنوات أهمّيّة كبيرة في الاقتصاد العالميّ.

٧ – أخرجوا المراسلين من المؤتمر.

연습 9. (녹음자료에 수록) 변형 : 연결형 안의 جميع → جميع + 대명사 → 부사

연습 10. (녹음자료에 수록) 변형 : 연결형 안의 الجميع → جميع

5. '자존의 우리'와 존경의 복수형 용법

   영어나 다른 유럽의 언어들처럼, 아랍어에서도 고관들이 '나'를 지칭할 때 흔히 복수형('자존의 우리')을 사용한다. 아랍어에서는 이 용법이 더 일반적이다. 이는 우리말의 '본인'에 해당한다. 또 단수의 상대방에 대한 존경의 표시로 복수형(대명사·형용사·동사)을 쓴다. 이는 우리말의 '귀하'에 해당한다.

'본인은 본인의 국무장관에게 그 일에 대한 본인 طَلَبْنَا مِنْ وَزِيرِ خَارِجِيَّتِنَا أَنْ يَنْقُلَ
의 견해를 귀하에게 전하도록 요청하였습니다.' إِلَيْكُمْ رَأْيَنَا فِي ذٰلِكَ ٱلْأَمْرِ.

د – نُصُوصٌ لِلْفَهْمِ

다음 문장을 읽고 연습 11을 하라.

فِلْـــمٌ

ذَهَبْتُ لَيْلَةَ أَمْسِ مَعَ صَدِيقٍ إِلَى ٱلسِّينَمَا لِمُشَاهَدَةِ فِلْمٍ أَمْرِيكِيٍّ جَدِيدٍ
مَوْضُوعُهُ مُشْكِلَةُ ٱلْبَطَالَةِ وَعَلَاقَتُهَا بِٱلْمُشْكِلَاتِ ٱلِاجْتِمَاعِيَّةِ ٱلْأُخْرَى.

فِي قِصَّةِ ٱلْفِلْمِ تَطَلَّبَ ٱلْوَضْعُ ٱلِاقْتِصَادِيُّ فِي مِنْطِقَةٍ قَرِيبَةٍ مِنْ
نِيُويُورْك أَنْ يَفْقِدَ كَثِيرٌ مِنَ ٱلنَّاسِ وَظَائِفَهُمْ، وَمِنْ هٰؤُلَاءِ رَجُلٌ فِي ٱلْخَمْسِينَ
مِنْ عُمْرِهِ ٱسْمُهُ رِتْشَارْد فِلَتْشَر، لَهُ ٱبْنٌ يَدْرُسُ ٱلتِّجَارَةَ فِي ٱلْجَامِعَةِ وَثَلَاثُ
بَنَاتٍ أَصْغَرُهُنَّ فِي ٱلثَّامِنَةِ مِنْ عُمْرِهَا.

قَدَّمَ ٱلسَّيِّدُ فِلَتْشَر عَدَدًا كَبِيرًا مِنْ طَلَبَاتِ ٱلْعَمَلِ إِلَى ٱلشَّرِكَاتِ ٱلْمُنْتَشِرَةِ
فِي ٱلْمِنْطَقَةِ، وَلٰكِنَّهُ لَمْ يَنْجَحْ فِي ٱلْحُصُولِ عَلَى وَظِيفَةٍ.

حَصَلَتْ زَوْجَتُهُ عَلَى عَمَلٍ فِي بَنْكٍ مَعْرُوفٍ، فَأَصْبَحَتِ ٱلْعَائِلَةُ تَعْتَمِدُ
عَلَى ٱلزَّوْجَةِ، وَأَخَذَ ٱلرَّجُلُ يَقُومُ بِٱلْأَعْمَالِ ٱلْبَيْتِيَّةِ ٱلَّتِي تَقُومُ بِهَا ٱلْمَرْأَةُ عَادَةً.
كَانَ لِهٰذَا ٱلْوَضْعِ تَأْثِيرٌ سَيِّئٌ عَلَى ٱلسَّيِّدِ فِلَتْشَر. وَبَعْدَ وَقْتٍ قَصِيرٍ فَقَدَتِ
ٱلزَّوْجَةُ وَظِيفَتَهَا، فَكَانَ لِذٰلِكَ تَأْثِيرٌ سَيِّءٌ عَلَى ٱلْعَائِلَةِ كُلِّهَا.

وَٱلْفِلْمُ يُظْهِرُ ٱلْمُشْكِلَاتِ ٱلنَّاتِجَةَ عَنِ ٱلْبَطَالَةِ وَيُحَدِّدُهَا وَيَرْبِطُ بَيْنَهَا
وَبَيْنَ ثَوْرَةِ ٱلْعَائِلَةِ، خَاصَّةَ ٱلزَّوْجِ، عَلَى ٱلْمُجْتَمَعِ.

연습 11. 쓰기, 묻고 대답하기

أَسْئِلَةٌ

١ – أين يسكن السيّد فلتشر؟ كم عمره؟

실업

이야기, 줄거리

그[남]가 잃는다

그[남]가 행한다 나쁜; 그[여]가 잃었다

~의 결과로 인한 ~의 사이에

٢ – كم ابنا تشمل عائلة فلتشر؟ وكم بنتا؟ بم يقوم الابن؟

٣ – أين عملت زوجة فلتشر؟

٤ – لماذا أخذ فلتشر يعمل في البيت؟

٥ – كيف أثّر هذا الوضع على فلتشر؟

٦ – هل موضوع الفلم اجتماعيّ أم سياسيّ؟

٧ – ما رأيك في موضوع الفلم؟

هـ – اَلتَّمَارِينُ اَلْعَامَّةُ

연습 12. 쓰기, 변형 : 명사의 복수형

필요한 변형을 하여, 괄호 안의 말을 밑줄 친 말에 붙여 다시 써라.

'그 학생이 런던 대학에서 공부했
다.' (모든) →

درس <u>الطالب</u> في جامعة لندن. (كلّ) ←

'그 모든 학생이 런던 대학에서 공
부했다.'

درس كلّ الطلّاب في جامعة لندن.

١ – يبحثون عن حلّ <u>لمشكلة</u> الشرق الأسط. (جميع)

٢ – لا تعجبنا <u>سياسة</u> الحكومة. (بعض)

٣ – ليس <u>العامل</u> حاصلا على شهادة عالية. (معظم)

٤ – يتناول في <u>مقالته</u> الأخيرة الثورة الشعبيّة في هذا البلد. (نصف)

٥ – <u>أخي</u> ساكن في مدينة بغداد. (جميع)

٦ – سينعقد <u>المؤتمر</u> في بناء كبير في نيويورك. (كلّ)

٧ – يعتقد <u>المستشرق</u> أنّ لهذا الأديب أهمّيّة كبيرة في الأدب العربيّ الحديث.
(جميع)

٨ – شاهد <u>صديقي</u> الفيلم مساء أمس. (بعض)

٩ – منحته الدولة <u>حقّه</u>. (جميع)

١٠ – تحدّد الوزارة <u>منهج</u> التعليم في المدارس. (كلّ)

연습 13. (녹음자료에도 수록) 의문문 만들기

밑줄 친 답이 나올 수 있게 다음 문장을 의문문으로 만들어라.

١ – تمّ حفر قناة السويس <u>عام</u> ١٨٦٩.

٢ – <u>ليس</u> حلّ مشكلة الشرق الأسط سهلا.

٣ - اسم القائد المسلم الّذي فتح الأندلس <u>طارق بن زياد</u>.

٤ - الصناعة منتشرة <u>في البلاد العربيّة</u>.

٥ - تعلّمت <u>ثلاث</u> لغات أوربيّة أثناء إقامتها في فرنسا.

٦ - <u>ذلك الرجل</u> هو المهندس الّذي أشرف على بناء المصنع الجديد.

٧ - والدها يسكن <u>في بيت خارج مدينة واشنطن</u>.

٨ - <u>لا</u> يعتقد أنّ هذا البلد مقبل على نهضة صناعيّة.

٩ - حكمت <u>هاتان الدولتان</u> – بريطانيا وفرنسا – منطقة القناة.

١٠ - كتب الطالب <u>مذكّرات طويلة</u>.

연습 14. 구두 작문

1. 아마 그는 그의 대학 학위를 얻고서 자기 나라로 돌아왔을 것이다.

2. 그 기자는 자기 기사에서 이집트 작가 나깁 마흐푸드의 책들에 대해 썼다.

3. 나는 그가 베이루트 공항에 도착했을 때 그를 기다리고 있었다.

4. 장관들이 이 어려운 문제에 대한 해결을 찾는 것이 필요하다.

5. 당신은 그[여]와 서신 연락하기를 원하느냐?

6. 나에게는 아들 하나와 딸 둘이 있는('~을 포함하는') 작은 가족이 있다.

7. 이 정부는 그 강에 새로운 댐들을 계속해서 건설한다(أَنْشَأَ).

연습 15. 쓰기 : 원(I)~X형 동사

아래 도표의 빈 칸을 채우고 모음부호를 붙여라.

لِ + 단축법	능동분사	동명사	동사	형
لِيَفْتَحْ	فَاتِحٌ	فَتْحٌ	فَتَحَ	I
		انتشار		
	مدرّس			
			علم	
		تصرّف		

			IV
		متابعة	انقطع
	متعاون		أشرف على
		استقبال	حكم
		تراسل	حمل
ليبحث			
			I

اَلدَّرْسُ ٱلتَّاسِعُ وَٱلْعِشْرُونَ

اَلْجَاحِظُ

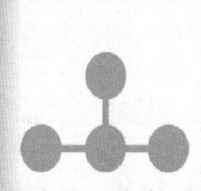

29

1. 사자음 동사

2. 수동태 : 완료형

3. 비사실 연결형

4. 명사 مِثْل과 전치사 كَ

5. 목적격 목적어를 가지는 도착동사

6. 연결형의 양 요소가 수식될 때

اَلْجَاحِظُ

제29과

اَلْجَاحِظُ مِنْ كِبَارِ أُدَبَاءِ ٱلْقَرْنِ ٱلتَّاسِعِ ٱلْمِيلَادِيِّ. لَسْنَا نَعْرِفُ شَيْئًا كَثِيرًا عَنْ حَيَاتِهِ وَهُوَ صَغِيرٌ، لٰكِنَّنَا نَعْرِفُ أَنَّهُ وُلِدَ فِي ٱلْبَصْرَةِ وَأَنَّهُ أَحَبَّ ٱلْعِلْمَ حُبًّا عَظِيمًا، كَمَا نَعْرِفُ أَنَّهُ دَرَسَ كَثِيرًا مِنَ ٱلْكُتُبِ ٱلْعَرَبِيَّةِ وَٱلْكُتُبِ ٱلْأَجْنَبِيَّةِ ٱلَّتِي تُرْجِمَتْ إِلَى ٱلْعَرَبِيَّةِ.

عُرِفَ ٱلْجَاحِظُ بِإِنْتَاجِهِ ٱلْأَدَبِيِّ ٱلْعَظِيمِ، فَقَدْ كَتَبَ عَدَدًا كَبِيرًا مِنَ ٱلْكُتُبِ، لٰكِنَّ كُتُبَهُ ٱلَّتِي وَصَلَتْنَا لَيْسَتْ أَكْثَرَ مِنْ ثَلَاثِينَ. وَقَدْ تُرْجِمَتْ بَعْضُ كُتُبِهِ فِي هٰذَا ٱلْقَرْنِ إِلَى ٱللُّغَاتِ ٱلْأَجْنَبِيَّةِ.

عَمِلَ ٱلْجَاحِظُ فِي وَظَائِفَ كَثِيرَةٍ مِنْهَا ٱلتَّدْرِيسُ، وَكَانَ أَبْنَاءُ ٱلْخَلِيفَةِ ٱلْمُتَوَكِّلِ مِنْ طُلَّابِهِ مُدَّةً قَصِيرَةً.

할리파

서기

그가 해고
했다

ذُكِرَ أَنَّ ٱلْجَاحِظَ أَصْبَحَ كَاتِبًا لِرَجُلٍ مِنْ رِجَالِ ٱلسِّيَاسَةِ هُوَ إِبْرَاهِيمُ بْنُ عَبَّاسٍ ٱلصُّولِيُّ، لٰكِنَّ ٱلصُّولِيَّ طَرَدَهُ بَعْدَ ثَلَاثَةِ أَيَّامٍ لِأَنَّهُ كَانَ قَبِيحَ ٱلْوَجْهِ.

그가 떠돌
아다닌다
금세공인;
그 둘이
도착했다

وَذُكِرَ أَيْضًا أَنَّ ٱلْجَاحِظَ شُوهِدَ يَتَجَوَّلُ فِي بَغْدَادَ، فَأَقْبَلَتْ عَلَيْهِ ٱمْرَأَةٌ وَأَخَذَتْهُ مِنْ يَدِهِ وَذَهَبَتْ بِهِ إِلَى صَائِغٍ دُونَ أَنْ تَتَكَلَّمَ فَلَمَّا وَصَلَا قَالَتِ ٱلْمَرْأَةُ لِلصَّائِغِ: ٱرْسُمْ لِي صُورَةً مِثْلَ صُورَةِ هٰذَا ٱلرَّجُلِ، وَٱنْصَرَفَتْ. فَسَأَلَ ٱلْجَاحِظُ ٱلصَّائِغَ: مَا قِصَّةُ هٰذِهِ ٱلْمَرْأَةِ؟ فَقَالَ: لَقَدْ طَلَبَتْ مِنِّي أَنْ أَرْسُمَ لَهَا صُورَةَ

사탄, 악
마; 반지

ٱلشَّيْطَانِ عَلَى خَاتِمِهَا، فَأَخْبَرْتُهَا بِأَنَّنِي لَمْ أُشَاهِدِ ٱلشَّيْطَانَ حَتَّى أَرْسُمَ لَهَا صُورَةً كَصُورَتِهِ. فَتَرَكَتْنِي دُونَ أَنْ تَتَكَلَّمَ. وَبَعْدَ سَاعَةٍ رَجَعَتْ وَأَنْتَ مَعَهَا. فَٱنْصَرَفَ ٱلْجَاحِظُ وَهُوَ يَضْحَكُ.

أَسْئِلَةٌ

١ – ماذا تعرف عن حياة الجاحظ وهو صغير؟

٢ – اذكر شيئين عرف بهما الجاحظ.

٣ – كم وصلتنا من كتب الجاحظ؟ هل يعرف الغرب شيئا عنها؟

٤ – هل كان الجاحظ يعرف أحدا من كبار رجال السياسة؟

٥ – كيف تعرف أنّ الجاحظ كان قبيح الوجه جدّا؟

٦ – ماذا طلبت المرأة من الصائغ؟

٧ – ماذا قال لها الصائغ؟

٨ – لماذا أخذت المرأة الجاحظ إلى الصائغ؟

[주]

كَمْ كِتَابًا وَصَلَتْنَا مِنْ كُتُبِ ٱلْجَاحِظِ؟	'알자히즈의 책 중에 몇 권이 우리에게 전해졌느냐?'

위의 문장에서 كَمْ 뒤에 오는 명사는 보통 생략되어, 위의 질문 3에서처럼 كَمْ وَصَلَتْنَا مِنْ كُتُبِ ٱلْجَاحِظِ؟가 된다.

알자히즈

알자히즈는 서기 9세기의 위대한 문학가 중의 한 사람이다. 우리는 그의 어릴 때의 생활에 대해 많은 것을 알지 못하나, 그가 바스라에서 태어났으며 학문을 매우 좋아했다는 것을 알고 있다. 우리는 또한 그가 많은 아랍어 책과 아랍어로 번역된 외국어 책을 공부했다는 것도 알고 있다.

알자히즈는 많은 수의 책을 썼기 때문에 그의 위대한 문학 작품으로 알려졌다. 그러나 우리에게 전해진 그의 책은 30권보다 많지 않다. 그의 몇 권의 책들은 금세기에 여러 외국어로 번역되었다.

알자히즈는 많은 직업에 종사했는데, 그중에는 가르치는 일도 있었다. 할리파 알무타왁킬의 아이들이 잠시 동안 그의 학생으로 있었다.

알자히즈는 이브라힘 이븐 압바스 앗술리라는 한 정치가의 서기가 되었으나, 앗술리는 그가 얼굴이 못생겼다는 이유로 사흘 뒤에 해고했다고 언급되었다.

알자히즈는 또 바그다드에서 떠돌아다니다가 목격되었는데, 그때 한 여인이 그에게 다가와서 그의 손을 잡고 말없이 금세공인에게 데려갔다고도 언급되었다. 그들이 도착했을 때 여자는 세공인에게, "이 사람의 형상대로 그림을 그려 주시오."라고 말하고는 가버렸다. 그래서 알자히즈는 세공인에게, "이 여인의 이야기가 무엇이오?"하고 물었다. 그는, "그가 나에게 자기의 반지에 사탄의 상을 그려 달라고 요청했소. 그래서 나는 사탄을 본 적이 없어서 그대로의 상을 그려 줄 수 없다고 알려 주었지요. 그러자 그는 말없이 내 곁을 떠나서는 한 시간 후에 당신과 함께 돌아온 것이오."라고 말했다. 그러자 알자히즈는 웃으면서 떠나갔다.

29 알자히즈

اَلْجَاحِظُ	알자히즈
قَرْنٌ – قُرُونٌ	세기
مِيلَادِيٌّ	서기의('(그리스도) 탄생의')
وُلِدَ	[수] 그가 태어났다
اَلْبَصْرَةُ	바스라(이라끄의 도시)
كَمَا	~처럼, (+ 문장) ~도 또한
تُرْجِمَتْ	[수] 그것[여]이 번역되었다
عُرِفَ (بِ)	[수] 그가 (~으로) 알려졌다
أَنْتَجَ، إِنْتَاجٌ	IV 생산하다, 창작하다
وَصَلَ	(+ [목]) ~에 전해오다
اَلْمُتَوَكِّلُ	알무타왁킬(압바스조의 할리파)
مُدَّةٌ – مُدَدٌ	기간, 동안
قَبِيحٌ – قِبَاحٌ	못생긴
وَجْهٌ – وُجُوهٌ	얼굴
ذُكِرَ	[수] 그것이 언급되었다
شُوهِدَ	[수] 그가 보여졌다
ذَهَبَ ـَ، ذَهَابٌ (بِ)	(~을) 데려가다, 인도하다
دُونَ	~ 없이
لَمَّا	[속] ~할 때
رَسَمَ ـُ، رَسْمٌ	그리다, 새기다

صُورَةٌ – صُوَرٌ   상, 형태, 사진, 그림

قِصَّةٌ – قِصَصٌ   이야기

كَـ   [전] ~와 같이, ~처럼, ~으로서

ضَحِكَ ـَ، ضَحِكٌ   웃다

☆ 보충어

سَيْطَرَ، سَيْطَرَةٌ (عَلَى)   (~을) 통제하다, 관리하다, 지배하다

다. 문법과 연습

1. 사자음 동사

대부분의 아랍어 동사는 كَتَبَ '쓰다'(어근 : كتب) 또는 اِسْتَقْبَلَ '맞이하다'(어근 : قبل)에서처럼 어근자가 세 개의 자음으로 되어 있는 삼자음 동사인데, 몇몇 동사는 تَرْجَمَ '번역하다'(어근 : ترجم) 또는 سَيْطَرَ (عَلَى) '(~을) 통제하다'(어근 : سيطر)에서처럼 어근자가 네 개의 자음으로 된 사자음 동사이다. 아랍어 동사는 이처럼 삼자음 또는 사자음 동사로 되어있다.

사자음 동사는 원형(Ⅰ형)과 파생형(Ⅱ-Ⅳ형)이 있는데, Ⅲ형과 Ⅳ형은 드물다. 여기서는 원형과 Ⅱ형만 다루기로 한다.

(1) 원형동사

삼자음의 Ⅱ형과 같은 변화를 한다. 완료형 어간은 فَعْلَلَ형이고, 미완료형 어간은 فَعْلِلِ형이다. 다음에 사자음 원형동사의 변화표를 도시한다.

تَرْجَمَ '번역하다'

	완료형	미완료형			
단수		직설법	접속법	단축법	명령법
3 남	تَرْجَمَ	يُتَرْجِمُ	يُتَرْجِمَ	يُتَرْجِمْ	
여	تَرْجَمَتْ	تُتَرْجِمُ	تُتَرْجِمَ	تُتَرْجِمْ	
2 남	تَرْجَمْتَ	تُتَرْجِمُ	تُتَرْجِمَ	تُتَرْجِمْ	تَرْجِمْ
여	تَرْجَمْتِ	تُتَرْجِمِينَ	تُتَرْجِمِي	تُتَرْجِمِي	تَرْجِمِي

	완료	직설법	접속법	단축법	명령
1	تَرْجَمْتُ	أُتَرْجِمُ	أُتَرْجِمَ	أُتَرْجِمْ	
쌍수					
3 남	تَرْجَمَا	يُتَرْجِمَانِ	يُتَرْجِمَا	يُتَرْجِمَا	
여	تَرْجَمَتَا	تُتَرْجِمَانِ	تُتَرْجِمَا	تُتَرْجِمَا	
2	تَرْجَمْتُمَا	تُتَرْجِمَانِ	تُتَرْجِمَا	تُتَرْجِمَا	تَرْجِمَا
복수					
3 남	تَرْجَمُوا	يُتَرْجِمُونَ	يُتَرْجِمُوا	يُتَرْجِمُوا	
여	تَرْجَمْنَ	يُتَرْجِمْنَ	يُتَرْجِمْنَ	يُتَرْجِمْنَ	
2 남	تَرْجَمْتُمْ	تُتَرْجِمُونَ	تُتَرْجِمُوا	تُتَرْجِمُوا	تَرْجِمُوا
여	تَرْجَمْتُنَّ	تُتَرْجِمْنَ	تُتَرْجِمْنَ	تُتَرْجِمْنَ	تَرْجِمْنَ
1	تَرْجَمْنَا	نُتَرْجِمُ	نُتَرْجِمَ	نُتَرْجِمْ	

능동분사는 مُفَعْلِلٌ형이다.

مُتَرْجِمٌ	‘번역하고 있는, 번역자’
مُسَيْطِرٌ	‘지배하고 있는, 지배자’

동명사는 فَعْلَلَةٌ형이다.

تَرْجَمَةٌ	‘번역’
سَيْطَرَةٌ	‘통제, 지배’

연습 1. (녹음자료에 수록) 동사활용 : 사자음 동사

(2) Ⅱ형 동사

تَ가 접두되는 것이 특징이며, 삼자음의 Ⅴ형과 같은 변화를 한다. 완료형과 미완료형 어간이 다같이 تَفَعْلَل형이다. 다음에 Ⅱ형의 변화표를 3인칭 남성 단수형만을 들어 보인다.

تَأَمْرَكَ '미국화되다, 미국인처럼 처신하다'

완료형	미완료형		
	직설법	접속법	단축법
تَأَمْرَكَ	يَتَأَمْرَكُ	يَتَأَمْرَكَ	يَتَأَمْرَكْ

능동분사는 مُتَفَعْلِلٌ형이다.

مُتَأَمْرِكٌ '미국인처럼 처신하는'

동명사는 تَفَعْلُلٌ형이다.

تَأَمْرُكٌ '미국인처럼 처신하기'

일반적으로 원형과 Ⅱ형의 의미 관계는 삼자음의 Ⅱ형과 Ⅴ형의 의미 관계와 같다. 특히 Ⅱ형 동사는 어근자가 네 개 이상인 명사에서 유래하며, '그 명사의 특성을 갖추다, 그처럼 처신하다'의 뜻을 갖는 경우가 많다.

명 사		Ⅱ 형	
أَمْرِيكَا	'미국'	تَأَمْرَكَ	'미국인처럼 처신하다'
شَيْطَانٌ	'악마'	تَشَيْطَنَ	'사악하다'
فَيْلَسُوفٌ	'철학자'	تَفَلْسَفَ	'철학자인 체하다, 허풍떨다'

2. 수동태 : 완료형

ㄱ. 형

앞 과까지 나온 모든 동사는 주어가 직접 동사에 작용하는 능동태이었으나, 이 과에서는 주어가 다른 동작주에 의해 작용을 받는 수동태를 다루게 된다.

아랍어의 완료형 수동태는 다음과 같이 모음 변화에 의해서 표시된다.

원형	능동태	수동태
형	فَعَلَ، فَعِلَ	فُعِلَ
	دَرَسَ '그가 공부했다'	دُرِسَ '그것이 공부되었다'
	شَرِبَ '그가 마셨다'	شُرِبَ '그것이 마셔졌다'

완료형의 중간모음이 ـِ인 모든 동사는 자동사이므로 수동태를 만들지 못한다.

완료형 수동태를 만드는 규칙은 다음과 같다.

(ㄱ) 중간모음을 ـِ로 바꾼다.

(ㄴ) 나머지 모음은 단모음이면 ـُ, 장모음이면 ـُو로 바꾼다. 다음에 여러 가지 형(Ⅰ~Ⅹ형)의 수동태를 보인다. (Ⅶ, Ⅸ형의 수동태는 없고, Ⅴ, Ⅵ형의 수동태는 드물다.)

형	능동태	수동태	수동태형
Ⅰ	دَرَسَ '공부하다'	دُرِسَ '공부되다'	فُعِلَ
Ⅱ	قَدَّمَ '제공하다'	قُدِّمَ '제공되다'	فُعِّلَ
Ⅲ	شَاهَدَ '보다'	شُوهِدَ '보여지다'	فُوعِلَ
Ⅳ	أَرْسَلَ '보내다'	أُرْسِلَ '보내지다'	أُفْعِلَ
Ⅴ		드묾	تُفُعِّلَ
Ⅵ		드묾	تُفُوعِلَ
Ⅶ		없음	
Ⅷ	اِنْتَخَبَ '선출하다'	اُنْتُخِبَ '선출되다'	أُفْتُعِلَ
Ⅸ		없음	
Ⅹ	اِسْتَقْبَلَ '맞이하다'	اُسْتُقْبِلَ '맞아들여지다'	أُسْتُفْعِلَ
사자음 Ⅰ	تَرْجَمَ '번역하다'	تُرْجِمَ '번역되다'	فُعْلِلَ
사자음 Ⅱ		드묾	تُفُعْلِلَ

수동태의 변화형은 능동태와 똑같다. 다음에 완료형 수동태의 변화표를 예시한다.

وُلِدَ '태어나다'

		단수	쌍수	복수
3남		وُلِدَ	وُلِدَا	وُلِدُوا
	여	وُلِدَتْ	وُلِدَتَا	وُلِدْنَ
2남		وُلِدْتَ	وُلِدْتُمَا	وُلِدْتُمْ
	여	وُلِدْتِ		وُلِدْتُنَّ
1		وُلِدْتُ		وُلِدْنَا

ㄴ. 용 법

아랍어의 수동태 구문은 우리말과 마찬가지로, 능동태 타동사의 목적어가 수동태의 주어로 나타나서 만들어진다. 다음 문장에서 전치사 بِ는 '~으로'의 뜻으로, 도구를 나타낸다.

능동태

> كَتَبْتُ ٱلرِّسَالَةَ بِهٰذَا ٱلْقَلَمِ.　'나는 이 연필로 그 편지를 썼다.'

수동태

> كُتِبَتِ ٱلرِّسَالَةُ بِهٰذَا ٱلْقَلَمِ.　'그 편지는 이 연필로 쓰였다.'

위의 두 문장에서 اَلرِّسَالَةُ '그 편지'는 행위를 받는 말이고, قَلَم '연필'은 도구이며, أَنَا '나'는 (능동문에서만) 동작주이다.

아랍어에서는 수동태에서 동작주를 명시하지 못한다. 따라서 동작주가 나타날 경우에는 반드시 능동태를 써야 한다. 다음의 두 문장을 비교해 보라.

<능동태> : 동작주가 명시됨.

> عَقَدَ ٱلرَّئِيسُ ٱلْيَوْمَ مُؤْتَمَرًا صُحُفِيًّا بِشَأْنِ ٱلِٱنْتِخَابَاتِ ٱلْقَادِمَةِ.　'대통령은 오늘 차기 선거에 대하여 기자회견을 가졌다.'

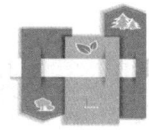

<수동태> : 동작주가 명시되지 않음.

| عُقِدَ ٱلْيَوْمَ مُؤْتَمَرٌ صُحُفِيٌّ بِشَأْنِ ٱلْإِنْتِخَابَاتِ ٱلْقَادِمَةِ. | '오늘 차기선거에 관한 기자 회견이 열렸다.' |

위의 두 문장에서는 동작주가 명시 여부에 불구하고 행위 안에 직접 포함되어 있다. 그러나 동작주의 포함을 고려하지 않는 경우도 있게 된다.

마지막의 경우에 아랍어에서는 수동 또는 재귀의 뜻을 가진 능동태의 동사를 쓰게 된다. 다음을 비교하라.

(ㄱ) 원형, 능동태

| كَسَرَ وَلَدُكَ ٱلْفِنْجَانَ. | '당신의 아이가 그 잔을 깼다.' (동작주가 알려져 있고 언급됨.) |

(ㄴ) 원형, 수동태

| كُسِرَ ٱلْفِنْجَانُ. | '그 컵이 깨어졌다.' (동작주가 미상이거나 일부러 숨겨짐) |

(ㄷ) Ⅶ형, 능동태

| اِنْكَسَرَ ٱلْفِنْجَانُ. | '그 컵이 깨졌다(깨져 있었다)' (동작주가 포함될 필요가 없음) |

위의 (ㄷ)형의 동사는 Ⅱ, Ⅲ, Ⅰ형의 수동태에 대해 각각 Ⅴ, Ⅵ, Ⅶ형이 대부분이다. 다음에 이를 비교해 본다.

형	능동의 의미		형	수동의 의미	
Ⅰ	قَطَعَ	'자르다'	Ⅰ	قُطِعَ	'잘리다'
			Ⅶ	اِنْقَطَعَ	'잘리다, 끝나다'
Ⅰ	عَقَدَ	(모임을) '열다'	Ⅰ	عُقِدَ	'열리다'
			Ⅶ	اِنْعَقَدَ	'열리다'
Ⅱ	طَوَّرَ	(~을) '발전시키다'	Ⅴ	تَطَوَّرَ	'발전하다, 발달하다'

II	أَثَّرَ	'영향을 미치다'	V	تَأَثَّرَ	'영향을 받다'
II	زَوَّجَ	'결혼시키다'	V	تَزَوَّجَ	'(~와) 결혼하다'
II	غَيَّرَ	(~을) '변경하다'	V	تَغَيَّرَ	'변경되다, 바뀌다'
III	بَارَكَ	'축복하다'	VI	تَبَارَكَ	'축복받다'

목적어가 두 개 있는 동사를 수동구문으로 만들 때는, 첫번째 목적어를 수동 동사의 주어로 하고 두번째 목적어는 그대로 둔다.

(1) 능동태

> مَنَحُوا ٱلطَّالِبَ أَلْفَ دُولَارٍ. '그들이 그 학생에게 천 달러를 주었다.'

수동태

> مُنِحَ ٱلطَّالِبُ أَلْفَ دُولَارٍ. '그 학생이 천 달러를 받았다.'

(2) 능동태

> اِنْتَخَبْنَا مُحَمَّدًا رَئِيسًا. '우리가 무함마드를 대통령으로 선출했다.'

수동태

> اُنْتُخِبَ مُحَمَّدٌ رَئِيسًا. '무함마드가 대통령으로 선출됐다.'

동사-전치사구의 수동 구문은, 동사를 전치사의 목적어인 명사의 성·수에 관계없이 비인칭(3인칭 남성 단수형)으로 놓고, 전치사구(전치사 + 명사)는 그대로 놓아 만든다.

능동태

> بَحَثُوا عَنِ ٱلْقَلَمِ. '그들이 그 연필을 찾았다.'

수동태

> بُحِثَ عَنِ ٱلْقَلَمِ. '그 연필이 찾아졌다.'

다. 문법과 연습

رُحِّبَ بِرَئِيسِ ٱلْجُمْهُورِيَّةِ تَرْحِيبًا كَبِيرًا.	'대통령이 크게 환영받았다.'
هَلْ نُظِرَ فِي هٰذِهِ ٱلأُمُورِ؟	'이 일들이 고려되었느냐?'
لَقَدْ سُمِحَ لَكَ بِٱلذَّهَابِ.	'당신은 이미 가도록 허용되었다.'

연습 2. (녹음자료에 수록) 동사활용 : 완료형 수동태

연습 3. (녹음자료에도 수록) 동사활용 : 완료형 수동태

ㄱ. '그가 크게 영접받았다.'　　　　　　　　　　أُسْتُقْبِلَ ٱسْتِقْبالاً عَظِيمًا.

الرجل	أنتما	أنا
المراسلون	أنتنّ	نحن
النساء	هم	أنتم
المرأتان	هو	أنتَ

ㄴ. '그가 사무실에서 쫓겨났다.'　　　　　　　　أُخْرِجَ من المكتب .

الأولاد	نحن	أنا
الرجال	هو	أنتم
	هم	هما

연습 4. (녹음자료에도 수록) 변형 : 능동태 → 수동태

ㄱ. '그들이 대통령을 크게 영접했다.
→　　　　　　　　　اِستقبلوا الرئيسَ استقبالا عظيما. ←
'대통령이 크게 영접받았다.'　　　　أُستقبل الرئيسُ استقبالا عظيما.

١ – أخبرني سليم بأنّ نانسي تدرس العربيّة.

٢ – تركها في الدار.

٣ – شاهدكم في الشارع مساء أمس.

٤ – نشرت الجامعة كثيرا من الكتب.

٥ – أنشأ الأديب هذه المجلّة في النصف الأول من هذا القرن.

٦ – منعني من حضور الاجتماع.

٧ – رسموا صورة جميلة.

٨ – منحوا الأديب ألفي دولار.

ㄴ. '그 유목민이 그 방문객을 환영했다.'

→

'그 방문객이 환영받았다.'

← رحّب البدويّ بالزائر.

رحّب بالزائر.

١ – بحثنا عن السلام في الشرق الأوسط.

٢ – نظرت في هذه المشكلة الصعبة.

٣ – اعتمدوا على مساعدته.

٤ – سمحتم لها بالذهاب.

3. 비사실 연결형

قَبِيحُ ٱلْوَجْهِ 구는 '얼굴이 못생긴'의 뜻이다. 이처럼 '(명사)가 (형용사)한'이란 구문을 아랍어로 옮기려면, '형용사 + 명사'의 연결형으로 놓는다. 이것을 '비사실 연결형'(اَلْإِضَافَةُ غَيْرُ ٱلْحَقِيقِيَّةِ)'라고 한다. 이에 반해 '명사 + 명사'의 연결형을 '사실 연결형'(اَلْإِضَافَةُ ٱلْحَقِيقِيَّةُ)'이라고 한다. 비사실 연결형은 의미적으로 합성형용사(صِفَةٌ مُرَكَّبَةٌ)이다.

이 연결형에서 명사는 형용사의 적용을 한정하며, 항상 관사를 가진다. 즉 위의 보기에서는 '얼굴에 대해서 말하면 못생긴'의 뜻을 가진다. 형용사는 연결형의 명사가 아닌 그것이 수식하는 명사와 일치한다.

다. 문법과 연습

> اَلرَّجُلُ قَبِيحُ ٱلْوَجْهِ.　'그 남자는 얼굴이 못생겼다.'
>
> اَلْمَرْأَةُ قَبِيحَةُ ٱلْوَجْهِ.　'그 여자는 얼굴이 못생겼다.'

위에서 비사실 연결형은 명사문의 술어 형용사로 쓰였다. 비사실 연결형이 명사-형용사구에서 쓰일 때 그 명사가 비한정상태이면 형용사는 물론 관사를 갖지 않는다.

> قَابَلْتُ رَجُلاً قَبِيحَ ٱلْوَجْهِ.　'나는 얼굴이 못생긴 한 남자를 만났다.'

그러나 그 명사가 한정상태이면 형용사는 관사를 가진다.

> قَابَلْتُ ٱلرَّجُلَ ٱلْقَبِيحَ ٱلْوَجْهِ.　'나는 얼굴이 못생긴 그 남자를 만났다.'

> تَحَدَّثْتُ أَمْسِ إِلَى بِنْتٍ جَمِيلَةِ ٱلْوَجْهِ.　'나는 어제 얼굴이 예쁜 한 소녀와 이야기했다.'
>
> رَشِيدٌ كَثِيرُ ٱلْكَلَامِ.　'라시드는 말이 많다(수다스럽다).'

연습 5. 쓰기, 변형 : 술어 형용사 → 비사실 연결형

'그 남자의 얼굴은 못생겼다.' →　　　　　← وجه الرجل قبيح.

'그 남자는 얼굴이 못생겼다.' →　　　　　← الرجل قبيح الوجه.

'그 얼굴이 못생긴 남자가 왔다.'　　　　حضر الرجل القبيح الوجه.

٤ – قلب الحبيب مخلص.	١ – عينا المرأة جميلتان.
٥ – نفس صديقي جميلة.	٢ – رأس الولد كبير.
٦ – أسئلة ابني كثيرة.	٣ – أذنا البنت صغيرتان.

4. 명사 مِثْلَ '닮음'과 전치사 كَ '~와 같이, ~처럼'

이 두 단어는 "~와 같이, ~처럼"을 뜻하며 다음과 같이 사용된다.

(ㄱ) مِثْلَ은 명사로서, 연결형의 제1요소로 사용된다.

> لَا يَنْجَحُ مِثْلُ هَٰذَا ٱلرَّجُلِ.　'이런 사람은 성공하지 못한다.'

لَمْ أَقْرَأْ مِثْلَ هٰذِهِ ٱلْقِصَصِ.	'나는 이같은 이야기는 읽지 않았다.'
أَنْتُمْ مِثْلُهُمْ.	'당신들은 그들과 비슷하다.'

مِثْلٌ 구문은 다른 명사 뒤에 와서 그 명사와 동격으로 쓰이기도 한다.

اُرْسُمْ لِي صُورَةً مِثْلَ صُورَةِ هٰذَا ٱلرَّجُلِ.	'이 사람의 형상 대로 그림을 그려 주시오.'
حَصَلَتْ عَلَى صُورَةٍ مِثْلِ صُورَةِ هٰذَا ٱلرَّجُلِ.	'그[여]가 이 사람의 형상과 같은 그림을 얻었다.'

목적격형인 مِثْلَ은 동사를 수식하는 부사구를 이끈다(전치사 용법).

يَتَكَلَّمُ ٱلْعَرَبِيَّةَ مِثْلَ أَجْنَبِيٍّ.	'그는 외국인처럼 아랍어를 말한다.'

(ㄴ) 불변사 كَ는 전치사로 쓰이는데, 연계형대명사를 갖지 못한다. 흔히 مِثْلٌ을 사용한 경우 와 같은 뜻을 가진다.

هَلِ ٱلْحَيَاةُ فِي ٱلشَّرْقِ ٱلْأَوْسَطِ كَٱلْحَيَاةِ فِي أَمْرِيكَا؟ = هَلِ ٱلْحَيَاةُ فِي ٱلشَّرْقِ ٱلْأَوْسَطِ مِثْلَ ٱلْحَيَاةِ فِي أَمْرِيكَا؟	'중동의 생활이 미국의 생활과 같으냐?'
تَحَدَّثَ إِلَيَّ كَٱلْوَالِدِ. = تَحَدَّثَ إِلَيَّ مِثْلَ ٱلْوَالِدِ.	'그가 아버지처럼 나에게 말했다.'

كَ는 또 '(~의 자격)으로서'의 뜻을 가진다.

مَا رَأْيُكَ كَمُسْتَشْرِقٍ فِي هٰذَا ٱلْمَوْضُوعِ؟	'이 논제에 대해 동양학자로서 당신의 의견이 무엇이냐?'

(ㄷ) مِثْلٌ과 كَ는 둘 다 مَا(23. 다. 3 참조)에 이끌리는 절을 목적어로 가질 수 있다. 그 결합어 مِثْلَمَا와 كَمَا는 '~한 대로, ~처럼'의 뜻을 가진다.

'대통령이 거기에서 뽑힌대로 여기에서 뽑혔다.'	اُنْتُخِبَ ٱلرَّئِيسُ هُنَا مَثْلَمَا ٱنْتُخِبَ هُنَاكَ.
'당신이 좋아하는 대로 하라.'	اِفْعَلْ كَمَا تُحِبُّ.

كَمَا는 또 '~도 또한'을 뜻하기도 한다.

'그는 알자히즈의 생에 관하여 이야기했으며, 또한 그의 위대한 작품도 언급했다.'	تَحَدَّثَ عَنْ حَيَاةِ ٱلْجَاحِظِ كَمَا ذَكَرَ إِنْتَاجَهُ ٱلْعَظِيمَ.

كَ와 أَنَّ-절(19. 다. 2 참조)이 결합한 كَأَنَّ는 '마치 ~인 것처럼'을 뜻한다.

'그는 마치 자기가 외국인인 것처럼 아랍어를 말한다.'	يَتَكَلَّمُ ٱلْعَرَبِيَّةَ كَأَنَّهُ أَجْنَبِيٌّ.
'그는 마치 자기가 은행장인 것처럼 행동한다.'	يَتَصَرَّفُ كَأَنَّهُ مُدِيرُ ٱلْبَنْكِ.
'그는 마치 자기가 나를 알고 있는 것처럼 나를 보았다.'	نَظَرَ إِلَيَّ كَأَنَّهُ يَعْرِفُنِي.

5. 목적격 목적어를 가지는 도착동사

وَصَلَ إِلَى '~에 도착하다'라는 동사는 보통은 전치사 إِلَى를 장소명사 앞에 놓는다.

'그들이 어제 바그다드에 도착했다.'	وَصَلُوا أَمْسِ إِلَى بَغْدَادَ.

그러나 وَصَلَ 뒤에 목적격 목적어가 뒤따르면 '~에게 ~이 오다, 전해지다'로 옮긴다.

'나에게 오늘 중요한 편지 한 통이 왔다.' = '나는 오늘 중요한 편지 한 통을 받았다.'	وَصَلَتْنِي رِسَالَةٌ هَامَّةٌ ٱلْيَوْمَ.

제31과에 나오는 جَاءَ '오다'와 같은 몇몇 '도착하다' 또는 '오다'의 뜻을 가진 동사가 이러한 용법으로 쓰인다.

'그 새 책이 당신에게 왔느냐?'	هَلْ وَصَلَكَ ٱلْكِتَابُ ٱلْجَدِيدُ؟
'우리에게 전해진 그의 책은 30권보다 많지 않다.'	كُتُبُهُ ٱلَّتِي وَصَلَتْنَا لَيْسَتْ أَكْثَرَ مِنْ ثَلَاثِينَ.

6. 연결형의 양 요소가 수식될 때

우리는 12. 다. 4에서 연결형의 양 요소가 수식되는 경우를 살펴 보았다.

'베이루트 신문의 이집트인 기자'	مُرَاسِلُ ٱلْجَرِيدَةِ ٱلْبَيْرُوتِيَّةِ ٱلْمِصْرِيُّ
	형1 형2 명2 명1

위에서 [형1]은 [명1]을, [형2]는 [명2]를 각각 수식한다. 그러나 이런 연결형의 수식 관계는 복잡하므로, 흔히 전치사 لِ '~의'로 두 개의 명사-형용사구가 연결되는 구문으로 바꿀 수 있다.

'베이루트 신문의 이집트인 기자'	اَلْمُرَاسِلُ ٱلْمِصْرِيُّ لِلْجَرِيدَةِ ٱلْبَيْرُوتِيَّةِ
'국립박물관의 신관'	اَلْبِنَاءُ ٱلْجَدِيدُ لِلْمَتْحَفِ ٱلْوَطَنِيِّ
'공화당의 차기 대회'	اَلْمُؤْتَمَرُ ٱلْقَادِمُ لِلْحِزْبِ ٱلْجُمْهُورِيِّ

د – نُصُوصٌ لِلْفَهْمِ

1. 다음 문장을 읽고 연습 6을 하라.

그가 건설 했다

اَلْبَصْرَةُ مَدِينَةٌ بَنَاهَا قَائِدٌ عَرَبِيٌّ فِي ٱلنِّصْفِ ٱلْأَوَّلِ مِنَ ٱلْقَرْنِ ٱلسَّابِعِ ٱلْمِيلَادِيِّ، وَأَصْبَحَتْ مَدِينَةً تِجَارِيَّةً هَامَّةً.

중세

وَفِي ٱلْقُرُونِ ٱلْوُسْطَى عُرِفَتْ فِي ٱلْعِرَاقِ مَدْرَسَتَانِ لُغَوِيَّتَانِ كَانَتْ إِحْدَاهُمَا فِي ٱلْبَصْرَةِ. وَمِنَ ٱللُّغَوِيِّينَ ٱلَّذِينَ أَنْتَجَتْهُمْ مَدْرَسَةُ ٱلْبَصْرَةِ، ٱلْخَلِيلُ

문자 ع: 뽑아냈다, 발견했다

بْنُ أَحْمَدَ ٱلَّذِي كَتَبَ "كِتَابُ ٱلْعَيْنِ" وَٱسْتَنْبَطَ قَوَاعِدَ ٱلشِّعْرِ ٱلْعَرَبِيِّ وَمِنْهُمْ كَذَلِكَ سِيبَوَيْهِ ٱلَّذِي كَتَبَ عَنْ قَوَاعِدِ ٱللُّغَةِ ٱلْعَرَبِيَّةِ كِتَابًا طَوِيلاً عُرِفَ بِٱسْمِ "ٱلْكِتَابُ" وَلَا يَزَالُ ٱلْعَرَبُ يَعْتَبِرُونَ هَذَيْنِ ٱلرَّجُلَيْنِ مِنْ أَعْظَمِ ٱللُّغَوِيِّينَ. وَكَانَتِ

쿠파

ٱلْمَدْرَسَةُ ٱللُّغَوِيَّةُ ٱلْأُخْرَى فِي ٱلْكُوفَةِ.

عَرَفَتِ ٱلْبَصْرَةُ فِي ٱلْقُرُونِ ٱلْوُسْطَى نَهْضَةً فِكْرِيَّةً عَظِيمَةً مِنْ أَهَمِّ رِجَالِهَا وَاصِلُ بْنُ عَطَاءٍ وَٱلنَّظَّامُ، وَعَرَفَتْ نَهْضَةً أَدَبِيَّةً مِنْ أَهَمِّ رِجَالِهَا أَبُو نُوَاسٍ وَٱلْجَاحِظُ.

وَٱلْبَصْرَةُ ٱلْيَوْمَ ثَالِثَةُ ٱلْمُدُنِ ٱلْعِرَاقِيَّةِ فِي ٱلْأَهَمِّيَّةِ، فَقَدْ أَصْبَحَتْ مِنْطَقَةً تِجَارِيَّةً وَصِنَاعِيَّةً مَشْهُورَةً.

연습 6. 쓰기, 묻고 대답하기

أَسْئِلَةٌ

١ – أين مدينة البصرة؟

٢ – ما المدرستان اللغويّتان المشهورتان في العراق؟

٣ – هل سمعت عن سيبويه قبل اليوم؟ والخليل بن أحمد؟ ماذا تعرف عنهما الآن؟

٤ – هل البصرة اليوم أهمّ المدن العراقيّة؟

٥ – ما أهمّيّة البصرة اليوم؟

2. 녹음자료에서 문장을 듣고 연습 7을 하라. ([주] جَلَسَ '앉다')

연습 7. 쓰기, 묻고 대답하기

١ – لماذا كان السيّد فرانك وليامز يذهب إلى القاهرة كلّ عام؟

٢ – ما هي الصور المصرية الّتي كانت في بيت السيّد وليامز؟

٣ – لماذا منع السيّد وليامز من أخذ صور في متحف القاهرة؟

٤ – كيف حصل السيّد وليامز على الصور؟

٥ – ماذا فعل مدير المتحف لمّا شاهد الصور الّتي رسمها السيّد وليامز؟

هـ – اَلتَّمَارِينُ اَلْعَامَّةُ

연습 8. 변형 : 긍정문 → 부정문

١ – النساء ذهبن إلى السينما ليلة أمس.

٢ – له علاقة بالموضوع الّذي سنتحدّث عنه في الاجتماع.

٣ – بعلبكّ في منطقة شرق لبنان.

٤ – يرغب فرانك في أن يراسل سليما.

٥ – سأشاركه في عمله.

٦ – الصناعة في السعوديّة مختلفة عن الصناعة في الكويت.

٧ – سيذهبون مساء الغد في الساعة الثامنة.

٨ – انقطعت الرسائل بعد عام واحد.

٩ – الحلول الّتي قدّمها بشأن هذه المشكلة سهلة.

연습 9. 쓰기, 결합 : 우선급

다음 각 문장의 쌍을 보기와 같이 결합하라.

'그 남자는 못생겼다. 그의 아들은 못
생겼다.' →

'그 남자는 못생겼지만 그의 아들은 그
보다 더 못생겼다.'

← الرجل قبيح. ابنه قبيح.

الرجل قبيح ولكنّ ابنه أقبح منه.

١ – حلّ هذه المشكلة صعب. حلّ تلك المشكلة صعب.

٢ – أخوك صغير. أخي صغير.

٣ – قناة بناما طويلة. قناة السويس طويلة.

٤ – قصّتي غريبة. قصّتها غريبة.

٥ – مدّة إقامتهم قصيرة. مدّة إقامتنا قصيرة.

٦ – شعره جميل. شعرها جميل.

٧ – اهتمامك بهذا الأمر كبير. اهتمامي به كبير.

٨ – المرأة سعيدة. ابنتها سعيدة.

연습 10. 쓰기, 복습 : 동사형

아래 도표의 빈 칸을 채우고 모음부호를 붙여라.

능동분사	동명사	완료형 수동태	완료형 능동태	의 미
دَارِسٌ	دِرَاسَةٌ	دُرِسَ	دَرَسَ	공부하다
حاكم على				
	المحافظة على		منح	
	إكرام	حمل		
مستقبل				
	تخريج		تناول	
				번역하다

연습 11. 쓰기, 옮기기 : 우리말 → 아랍어

1. 미국 국무장관이 중요한 서한들을 휴대하고 어젯밤 도착했다.

2. 그는 웃으면서 (자기의) 애인의 손을 잡았다.

3. 그 지배자는 얼굴이 못생긴 것으로(بِأَنَّهُ) 알려졌다.

4. 그 (두) 눈이 아름다운 소년의 이름이 무엇이냐?

5. 당신은 그가 그러한 어려운 기사를 번역할 수 있다고 확신하느냐?

연습 12. 구두 연습 : 문장 완성하기

다음 빈 칸에 알맞은 말을 넣어 완성하고, 차례대로 돌아가면서 묻고 대답하라.

٧ – ما اسم _____ ؟   ١ – هل أنت _____ ؟

٨ – كم _____ ؟   ٢ – لماذا ذهبت _____ ؟

٩ – ا ليس _____ ؟   ٣ – من الرجل الّذي _____ ؟

١٠ – هل لك _____ ؟   ٤ – أين _____ ؟

١١ – هل جميع _____ ؟   ٥ – أهذا _____ ؟

١٢ – هل يتطلّب _____ ؟   ٦ – ماذا _____ ؟

연습 13. 쓰기, 어휘

다음 빈 칸에 알맞은 말을 목록에서 찾아 넣되, 필요한 변형을 하여라.

ولاية، مصنع، سنويّ، تحقيق، صباحا، المؤتمر، يبذل، حفر، يترك، القوميّة،

المحافظة على، شرّ، فم، حقوق، مدّة، يتمكّن من، تمّ، مسافة، يفكّر، تأثّر،

سمح، حكم، انقطعت، خدم

١ – _____ المهندس بلاده عندما ساعد على _____ القناة.

٢ – سينعقد _____ _____ للحزب في _____ كاليفورنيا.

٣ – _____ عمّال هذا _____ الكبير جهودا عظيمة للحصول على

حقوقهم.

٤ – _____ جيراننا المدينة غدا _____ .

٥ – تربط هذه الحكومة بين _____ والمحافظة على حقوق الشعب.

٦ – انتشرت هذه المجلّة الإسلاميّة _____ طويلة.

٧ – سافر "السندباد" _____ بعيدة قبل أن _____ الإقامة في مكان

واحد.

٨ – لن _____ له الحكومة بأن يعمل كطبيب قبل أن يحصل على الشهادة.

٩ – _____ القائد البلد سنوات و_____ بالحياة الشعبيّة تأثّرا عظيما.

١٠ – أخذ يفكّر كثيرا بـ_____ السلام في داخل البلاد وخارجها.

١١ – تراسلا مدّة طويلة ثمّ _____ الرسائل بينهما.

١٢ – هل _____ بناء السدّ العالي في مدّة قصيرة؟

١٣ – قاوموا _____ بالخير.

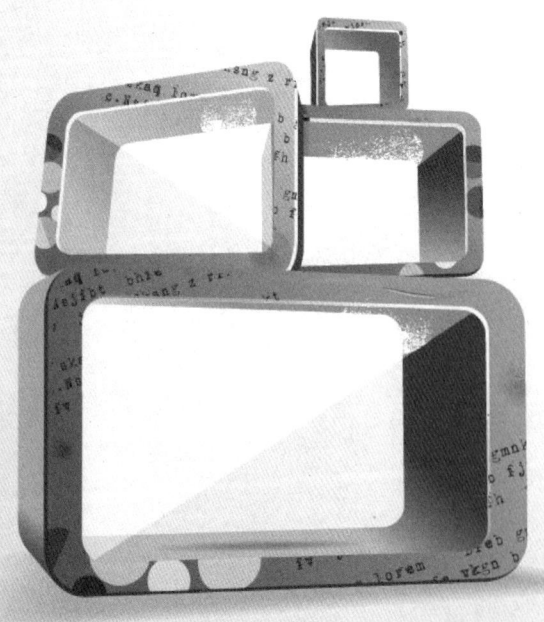

اَلدَّرْسُ ٱلثَّلَاثُونَ

30

اَلْفُصْحَى وَٱلْعَامِّيَّةُ

ض	ن	و	ذ	خ	هـ	ت
ق	ء	ز	ج	ص	م	ظ
ر	غ	ف	ث	ح	ؤ	ك
ة	ط	د	ي	ع	لا	ئ
ا	ى	س	ل	ب	ش	

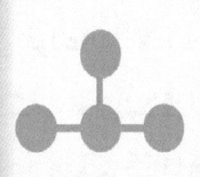

1. 주제어-설명문 : أَمَّا ··· فَ ···

2. 수동태 : 미완료형

3. 수동분사

4. 비한정 관계대명사 مَا과 مَنْ

اَلْفُصْحَى وَٱلْعامِّيَّةُ 제30과

اَلْعَرَبِيَّةُ ٱلْمُسْتَخْدَمَةُ ٱلْيَوْمَ في ٱلْعالَمِ ٱلْعَرَبِيِّ تَشْمَلُ ٱللُّغَةَ ٱلْفُصْحَى
وَٱللَّهَجاتِ ٱلْعامِّيَّةَ. اَلْفُصْحَى هِيَ لُغَةُ ٱلْقُرْآنِ وَإِنْتاجِ ٱلْأُدَباءِ ٱلْعَرَبِ مِنْ بِدايَةِ
تارِيخِهِمِ ٱلْأَدَبِيِّ. وَهِيَ لا تَزالُ إِلَى ٱلْيَوْمِ ٱللُّغَةَ ٱلْمُسْتَخْدَمَةَ في ٱلْمَجَلّاتِ وَٱلْجَرائِدِ
وَٱلْكُتُبِ وَٱلْمُحاضَراتِ وَنَشَراتِ ٱلْأَخْبارِ وَفي ٱلْمُناسَباتِ ٱلرَّسْمِيَّةِ وَغَيْرِها. أَمّا
اَللَّهَجاتُ ٱلْعامِّيَّةُ فَتُسْتَخْدَمُ لِلتَّخاطُبِ في ٱلْحَياةِ ٱلْيَوْمِيَّةِ، فَهِيَ تُسْتَخْدَمُ مَثَلاً في
ٱلْبَيْتِ وَٱلشّارِعِ.

경우

대화,
회화

لَقَدْ تَطَوَّرَتِ ٱلْفُصْحَى وَٱلْعامِّيَّةُ خِلالَ تارِيخِهِما ٱلطَّوِيلِ تَطَوُّرًا كَبِيرًا.
فَٱلْفُصْحَى قَدْ تَطَوَّرَتْ في مُفْرَداتِها وَأَسالِيبِها وَأَصْبَحَتْ ما يُعْرَفُ عِنْدَ ٱلْبَعْضِ
بِٱلْعَرَبِيَّةِ ٱلْمُعاصِرَةِ، وَلٰكِنَّ قَواعِدَها لا تَخْتَلِفُ عَنِ ٱلْقَواعِدِ ٱلْمُتَّبَعَةِ في ٱلْقُرْآنِ
وَٱلْأَدَبِ ٱلْعَرَبِيِّ ٱلْقَدِيمِ عامَّةً. أَمّا ٱلْعامِّيَّةُ فَقَدْ تَغَيَّرَتْ لَهَجاتُها وَأَشْكالُها ٱلْقَدِيمَةُ
وَأَصْبَحَتْ تَخْتَلِفُ مِنْ بَلَدٍ إِلَى آخَرَ ٱخْتِلافًا كَبِيرًا فَٱللَّهْجَةُ ٱلْمِصْرِيَّةُ مَثَلاً تَخْتَلِفُ
عَنِ ٱللَّهْجَةِ ٱلْعِراقِيَّةِ، وَٱللَّهْجَةُ ٱللُّبْنانِيَّةُ تَخْتَلِفُ عَنِ ٱللَّهْجَةِ ٱلتُّونِسِيَّةِ، بَلْ إِنَّ
ٱللَّهَجاتِ تَخْتَلِفُ في ٱلدَّوْلَةِ ٱلْواحِدَةِ فَلَهْجَةُ ٱلْقاهِرَةِ تَخْتَلِفُ عَنْ لَهْجَةِ ٱلْإِسْكَنْدَرِيَّةِ،
وَهُما تَخْتَلِفانِ عَنْ لَهْجَةِ أَسْوانَ.

그것의
형태들

وَكَثِيرٌ مِنَ ٱلْأُدَباءِ ٱلْعَرَبِ ٱلْمُعاصِرِينَ يَكْتُبُونَ ٱلْقِصَّةَ بِٱلْفُصْحَى، لٰكِنَّ
ٱلْبَعْضَ يُفَضِّلُونَ كِتابَةَ ٱلْحِوارِ بِٱلْعامِّيَّةِ.

대화

وَمِنَ ٱلْمُتَّفَقِ عَلَيْهِ أَنَّ ٱللُّغَةَ ٱلْعَرَبِيَّةَ هِيَ ٱلرّابِطَةُ ٱللُّغَوِيَّةُ ٱلَّتِي تَرْبِطُ بِلادَ
ٱلْعالَمِ ٱلْعَرَبِيِّ ٱلْمُعاصِرِ.

أَسْئِلَةٌ

١ – ماذا تشمل العربيّة المستخدمة اليوم في العالم العربيّ؟

٢ – ما هي الفصحى؟

٣ – كيف تستخدم اللغة الفصحى اليوم؟

٤ – كيف تستخدم اللهجات العامّيّة؟

٥ – بأيّ اسم أصبحت الفصحى تعرف عند البعض؟

٦ – هل تطوّرت الفصحى؟ والعامّيّة؟

٧ – هل تختلف العامّيّة من بلد إلى آخر؟

٨ – هل للّغة العربيّ أهمّيّة سياسيّة؟

٩ – كيف تكتب القصّة العربيّة اليوم؟

문어체 아랍어와 구어체 아랍어

오늘날 아랍 세계에서 사용되는 아랍어는 문어체 언어와 구어체 방언들을 포함한다. 문어체는 꾸란 및 아랍인들의 문학사가 시작한 이래 그들 문인의 저술의 언어이다. 그것은 오늘날까지 아직도 잡지·신문·책·강의·새소식 방송·공식적 행사 및 기타에서 사용되고 있는 언어이다. 구어체 방언들에 대해 말하면, 그것은 일상생활의 대화에서 사용된다. 보기를 들면, 집과 거리에서 사용된다.

문어체와 구어체는 그의 긴 역사 동안 큰 발전을 했다. 문어체는 어휘와 문체에서 발전했고 몇몇 사람들에게는 현대 아랍어로서 알려진 것(언어)으로 되었으나, 그의 문법은 일반적으로 꾸란과 고대 아랍 문학에 따르는 문법과 다르지 않다. 구어체에 대해 말하면, 그것은 고대의 방언과 형태들이 변화하여서 나라마다 크게 달라졌다. 그래서 보기를 들면, 이집트 방언은 이라끄 방언과 다르고, 레바논 방언은 튀니지 방언과 다르다. 더구나 방언들은 한 나라 안에서도 달라서, 카이로 방언은 알렉산드리아 방언과 다르고, 둘은 또 아스완 방언과 다르다.

많은 현대 아랍문인들은 소설을 문어체로 쓰지만, 몇몇은 대화를 구어체로 더 즐겨 쓴다.

일치되는 바는 아랍어가 현대 아랍 세계의 나라들을 연결하는 언어적 연줄이라는 사실이다.

30 문어체 아랍어와 구어체 아랍어

اَلْفُصْحَى	문어체
اَلْعَامِّيَّةُ	구어체
عَامِّيٌّ	공통적인, 대중의; 구어체의
مُسْتَخْدَمٌ – ون	사용되는
لَهْجَةٌ – لَهَجَاتٌ	방언
اَلْقُرْآنُ	꾸란
نَشْرَةٌ – نَشَرَاتٌ	발표, 공보, 고시, 게시
رَسْمِيٌّ	공식적인
أَمَّا … فَ	~에 대해 말하면
تُسْتَخْدَمُ	[여,단,수] 그것이 사용된다
مَثَلاً	보기를 들면
خِلَالَ	~의 동안에
مُفْرَدَاتٌ	[복] 단어들, 어휘
أُسْلُوبٌ – أَسَالِيبُ	문체
مَا	~하는 것
عِنْدَ	~의 의견에는
عَاصَرَ، مُعَاصَرَةٌ	Ⅲ ~와 같은 시대이다
مُتَّبَعٌ – ون	따라진, 종속된, 부착된
عَامَّةً	일반적으로
تَغَيَّرَ، تَغَيُّرٌ	Ⅴ 바뀌다, 변화하다, 전개되다

فَضَّلَ، تَفْضِيلٌ (عَلَى)   Ⅱ (~보다) (~을) 더 좋아하다

مِنَ ٱلْمُتَّفَقِ عَلَيْهِ أَنَّ   ~은 일치된다, 일치되는 바는 ~이다

رَابِطَةٌ – رَوَابِطُ   연줄, 매듭, 끈, 유대; 연맹

다. 문법과 연습

1. 주제어-설명문 : أَمَّا ... فَ ...

2. 수동태 : 미완료형

3. 수동분사

4. 비한정 관계대명사 مَنْ과 مَا

---

1. 주제어-설명문 : أَمَّا ... فَ ...

أَمَّا ٱللَّهَجَاتُ ٱلْعَامِّيَّةُ فَهِيَ لُغَةُ ٱلتَّخَاطُبِ.
'구어체 방언들에 대해 말하면, 그것은 대화의 언어이다.'

위의 문장에서 أَمَّا는 논의의 중심이 되는 주제어('문어에 대해 구어체 방언들은')를 이끌며, فَ 뒤에 그에 대한 술어 또는 설명문('대화의 언어이다')이 나온다. 이 구문은 아랍어에서는 매우 흔하며, 우리말의 '~에 대해 말하면, ~은'에 해당된다.

일반적으로, 논의의 주제어는 문장의 어떤 명사(주어·동사의 목적어·전치사의 목적어)라도 될 수 있다. 주제어는 أَمَّا 뒤에 주격으로 놓이며, فَ 뒤에는 그 주제어에 일치하는 대명사와 설명문(문장의 나머지 부분)이 온다.

(1) 원문장

ٱلْجَامِعَةُ تَعْتَمِدُ عَلَى ٱلْمُدَرِّسِينَ كُلَّ ٱلِاعْتِمَادِ.
'그 대학은 전적으로 선생님들에게 의존한다.'

(2) 주제어

أَمَّا ٱلْمُدَرِّسُونَ
'선생님들에 대해 말하면'

(3) 주제어를 대명사로 바꿈.

ٱلْجَامِعَةُ تَعْتَمِدُ عَلَيْهِمْ كُلَّ ٱلِاعْتِمَادِ.
'그 대학은 전적으로 그들에게 의존한다.'

(4) فَ가 설명문 앞에 옴.

فَٱلْجَامِعَةُ تَعْتَمِدُ عَلَيْهِمْ كُلَّ ٱلِاعْتِمَادِ.
'그 대학은 전적으로 그들에게 의존한다.'

(5) 주제어-설명문

> أَمَّا ٱلْمُدَرِّسُونَ، فَٱلْجَامِعَةُ تَعْتَمِدُ عَلَيْهِمْ كُلَّ ٱلِاعْتِمَادِ.
>
> '선생님들에 대해 말하면, 그 대학은 전적으로 그들에게 의존한다.'

대체되는 대명사가 동사문의 주어이면 일반적으로 생략된다.

> لَمْ تَتَغَيَّرْ أَشْكَالُ ٱلْفُصْحَى تَغَيُّرًا كَبِيرًا. '문어체의 형태가 크게 바뀌지 않았다.'

위의 문장의 주어를 주제어로 바꾸면 다음과 같이 된다.

> أَمَّا أَشْكَالُ ٱلْفُصْحَى فَلَمْ تَتَغَيَّرْ تَغَيُّرًا كَبِيرًا. '문어체의 형태에 대해 말하면, 크게 바뀌지 않았다.'

فَ 뒤에 오는 동사가 완료형이면 그 앞에 قَدْ가 들어간다.

> أَمَّا ٱللَّهَجَاتُ فَقَدْ أَصْبَحَتْ تَخْتَلِفُ مِنْ بَلَدٍ إِلَى آخَرَ.
>
> '방언들에 대해 말하면, 그것은 나라마다 다르게 되었다.'

> يُوسُفُ كَاتِبٌ مَشْهُورٌ. أَمَّا لُطْفِي فَلَا أَعْرِفُهُ.
>
> '유수프는 유명한 작가이다. 루뜨피에 대해 말하면, 나는 그를 알지 못한다.'
>
> أَمَّا ٱلْمَدِينَةُ فَٱلْحَيَاةُ فِيهَا لَا تُعْجِبُ ٱلْعَامِلَ.
>
> '도시에 대해 말하면 그 곳의 생활이 근로자의 마음에 들지 않는다.'
>
> وَالِدِي مِنَ ٱلْعِرَاقِ. أَمَّا وَالِدَتِي فَهِيَ مِنْ عُمَانَ.
>
> '내 아버지는 이라끄에서 오셨다. 내 어머니에 대해 말하면, 그분은 오만에서 오셨다.'

فَ 뒤의 대명사는 술어가 비한정 상태에 있는 명사문에서도 생략될 수 있다.

> أَمَّا وَالِدَتُهُ فَسُورِيَّةٌ. '그의 어머니에 대해 말하면, 그분은 시리아 사람이다.'

أَمَّا와 فَ의 생략 : 주제어-설명문의 أَمَّا와 فَ는 흔히 생략될 수 있다.

أَمَّا هٰذَا ٱلْأُسْلُوبُ فَنَعْتَبِرُهُ جَمِيلاً جِدًّا.	'이 문체에 대해 말하면, 우리가 그것을 매우 아름답다고 생각한다.'
هٰذَا ٱلْأُسْلُوبُ نَعْتَبِرُهُ جَمِيلاً جِدًّا.	'이 문체는 우리가 매우 아름답다고 생각한다.'

주제어-설명문이 أَنَّ 뒤에 오게 되면 أَمَّا와 فَ는 필히 생략된다.

أَمَّا هٰذِهِ ٱلْفِكْرَةُ فَلَا يَعْرِفُهَا ٱلْعَرَبُ.	'이 개념에 대해 말하면, 아랍사람들이 그것을 모르고 있다.'
وَمِنَ ٱلْمَعْرُوفِ أَنَّ هٰذِهِ ٱلْفِكْرَةَ لَا يَعْرِفُهَا ٱلْعَرَبُ.	'이 개념을 아랍사람들이 모른다는 것은 잘 알려져 있다.'

연습 1. 쓰기, 가려내고 작문하기 : 주제어-설명문 구문

다음 문장에서 주제어에는 밑줄 한 개를 치고, 설명문에는 두 개를 쳐라. 그 다음에 주제어
-설명문이 아닌 의미 있는 문장 한 개를 أَمَّا 앞에 적어라.

'도시 생활에 대해 말하면, 그 유목민
의 마음에 들지 않는다.' →
'그 유목민은 사막의 생활이 마음에
든다. 도시 생활에 대해 말하면, 그
유목민의 마음에 들지 않는다.'

← أمّا حياة المدينة فلا تعجب البدويّ.

حياة الصحراء تعجب البدويّ. أمّا حياة
المدينة فلا تعجب البدويّ.

١ – أمّا الجمع بين البيت والعمل فأمر صعب جدّا.

٢ – أمّا البصرة فهي المدينة الّتي ولد فيها الجاحظ.

٣ – أمّا الفصحى فيستخدمها العرب في الصحف والكتب ونشرات الأخبار.

٤ – أمّا الشعب المصريّ فيعتمد على مياه النيل.

٥ – أمّا صديقي التونسيّ فقد أرسل إليّ هذه الرسالة.

٦ – أمّا هذه المشكلة فتتطلّب التعاون بين الحكومات العربيّة.

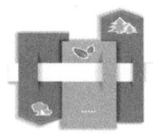
٧ – أمّا الحكومات العربيّة فسوف تتعاون.

٨ – أمّا الجاحظ فولد في البصرة.

٩ – أمّا هذه الرسالة فقد أرسلها إلى صديق تونسيّ.

연습 2. (녹음자료에도 수록) 변형 : 주제어-설명문

ㄱ. '구어체는 말하기의 언어이다.' +

'문어체는 쓰기의 언어이다.' →

'구어체는 말하기의 언어이다. 문
어체에 대해 말하면, 그것은 쓰기
의 언어이다.'

العامّيّة هي لغة التكلّم. +

الفصحى لغة الكتابة. ←

العامّيّة هي لغة التكلّم، أمّا الفصحى
فهي لغة الكتابة.

١ – أسلوبك جميل. أسلوبه ليس جميلا.

٢ – هذه القصة طويلة. تلك قصيرة.

٣ – أنا ساكن في هذه المدينة. صديقي ساكن في مدينة أخرى.

٤ – أخي طالب في الجامعة. والدي عامل في مصنع.

٥ – السيّد فريد مهندس. السيّدة كريمة أستاذة.

ㄴ. '그 작가는 많은 책을 썼다.' +

'그 기자는 기사만을 썼다.' →

'그 작가는 많은 책을 썼다. 그
기자에 대해 말하면, 그는 기사만
을 썼다.'

كتب الأديب كتبا كثيرة. +

كتب المراسل مقالات فقط. ←

كتب الأديب كتبا كثيرة. أمّا المراسل
فقد كتب مقالات فقط.

١ – تغيّرت قواعد اللهجات العامّيّة. لم تتغير قواعد الفصحى تغيّرا كبيرا.

٢ – ولد نجيب في القاهرة. ولد أحمد في الرياض.

٣ – عرف طَارِقُ بْنُ زِيَادٍ بفتحه ٱلأَنْدَلُسَ عرف عَمْرُو بْنُ الْعَاصٍ بفتح مصر.

٤ – قرّر عليّ الرجوع إلى الخرطوم. قرّرت سوزان الإقامة في لندن.

٥ – أدرس العلوم السياسيّة. يدرس صديقي التجارة.

연습 3. 변형 : 주제어-설명문

'이 도서관에는 아랍 책들이 있다.' +
'다른 도서관에는 유럽 책들이 있다.'
→
'이 도서관에는 아랍 책들이 있다. 다른 도서관에 대해 말하면, 거기에는 유럽 책들이 있다.'

في هذه المكتبة كتب عربيّة. +

في المكتبة الأخرى كتب أوربيّة. ←

في هذه المكتبة كتب عربيّة. أمّا المكتبة الأخرى ففيها كتب أوربيّة.

١ – في السويس مصانع كثيرة. ليس في الإسكندريّة مصانع كثيرة.

٢ – لي سيّارة. ليس لصديقي سيّارة.

٣ – استمعت إلى نشرة الأخبار. لم أستمع إلى المحاضرة.

٤ – أخبرني بحصوله على البكالوريوس. لم يخبرني بحصوله على شهادة الماجستير.

٥ – أحمد صديقي المخلص. لا أعتمد على نجيب.

٦ – تأثّر الشعر العربيّ بالحياة البدويّة. تأثّر بالأدب الأوربيّ كذلك.

2. 수동태 : 미완료형

ㄱ. 형

수동태의 기본 모음 형식은, 완료형은 주어표지어 및 앞 자음의 모음이 ُ이고, 중간모음이 ِ 이다. 미완료형은 주어표지어의 모음이 ُ이고, 중간모음을 포함하여 나머지 자음의 모음은 모두 َ이다(29. 다. 2 참조).

다음에 미완료형 직설법 능동태·수동태의 대조를 اِسْتَقْبَلَ '맞이하다' 동사를 사용하여 보인다.

다. 문법과 연습

X형	능동태	수동태
형	يَسْتَفْعِلُ	يُسْتَفْعَلُ
	يَسْتَقْبِلُ	يُسْتَقْبَلُ

다음은 미완료형 수동태 동사의 변화표이다(명령법의 수동태는 없다).

أُسْتُقْبِلَ '맞아들여지다, 영접받다'

	직설법	접속법	단축법
3남단	يُسْتَقْبَلُ	يُسْتَقْبَلَ	يُسْتَقْبَلْ
여단	تُسْتَقْبَلُ	تُسْتَقْبَلَ	تُسْتَقْبَلْ
2남단	تُسْتَقْبَلُ	تُسْتَقْبَلَ	تُسْتَقْبَلْ
여단	تُسْتَقْبَلِينَ	تُسْتَقْبَلِي	تُسْتَقْبَلِي
1 단	أُسْتَقْبَلُ	أُسْتَقْبَلَ	أُسْتَقْبَلْ
3남쌍	يُسْتَقْبَلَانِ	يُسْتَقْبَلَا	يُسْتَقْبَلَا
여쌍	تُسْتَقْبَلَانِ	تُسْتَقْبَلَا	تُسْتَقْبَلَا
2 쌍	تُسْتَقْبَلَانِ	تُسْتَقْبَلَا	تُسْتَقْبَلَا
3남복	يُسْتَقْبَلُونَ	يُسْتَقْبَلُوا	يُسْتَقْبَلُوا
여복	يُسْتَقْبَلْنَ	يُسْتَقْبَلْنَ	يُسْتَقْبَلْنَ
2남복	تُسْتَقْبَلُونَ	تُسْتَقْبَلُوا	تُسْتَقْبَلُوا
여복	تُسْتَقْبَلْنَ	تُسْتَقْبَلْنَ	تُسْتَقْبَلْنَ
1 복	نُسْتَقْبَلُ	نُسْتَقْبَلَ	نُسْتَقْبَلْ

다음은 여러 동사형의 미완료형 수동태이다.

형	능동태		수동태		수동태형
I	يَمْنَحُ	'그가 수여한다'	يُمْنَحُ	'그가 수여받는다'	يُفْعَلُ
II	يُعَيِّنُ	'그가 임명한다'	يُعَيَّنُ	'그가 임명된다'	يُفَعَّلُ
III	يُشَاهِدُ	'그가 본다'	يُشَاهَدُ	'그가 보인다'	يُفَاعَلُ
IV	يُرْسِلُ	'그가 보낸다'	يُرْسَلُ	'그가 보내진다'	يُفْعَلُ
V			드묾		يَتَفَعَّلُ
VI			드묾		يَتَفَاعَلُ
VII			없음		
VIII	يَعْتَبِرُ	'그가 여긴다'	يُعْتَبَرُ	'그가 여겨진다'	يُفْتَعَلُ
IX			없음		
X	يَسْتَقْبِلُ	'그가 맞이한다'	يُسْتَقْبَلُ	'그가 영접받는다'	يُسْتَفْعَلُ
사자음 I	يُتَرْجِمُ	'그가 번역한다'	يُتَرْجَمُ	'그것이 번역된다'	يُفَعْلَلُ
사자음 II			드묾		يُتَفَعْلَلُ

연습 4. (녹음자료에 수록) 동사활용 : 미완료형 수동태

ㄴ. 미완료형의 수동태 : 완료형에서와 같은 규칙이 적용된다.

سَيُدْرَسُ ذٰلِكَ ٱلْمَوْضُوعُ قَرِيبًا.	'그 주제는 곧 연구될 것이다.'
أَمَّا ٱلسَّيِّدُ نَجِيبٌ فَيُعْتَبَرُ مُعَلِّمًا عَظِيمًا.	'나집 씨에 대해 말하면, 그는 위대한 선생님으로 여겨진다.'
لَمْ يُسْمَحْ بِذَهَابِكَ يَا سَلِيمُ.	'살림, 당신은 가도록 허락받지 않았다.'

ㄷ. 수동태의 잠재적 의미

미완료형 수동태는 가끔 잠재적 의미('주어진 행위가 가능함')를 나타낸다.

لَمْ نَعْلَمْ شَيْئًا يُذْكَرُ.	'우리는 언급할 만한 것을 알지 못했다.'

다. 문법과 연습

위에서 شَيْئًا과 그의 비한정 관계절 يُذْكَرُ는 글자그대로의 뜻은 '언급될 것'이지만, 이 경우는 '언급할 만한 것'을 의미한다.

연습 5. (녹음자료에도 수록) 변형 : 미완료형 능동태 → 수동태

'장관들은 그 문제들 해결에 크게 노력을 들인다.' →

'큰 노력이 그 문제들 해결에 들여진다.'

يبذل الوزراء جهودا كبيرة في حلّ المشكلات. ←

تبذل جهود كبيرة في حلّ المشكلات.

١ – ستنتج المصانع سيّارات كثيرة كلّ سنة.

٢ – يعتبره أصدقاؤه مفكّرا عظيما.

٣ – سيحمل الوزير رسالة إلى الرئيس الأمريكيّ.

٤ – سيرسل إليّ رسالة هامّة.

٥ – سنؤجّل الاجتماع إلى الشهر القادم.

٦ – سيستقبلنا الوزير في مطار القاهرة.

٧ – جميع المصريّين يحترمون نجيبا محفوظا احتراما كبيرا.

٨ – سيكرم البدويّ الزوّار إكراما عظيما.

٩ – ستنشر الأديبة الكتاب الجديد في بيروت.

١٠ – سيجعل الفصحى لغة الكلام في كلّ كتبه.

연습 6. 변형 : 완료형 수동태 → 미완료형 수동태

다음의 변형된 문장을 우리말로 옮겨라.

ㄱ : '정부는 그가 나라를 떠나는 것을 금했다.' →

ㄴ : '그가 나라를 떠나는 것이 금지되었느냐?'

أ : منعته الحكومة من ترك البلد.

←

ب : هل مُنع من ترك البلد؟

ㄷ : '아니, 그가 나라를 떠나는 것이 금지
되지 않았다.'

جـ : لا، لم يُمْنَعْ من ترك البلد.

١ – عقد الوزراء الاجتماع اليوم.

٢ – طلب الأستاذ منه أن يقرأ الكتاب.

٣ – ذكر الكاتب أنّ الجاحظ كان قبيح الوجه.

٤ – أخذت البنت الصغيرة الصورة.

٥ – ترجم المستشرقون كتب الأديب إلى لغات أوربيّة كثيرة.

٦ – أخرجهم المدير من مكتبه.

٧ – عرف المراسل أنّ المشكلة صعبة.

٨ – قاوم الشعب سياسة الحكومة.

٩ – سمحت الحكومة بعقد المؤتمر في مدينة سيول.

١٠ – أصدرت الجامعة كتابين جديدين عن الفنّ.

연습 7. (녹음자료에도 수록) 변형 : 능동태 → 수동태 미완료형(접속법)

'그 교수는 당신이 떠나가도록 허락
할 것이다.' →

سوف يسمح لك الأستاذ بالانصراف. ←

'당신은 떠나가도록 허락받지 못할
것이다.'

لن يسمح لك بالانصراف.

١ – سوف يحفرون القناه هذا العام.

٢ – سوف يفتح القائد بلادا أخرى.

٣ – سوف ينتخب الشعب هذين المرشّحين.

٤ – سوف يترك عائلته في تونس.

٥ – سوف تعيّنه الوزارة أستاذا جامعيّا.

다. 문법과 연습

3. 수동분사

ㄱ. 형

수동분사를 만드는 규칙은 원형과 파생형이 다르다.

(1) 원형의 수동분사 : مَفْعُولٌ 형

동 사	능동분사	수동분사
دَرَسَ '공부하다'	دَارِسٌ '공부하는'	مَدْرُوسٌ '공부되는'
قَرَأَ '읽다'	قَارِئٌ '읽는'	مَقْرُوءٌ '읽히는'
فَعَلَ '하다, 만들다'	فَاعِلٌ '행하는, 만드는'	مَفْعُولٌ '행해지는, 만들어지는'
سَكَنَ '살다, 거주하다'	سَاكِنٌ '살고 있는'	مَسْكُونٌ '사람이 살고 있는'
سَمِعَ '듣다'	سَامِعٌ '듣는'	مَسْمُوعٌ '들리는'
حَكَمَ '다스리다'	حَاكِمٌ '다스리는'	مَحْكُومٌ '다스려지는'

(2) 파생형의 수동분사

파생형의 수동분사는 능동분사의 중간모음 ــِ 를 ــَ 로 바꾸어서 만든다. 다음에 원형과 파생형의 수동분사를 해당 능동분사와 함께 보인다.

형	능동분사	수동분사	수동분사형
I	دَارِسٌ '공부하는'	مَدْرُوسٌ '공부되는'	مَفْعُولٌ
II	مُقَدِّمٌ '제출하는'	مُقَدَّمٌ '제출된'	مُفَعَّلٌ
III	مُطَالِبٌ '요구하는'	مُطَالَبٌ '요구된'	مُفَاعَلٌ
IV	مُرْسِلٌ '보내는'	مُرْسَلٌ '보내진'	مُفْعَلٌ
V		드묾	مُتَفَعَّلٌ
VI		드묾	مُتَفَاعَلٌ
VII		없음	
VIII	مُعْتَبِرٌ '여기는'	مُعْتَبَرٌ '여겨지는'	مُفْتَعَلٌ

IX			없음		
X	مُسْتَخْدِمٌ	'사용하는'	مُسْتَخْدَمٌ	'사용된'	مُسْتَفْعَلٌ
사자음 I	مُتَرْجِمٌ	'번역하는'	مُتَرْجَمٌ	'번역된'	مُفَعْلَلٌ
사자음 II			드묾		مُتَفَعْلَلٌ

연습 8. (녹음자료에 수록) 능동·수동분사

ㄴ. 의미와 용법

수동분사의 기본적인 뜻은 '(주어진 동사의 행위가) 되는/된 (사람, 것)'이다.

> اَلْمَقَالَةُ ٱلْمَنْشُورَةُ فِي مَجَلَّةِ "ٱلْهِلَالُ" قَبْلَ ثَلَاثَةِ أَشْهُرٍ.　'석 달 전에 《알힐랄》 지에 실린 그 기사'

수동분사는 수동태 동사로 된 관계절과 뜻이 같다. 위의 문장의 앞의 두 단어는 다음과 같이 쓸 수 있다.

> اَلْمَقَالَةُ ٱلَّتِي نُشِرَتْ　'실린 그 기사'

비인칭 수동분사는 동사-전치사구와 목적어가 전치사에 의해 이끌리는 동사에서 쓰인다.

수동태 동사

> مَا أَسْمَاءُ كُتُبِ ٱلتَّارِيخِ ٱلَّتِي بُحِثَ عَنْهَا؟　'찾고 있던 역사책들의 이름이 무엇이냐?'

수동분사

> مَا أَسْمَاءُ كُتُبِ ٱلتَّارِيخِ ٱلْمَبْحُوثِ عَنْهَا؟　'찾고 있던 역사책들의 이름이 무엇이냐?'

위의 문장에서처럼 명사-형용사구에 쓰인 비인칭 분사는 그 명사와 격이 일치함에 주의하라.

> تَعْتَبِرُهُ ٱلْحُكُومَةُ رَجُلاً غَيْرَ مَرْغُوبٍ فِيهِ.　'정부는 그를 탐탁치 않은 사람으로 여긴다.'

비인칭 분사의 또 다른 용법

> مِنَ ٱلْ (분사) أَنَّ/أَنْ …

다. 문법과 연습

위의 구문은 '   مِنْ + 관사 + 분사'로 된 술어와 أَنَّ 또는 أَنْ 절로 된 주어로 이루어지며, '(분사)인 바(의 하나)는 ~(이라는 것)이다'의 뜻을 가진다.

مِنَ ٱلْمَعْرُوفِ أَنَّ ٱلْجَاحِظَ كَانَ قَبِيحَ ٱلْوَجْهِ إِلَى أَبْعَدِ حَدٍّ.	'알자히즈가 얼굴이 몹시 못생겼다는 것은 잘 알려진 바다.'
مِنَ ٱلْمُتَّفَقِ عَلَيْهِ أَنَّ ٱلْعَرَبِيَّةَ هِيَ مِنَ ٱللُّغَاتِ ٱلْهَامَّةِ فِي ٱلْعَالَمِ.	'아랍어가 세계의 중요한 언어 중의 하나라는 것은 일치되는 사실이다.'
مِنَ ٱلْوَاجِبِ أَنْ تَحْضُرَ ٱلْمُحَاضَرَةَ.	'당신은 그 강의에 참석해야 한다.'

이러한 비인칭 동사-전치사구의 전치사의 목적어인 대명사는 항상 3인칭 남성 단수형이라는 데에 주의하라.

<수동분사의 잠재 의미>

미완료형 수동태 동사에서처럼 몇몇 원형 동사의 분사는 잠재적 의미('~할 만한, ~할 수 있는')를 가진다.

مَقْرُوءٌ	'읽히는; 읽을 만한'
مَأْكُولٌ	'먹히는; 먹을 만한'
مَسْمُوحٌ	'허용되는; 허용할 만한'
مَسْمُوعٌ	'들리는; 들을 수 있는'
مَحْمُولٌ	'날라지는; 나를 수 있는'
مَسْؤُولٌ (عَنْ)	'질문받은; (~에) 책임있는'
مَرْغُوبٌ فِيهِ	'원해지는; 바람직한'

연습 9. (녹음자료에 수록) 수동태 동사 → 수동분사

연습 10. 변형 : 동사 → 수동분사

괄호 안의 동사를 해당 수동분사로 바꾸어라.

من ال(يقرّر) أن يحفر قناة جديدة. →

'새 운하가 뚫리는 것이 결정되었다.'

من المقرّر أن يحفر قناة جديدة.

١ – قرأتُ المقالة ال(تنشر) في مجلّة "الرسالة" المصريّة.

٢ – هذا الكتاب ال(يترجم) إلى أكثر اللغات الأوربيّة.

٣ – من ال(يعرف) أنّ الوزير سيرجع اليوم.

٤ – الخروج من هذه المنطقة ال(يمنع) الآن.

٥ – العاميّة هي اللغة ال(تستخدم) في الحياة اليوميّة.

٦ – المحاضرة تؤجّل إلى الشهر القادم.

٧ – من ال(يفضّل) ألّا يؤجّل بحث المشكلة.

연습 11. 쓰기, 변형 : 동사 → 수동분사

다음의 밑줄 친 절을 수동분사가 있는 절로 바꾸어라.

'정부는 외국인들이 거기에 오래 머무
는 것을 허락하지 않는다.' →

<u>لا تسمح الحكومة للأجانب بالإقامة</u>
هناك طويلا. ←

'외국인들이 거기에 오래 머무는 것이
허락되지 않는다.'

ليس مسموحا للأجانب بالإقامة هناك
طويلا.

١ – من الأمور <u>الّتي يعرفها الناس</u> أنّ حرّيّة الرأي من أهمّ الحقوق.

٢ – ما هي اللغة <u>الّتي يستخدمها العرب</u> في الكتابة ونشرات الأخبار؟

٣ – نجيب محفوظ أديب <u>يحترمه ناس كثيرون</u> في مصر.

٤ – هذه الفكرة لا <u>يذكرها الكاتب</u> في هذا الكتاب.

٥ – عَقْدُ الاجتماعات السياسيّة في هذا المكان أمر <u>تمنعه الحكومة</u>.

4. 비한정 관계대명사 مَنْ과 مَا

우리는 앞에서 مَنْ과 مَا가 의문사로 쓰여서, 각각 '누구?'와 '무엇?'을 뜻하는 것을 배웠다.

이 과에서는 이 두 단어의 비한정 관계대명사로서의 용법이 나오는데, مَنْ은 '~하는 이(들)' 을, مَا는 '~하는 것(들)'을 뜻한다. 이 둘은 관계대명사 ٱلَّذِي와는 달리 특정한 선행사가 없기 때문에 '비한정'이다. 또 그 자체가 비한정 선행사를 포함한다고 볼 수도 있다. 다음을 비교해 보라.

> ٱلْكِتَابُ ٱلَّذِي قَرَأْتُهُ '내가 읽은 그 책'
>
> مَا قَرَأْتُهُ '내가 읽은 것'

مَنْ 또는 مَا로 시작하는 절은 특정한 선행사를 갖는 관계절과 똑같은 구실을 한다. 다음에 이를 대조해 보인다. 여기서 주의할 점은 مَنْ을 받는 대명사 또는 동사는 단수형이나 복수형 일 수 있으나, مَا를 받는 대명사 또는 동사는 항상 남성 단수형이라는 것이다.

주어인 선행사

كَانَ بَيْنَهُمْ طَالِبٌ أَجْنَبِيٌّ لَا يَعْرِفُ شَيْئًا عَنِ ٱلْحَيَاةِ فِي أَمْرِيكَا.	'그들 중에는 미국의 생활에 대하여 아무 것도 모르는 한 외국 학생이 있었다.'
كَانَ بَيْنَهُمْ مَنْ لَا يَعْرِفُ شَيْئًا عَنِ ٱلْحَيَاةِ فِي أَمْرِيكَا.	'그들 중에는 미국의 생활에 대하여 아무 것도 모르는 사람이 있었다.'
مِنْهُمْ رِجَالٌ يَدْرُسُونَ ٱلْعَرَبِيَّةَ.	'그들 중에는 아랍어를 공부하고 있는 남자들이 있다.'
مِنْهُمْ مَنْ يَدْرُسُونَ ٱلْعَرَبِيَّةَ.	'그들 중에는 아랍어를 공부하는 이들이 있다.'
لَا تُعْجِبُنِي ٱلْآرَاءُ ٱلَّتِي ذُكِرَتْ فِي ٱلْمَقَالَةِ.	'나는 그 기사에서 언급된 견해들이 마음에 들지 않는다.'
لَا يُعْجِبُنِي مَا ذُكِرَ فِي ٱلْمَقَالَةِ.	'나는 그 기사에서 언급된 것이 마음에 들지 않는다.'

전치사의 목적어인 선행사 : 여기서 전치사는 선행사를 받는 연계형대명사를 가져야 한다.

هٰذِهِ هِيَ ٱلْكُتُبُ ٱلَّتِي كُنْتُ أَبْحَثُ عَنْهَا.	'이것이 내가 찾고 있었던 책들이다.'
هٰذَا مَا كُنْتُ أَبْحَثُ عَنْهُ.	'이것이 내가 찾고 있었던 것들이다.'

동사의 목적어인 선행사 : 특정한 선행사가 있는 절에서는 동사가 선행사를 받는 연계형대명사를 꼭 가져야 하지만, مَنْ 또는 مَا 절에서는 이 대명사가 임의적이다.

أَكْرِمِ ٱلزَّائِرَ ٱلَّذِي يُكْرِمُهُ أَبُوكَ.	'당신의 아버지가 존경하는 방문자를 존경하라.'
أَكْرِمْ مَنْ يُكْرِمُهُ أَبُوكَ [يُكْرِمْ أَبُوكَ].	'당신의 아버지가 존경하는 이를 존경하라.'
أَنْشُرِ ٱلْمَقَالَةَ ٱلَّتِي كَتَبْتَهَا عَنْ هٰذَا ٱلْمَوْضُوعِ.	'이 주제에 대해 당신이 쓴 기사를 실어라.'
أَنْشُرْ مَا كَتَبْتَهُ [كَتَبْتَ] عَنْ هٰذَا ٱلْمَوْضُوعِ.	'이 주제에 대해 당신이 쓴 것을 실어라.'

<كُلٌّ + 비한정 관계대명사>

관계대명사 مَا와 مَنْ은 흔히 كُلّ과 연결형을 이루어, 각각 كُلُّ مَنْ '~하는 모든 이'와 كُلُّ مَا '하는 모든 것'으로 쓰인다.

سَأَلْتُ كُلَّ مَنْ أَعْرِفُهُ.	'나는 내가 아는 모든 이에게 물었다.'
تَحَدَّثَتْ عَنْ كُلِّ مَا شَاهَدَتْ.	'그[여]는 자기가 본 모든 것에 관해서 이야기했다.'

연습 12. 완성하기 : مَنْ와 مَا

다음의 빈 칸에 مَا나 مَنْ을 알맞게 넣어라.

٥ – هذا ____ كنت أتحدّث عنه.   ١ – كان ____ قرأته سهل الأسلوب.

٦ – أعجبنا كلّ ____ أكلناه.   ٢ – يؤثّر ____ يقرأه على آرائه.

٧ – صادقوا ____ يصادقونكم.   ٣ – أرغب في ____ ترغب فيه.

٤ – ساعد ـــــ يساعدك.

연습 13. (녹음자료에도 수록) 변형 : 선행사가 있는 관계절 → 선행사가 없는 관계절

‘나는 그것을 한 그 남자들을 알고 있
다.’ →

← أعرف الرجال الّذين فعلوا ذلك.

‘나는 그것을 한 이들을 알고 있다.’

أعرف من فعلوا ذلك.

١ – ليس هذا هو الرأي الّذي تحدّثت عنه المقالة.

٢ – خذ الشيء الّذي يعجبك.

٣ – الناس الّذين نرحّب بهم يرحّبون بنا.

٤ – الشيء الّذي يعجبني في كتبه هو أسلوبه.

٥ – أحترم الأستاذ الّذي درّسني العربيّة.

٦ – كان معنا ناس لا يتكلّمون الإنكليزيّة.

٧ – ليست هذه هي المقالات الّتي جمعتها.

٨ – هل هذا هو الرجل الّذي عاد من بيروت أمس؟

연습 14. (녹음자료에 수록) 변형

ما
كلّ +
من

라. 강 목

د - نُصُوصٌ لِلْفَهْمِ

다음 문장을 읽고 연습 15를 하라.

جَرِيدَةُ "ٱلنَّهَارُ"

جَرِيدَةُ "ٱلنَّهَارُ" مِنْ أَهَمِّ ٱلصُّحُفِ ٱلْيَوْمِيَّةِ فِي لُبْنَانَ، وَهِيَ أَيْضًا مِنْ أَشْهَرِ ٱلصُّحُفِ فِي ٱلْعَالَمِ ٱلْعَرَبِيِّ. يَعْمَلُ فِيهَا عَدَدٌ مِنْ كِبَارِ ٱلصُّحُفِيِّينَ ٱللُّبْنَانِيِّينَ، وَلَهَا مُرَاسِلُونَ فِي كَثِيرٍ مِنَ ٱلدُّوَلِ ٱلْعَرَبِيَّةِ وَٱلْأَجْنَبِيَّةِ.

وَجَرِيدَةُ "ٱلنَّهَارُ" كَغَيْرِهَا مِنَ ٱلْجَرَائِدِ ٱلْعَرَبِيَّةِ تَسْتَخْدِمُ ٱللُّغَةَ ٱلْفُصْحَى ٱلْمُعَاصِرَةَ، وَهِيَ لُغَةٌ تَخْتَلِفُ فِي بَعْضِ ٱلْأُمُورِ عَنْ لُغَةِ ٱلْقُرْآنِ وَٱلْأَدَبِ لِأَنَّهَا مُتَأَثِّرَةٌ بِٱللَّهَجَاتِ ٱلْعَامِّيَّةِ وَٱللُّغَاتِ ٱلْأَجْنَبِيَّةِ.

وَمِنَ ٱلْمُتَّفَقِ عَلَيْهِ أَنَّ جَرِيدَةَ "ٱلنَّهَارُ" تَطَوَّرَتْ تَطَوُّرًا كَبِيرًا خِلَالَ ٱلسَّنَوَاتِ ٱلْأَخِيرَةِ نَتِيجَةً لِتَطَوُّرِ ٱلسِّيَاسَةِ ٱلْعَرَبِيَّةِ وَتَغَيُّرِ ٱلْأَوْضَاعِ ٱلِاجْتِمَاعِيَّةِ وَٱلِاقْتِصَادِيَّةِ فِي ٱلشَّرْقِ ٱلْأَوْسَطِ وَٱنْتِشَارِ ٱلثَّقَافَةِ ٱلْعَرَبِيَّةِ بَيْنَ ٱلْعَرَبِ.

وَ"ٱلنَّهَارُ" مُتَأَثِّرَةٌ إِلَى حَدٍّ بَعِيدٍ بِٱلْأَسَالِيبِ ٱلصُّحُفِيَّةِ ٱلْمُتَّبَعَةِ فِي ٱلْغَرْبِ. فَٱلصُّحُفِيُّونَ ٱلَّذِينَ يَكْتُبُونَ فِي "ٱلنَّهَارُ" يَقُولُونَ مَا يُحِبُّونَ عَنْ حُكُومَتِهِمْ وَعَنِ ٱلْأَوْضَاعِ ٱلِاجْتِمَاعِيَّةِ فِي بِلَادِهِمْ، أَمَّا ٱلصُّحُفُ ٱلْعَرَبِيَّةُ ٱلْأُخْرَى، خَاصَّةً غَيْرُ ٱللُّبْنَانِيَّةِ، فَإِنَّهَا تُعَبِّرُ عَادَةً عَنْ رَأْيِ ٱلْحُكُومَةِ أَوْ رَأْيِ حِزْبٍ مِنَ ٱلْأَحْزَابِ عِنْدَمَا تَتَحَدَّثُ عَنِ ٱلْمَوَاضِيعِ ٱلسِّيَاسِيَّةِ.

~의 결과로서

문화

그들이 좋아한다

그것[여]이 ~을 나타낸다, 표현한다

<u>صَوابٌ أَمْ خَطأٌ</u>

위의 문장에 근거하여 다음의 서술이 옳으면 (○), 그르면 (ㄱ)이라고 표시하라.

١ – جريدة "النهار" مصريّة.

٢ – جريدة "النهار" مشهورة في العالم العربيّ.

٣ – لجريدة "النهار" مراسلون في العالم العربيّ.

٤ – تختلف لغة "النهار" عن لغة القرآن.

٥ – لغة "النهار" هي اللغة العربيّة المعاصرة.

٦ – ليس للعامّيّة تأثير على لغة "النهار".

٧ – تطوّرت "النهار" في السنوات الأخيرة.

٨ – تكتب جريدة "النهار" بحرّيّة عن الأوضاع السياسيّة.

٩ – جميع الجرائد العربيّة تكتب بحرّيّة عن الأوضاع السياسيّة.

ه – اَلتَّمَارِينُ اَلْعَامَّةُ

연습 16. (녹음자료에도 수록) 여러가지 말바꾸기 : 서수

أعجبني الدرس الثالث.

الكتاب	٨
١١	١٠
قصّة	المقالة
١٥	١
فلم	٢٥
٩	

연습 17. 쓰기, 완성하기 : 동사와 분사

아래 도표의 빈 칸을 채우고 모음부호를 붙여라.

부정 명령형	수동분사	능동분사	미완료형	완료형	형
لَا تُشَاهِدْ	مُشَاهَدٌ	مُشَاهِدٌ	يُشَاهِدُ	شَاهَدَ	III
			يختلف		
		ناتج			
			يحترم	تناول	
		مترجم			
	مستخدم			أنتج	
	(없음)	متأثر			

	مترجم		يفضّل	
	(없음)		انصرف	

연습 18. 쓰기, 결합하기 : 상태문

상태문을 사용하여 다음 각 문장의 쌍을 결합하고, 그 문장을 우리말로 옮겨라.

كتب مقالة طويلة. تناول في المقالة الاقتصاد العالميّ. ←

كتب مقالة طويلة متناولا فيها الاقتصاد العالميّ.

'그는 긴 기사를 썼다. 그는 그 기사에서 세계 경제를 다루었다.' →

'그는 세계 경제를 다루면서 긴 기사를 썼다.'

١ – أرسل رسالة إلى المدير. طلب أن يعمل في الشركة.

٢ – كتب الأديب كتابا هامّا. كان في الخامسة والثلاثين من عمره.

٣ – رجع الوزير إلى بلده. كان يحمل رسالة هامّة إلى رئيس الجمهوريّة.

٤ – بدأت دراسة العلوم السياسيّة. كنت طالبا في جامعة القاهرة.

٥ – تحدّث إليها طويلا. لا يعرف من هي.

아랍어-한국어 단어집

　이 단어집에는 이 책에 나온 모든 단어가 수록되어 있다. 단어는 어근의 자모순으로 배열되어 있으며, # 기호는 새로운 어근의 첫번째 표제어를 가리킨다. 한 어근의 표제어는 동사(원형~X형의 순서)·분사(원형~X형의 순서)·ﻡ-파생어의 순서로 되어 있다. 파생형 동사의 우리말 앞에는 II~X로 표시하였다.

　명사와 형용사는 남성 단수 주격형으로 수록했으며, 필요한 경우에는 괄호 안에 여성형을 넣었다. 복수형은 — 뒤에 놓았다. 아랍어의 다른 형은 아랍식 쉼표(،)로 구분하였다. 또한 일반적인 규칙과 성이 다른 명사는 우리말 앞에 표시하였다.

　동사는 3인칭 남성 단수 완료형을 수록하였으며, 미완료형의 중간모음은 — 위에 표시하였다. 동명사가 수록된 경우에는 아랍식 쉼표(،)로 구분하였다. 동사와 같은 어근의 전치사는 동명사 뒤에 놓았다.

　다음과 같은 것은 수록하지 않았다.

　ة를 붙여서 남성형에서 만들어지는 명사 및 형용사의 여성형
관계형용사(니스바)
불변사
그러나 예외적으로 만들어지는 말이나, 뜻이 특별한 경우에는 수록하였다.

【준말】

[주] 주격	[소] 소유격	[목] 목적격
[단] 단수	[쌍] 쌍수	[복] 복수
[남] 남성	[여] 여성	
[집] 집합명사	[개] 개체명사	[동] 동명사
[연] 연계형대명사	[관] 관계대명사	[의] 의문대명사
[관형] 관계형용사		
[1] 1인칭	[2] 2인칭	[3] 3인칭
[4] 4자음어근		
[완] 완료형	[미] 미완료형	[직] 직설법
[접] 접속법	[축] 단축법	
[부] 부사	[전] 전치사	[속] 접속사
[강] 강세사	[호] 호격사	[문] 의문사
[래] 미래사		
فعل 어근	ف 첫번째 어근자	ع 두번째 어근자
ل 세번째 어근자		
II~X 파생형		

[أ]

أ # [문] ~입니까?

أَبٌ، أَبُو – آبَاءٌ # 아버지([관형] أَبَوِيٌّ)

إِبْرَاهِيمُ طُوقَانُ # 이브라힘 뚜깐(시인)

إِبْرَاهِيمُ بْنُ عَبَّاسٍ الصُّولِيُّ 이브라힘 이븐 압바스 (앗)술리(정치인)

أَثَّرَ، تَأْثِيرٌ (عَلَى، فِي) # II (~에) 영향을 미치다

تَأَثَّرَ، تَأَثُّرٌ (بِ) V (~에) 영향을 받다

أَثَرٌ – آثَارٌ 자취, 흔적; [복] 유적, 유물

أَجَّلَ – تَأْجِيلٌ # II 연기하다

أَحَدٌ # 하나, 누군가; (부정어와 함께) 아무도

أَحَدَ عَشَرَ 열 하나, 11

حَادِيَ عَشَرَ 열 한번째의

أَخَذَ ـُ، أَخْذٌ # 취하다, 갖다; (+ [직]) ~하기 시작하다

آخَرُ – ون # 다른 (أُخْرَى – أُخْرَيَاتٌ)

أَخِيرٌ 마지막의, 최후의; 최근의

أَخِيرًا 결국; 최근에

أَخٌ، أَخُو – إِخْوَةٌ # 형제([관형] أَخَوِيٌّ)

أُخْتٌ – أَخَوَاتٌ 자매

أَدَبٌ – آدَابٌ # 문학

أَدِيبٌ – أُدَبَاءُ 문인

تَأْدِيبٌ 훈육, 훈계; 교육

أَدَّى، تَأْدِيَةٌ # II 실행하다, 행하다

أُذْنٌ – آذَانٌ # [여] 귀

أَرَامْكُو # 아람코(The Arabian American Oil Co.)

تَارِيخٌ – تَوَارِيخُ # 역사; 날짜

الْأُرْدُنُ # [남] 요르단(나라 이름)

أَرْزٌ # [집] 삼나무

أُرُوبَّا # [-ru-] 유럽(지명)

أَسَاسِيٌّ # 기본적인

أُسْتَاذٌ – أَسَاتِذَةٌ # 교수

الْإِسْكَنْدَرِيَّةُ # 알렉산드리아(도시 이름)

أَسْوَانُ # 아스완(도시 이름)

أَفْلَاطُونُ # 플라톤(그리스의 철학자)

الْأُقْصُرُ # 아래의 قصر를 보라

تَأَكَّدَ، تَأَكُّدٌ (مِنْ)	# V (~을) 확신하다	أَمْرٌ – أُمُورٌ	# 일, 문제
أَكَلَ ـُ، أَكْلٌ	# 먹다	مُؤْتَمَرٌ – ات	회의; 대회
أَكْلٌ	# 먹음; 음식	أَمْرِيكَا	# 미국(나라 이름)
إِلَّا	# ~을 제외하고; (부정어 +) 단지, 오로지, 뿐	أَمْرِيكِيٌّ – ون، أَمْرِيكَانٌ	미국의; 미국인
اَلَّذِي – اَللَّذَانِ، اَللَّذَيْنِ – اَلَّذِينَ (اَلَّتِي – اَللَّتَانِ، اَللَّتَيْنِ – اَللَّوَاتِي)	# [관] ~하는/한 (사람/것)	أَمْسِ	# 어제
		آنْ آرْبَر، آنْ آرْبِر	# 앤 아버(도시 이름)
أَلْفٌ – آلَافٌ	# 천, 1000	أَنْ	# [속] (+ [접]) ~하는 것
أُلُوفٌ مِنْ	수 천의	أَنَّ	# [속] ~이라는 것, ~이라고
اَللهُ	# 하나님	إِنَّ (+ قَالَ)	~이라고
لِلّٰهِ	하나님께	إِنَّ	[강] 참으로, 실로
إِلَى	# ~에(로), ~까지	أَنَا	# 나
إِلَى جَانِبِ	~에 덧붙여서; ~ 이외에도	أَنْتَ – أَنْتُمَا – أَنْتُمْ (أَنْتِ – أَنْتُمَا – أَنْتُنَّ)	# 너
أَمْ	# 또는		
أُمٌّ – أُمَّهَاتٌ، أُمَّاتٌ	# 어머니	اَلْأَنْدَلُسُ	# 안달루시아(지명)
أَمَامَ	~의 앞에	نَاسٌ	# [복] 사람들
اَلْأَمَازُون	# 아마존(강 이름)	آنِسَةٌ	아가씨: ~양
أَمَّا ... فَ	# ~에 대해 말하면	إِنْكِلِيزِيٌّ، إِنْجِلِيزِيٌّ – إِنْكِلِيزٌ، إِنْجِلِيزٌ	# [-gi-] 영국의, 영국사람

اَلْإِنْكِلِيزِيَّةُ، اَلْإِنْجِلِيزِيَّةُ   [-gi-] 영어

أَهْلٌ – أَهَالٍ   # [복] 사람들; 가족; 임자들

أَهْلًا وَسَهْلًا   어서 오십시오, 환영합니다

أَوْ   # 또는

أُوتُوبِيس – ات   # [-oto-] 버스

أُورِبَّا، أُورُوبَّا، أُرُوبَّا   # [ʔuru-] 유럽(지명)

أُوسْتِن   # 오스틴(도시 이름)

أَوَّلُ – أَوَائِلُ (أُولَى)   # 첫번째의

أَوَّلًا   첫번째로

اَلْآنَ   # 지금

أَيْ   # 다시 말하면, 즉

أَيٌّ   # 무슨? 어떤?; (서술문) 어느, 어떤; (부정어와 함께) 어느 것도 아닌

أَيْضًا   # 역시, ~도, 또한

أَيْنَ   # 어디?

أَيُّهَا (أَيَّتُهَا)   # [호] ~아!, ~여!

بِ   # ~으로, ~을 가지고

بَحَثَ ﹷ، بَحْثٌ   # 토의하다

بَحَثَ ﹷ، بَحْثٌ عَنْ   ~을 찾다

بَحْثٌ – بُحُوثٌ، أَبْحَاثٌ (عَنْ)   (~에 대한) 토의; (~을) 찾음; (~에 대한) 연구

بَاحِثٌ – ون   연구원

بَدَأَ ﹷ، بَدْءٌ (بِ)   # (~으로) 시작하다

بِدَايَةٌ   시작

اِبْتِدَائِيٌّ   초보의

بَدَوِيٌّ – بَدْوٌ   # 유목민, 베두인

بَذَلَ ﹹ، بَذْلٌ   # (노력을) 기울이다

بَرْلَمَان   # 의회

بَرِيطَانِيَا، بِرِيطَانِيَا (اَلْعُظْمَى)   # 영국, 대영제국(나라 이름)

بَسْكِنْتَا   # 바스킨타(레바논의 도시)

اَلْبَصْرَةُ   # 바스라(이라크의 도시)

بَطَالَةٌ   # 실업

بَعْدَ   # ~의 뒤에

بَعْدَ أَنْ   ~한 뒤에

[ب]

بَابٌ – أَبْوَابٌ # 문

بُورُ سَعِيدٍ # 부르사이드(이집트의 도시)

بَيْتٌ – بُيُوتٌ # 집; 가정

بَيْرُوتُ # 베이루트(레바논의 서울)

بَيْنَ # ~의 사이에

[ت]

تَابَعَ، مُتَابَعَةٌ # III 계속하다; 추구하다

اِتَّبَعَ، اِتِّبَاعٌ VIII 따르다; 준수하다

تِجَارَةٌ # 상업, 무역

تحد، مُتَّحِدَةٌ # 아래의 وحد를 보라

مَتْحَفٌ – مَتَاحِفُ # 박물관

تَرْجَمَ – تَرْجَمَةٌ # [4] 번역하다

تَرَكَ ـُ، تَرْكٌ # 떠나다, 남겨두다

تِسْعَةٌ # 아홉, 9

تِسْعُونَ # [주] 아흔, 90; (한정 [단] +) 아흔 번째의

تَاسِعٌ 아홉번째의

بَعِيدٌ – بُعَدَاءُ (عَنْ) (~에서) 먼

بَعْضٌ # 몇몇의, 약간의

بَعْلَبَكُ # 바알벡(레바논의 도시)

بَغْدَادُ # 바그다드(이라크의 서울)

بَكَالُورِيُوس 학사학위

بَلْ # 그러나, 오히려

بَلَدٌ – بِلَادٌ، بُلْدَانِ # 나라, 국가

بَلَدِيٌّ 나라의, 자국의, 토착의

بِلَادٌ [여] 나라, 본국

اِبْنٌ – أَبْنَاءُ # 아들

اِبْنُ خَلْدُونَ 이븐 할둔(중세의 역사가, 사회학자)

اِبْنَةٌ – بَنَات 딸

بِنْتٌ – بَنَاتٌ 소녀; 딸

بَنْكٌ – بُنُوكٌ # 은행

بَنَامَا # 파나마(지명)

بِنَاءٌ # 건축, 건설

بِنَاءٌ – أَبْنِيَةٌ 건물

تِكْسَاس	# 텍사스(지명)
تِلْمِيذٌ – تَلَامِيذُ	# 학생, 제자
تَمَّ ــَ، تَمَّ	# 이루어지다, 완성되다
تُونِس، تُونُس	# 튀니스(튀니지의 서울); 튀니지(나라 이름)

[ث]

ثَقَافَةٌ – ات	# 문화
ثُلْثٌ – أَثْلَاثٌ	# 1/3, 20분
ثَلَاثَةٌ	셋, 3
ثَالِثٌ	세번째의
ثَالِثًا	세번째로
ثَلَاثُونَ	[주] 서른, 30; (한정 [단] +) 서른번째의
مِنْ ثَمَّ	# 그래서, 그러므로
ثُمَّ	그리고는
ثَمَانِيَةٌ	# 여덟, 8
ثَمَانُونَ	[주] 여든, 80; (한정 [단] +) 여든번째의
ثَامِنٌ	여덟번째의

أَثْنَاء	# ~의 동안에
اِثْنَانِ	둘, 2
ثَانٍ	두번째의
ثَانِيًا	두번째로
ثَانَوِيٌّ	제2위의; 고등학교의
ثَوْرَةٌ – ات (عَلَى)	# (~에 대한) 혁명, 반란
ثَوْرِيٌّ – ون	혁명가, 혁명의

[ج]

جُبْرَانُ خَلِيلُ جُبْرَانُ	# 할릴 주브란, (영어식으로) 칼릴 지브란(작가)
اَلْجَاحِظُ	# 알자히즈(중세의 작가)
جِدًّا	# 매우
جَدِيدٌ – جُدُدٌ، جُدَدٌ	새로운
جَرِيدَةٌ – جَرَائِدُ	# 신문
اَلْجَزَائِرُ	# 알제(알제리의 서울); 알제리(나라 이름)
جَعَلَ ــَ، جَعْلٌ	# 창조하다, (~을 ~으로) 만들다; (+ [직]) ~하기 시작하다

مَجَلَّةٌ	# 잡지	رَئِيسُ ٱلْجُمْهُورِيَّةِ	대통령
جَمَعَ ـَ، جَمْعٌ	# 모으다, 결합하다	إِلَى جَانِبِ	# ~에 덧붙여서, ~ 이외에도
جَمَعَ بَيْنَ ... وَ	~와 ~을 연합하다	أَجْنَبِيٌّ – أَجَانِبُ	# 외국의; 외국인
اِجْتَمَعَ، اِجْتِمَاعٌ (مَعَ، بِ)	VIII (~와) 만나다	جَهْدٌ – جُهُودٌ	# 노력
جَمِيعٌ	모두	جَارٌّ – جِيرَانٌ	# 이웃
اَلْجَمِيعُ	모든 사람, 누구나	جُورْج وَاشِنْطُن	# 조지 워싱턴(미국 대통령)
جَمِيعًا	모두 함께, 모두	جُورْجْتَاوْن	# 조지타운(지명)
اِجْتِمَاعٌ – ات	모임	جُورْجِي زَيْدَانْ	# 주르지 자이단(작가)
اِجْتِمَاعِيٌّ	사회적인, 사회학적인	تَجَوَّلَ، تَجَوُّلٌ	# V 걷다, 떠돌아 다니다
جَامِعٌ – جَوَامِعُ	모스크	جَاءَ ـَ (فِي)	# (서류 등에) 들어 있다
جَامِعَةٌ – ات	대학교		
مُجْتَمَعٌ –ات	사회		
جُمْلَةٌ – جُمَلٌ	# 문장, 절		
جَمَالٌ	아름다움		
جَمَالٌ عَبْدُ النَّاصِرِ	가말 압둔나시르 (압델 나세르) (이집트 대통령)	أَحَبَّ، حُبٌّ	# IV 사랑하다, 좋아하다
جَمِيلٌ – ون	아름다운, 멋있는	حُبٌّ	사랑
جُمْهُورِيَّةٌ – ات	# 공화국	حَبِيبٌ – أَحِبَّاءُ	애인, 연인
		حَتَّى	# (+ [완]) ~ 했을 때까지; (+ [접]) ~ 하도록, ~하기 위해서; [부] ~까지도

[ح]

حَدَّدَ، تَحْدِيدٌ # II 한정하다, 제한하다

حَدٌّ – حُدُودٌ 범위, 한계; 경계

تَحَدَّثَ، تَحَدُّثٌ (إِلَى) # V (~에게) (~에 대해) 말하다; (~와) (~에 대해) 이야기하다 (عَنْ)
새로운, 현대의

حَدِيثٌ – حِدَاثٌ

حَدِيثًا 최근에, 근래에

حُرِّيَّةٌ – ات # 자유

تَحْرِيرٌ 해방

اِحْتَرَمَ، اِحْتِرَامٌ # VIII 존경하다, 공경하다

حِزْبٌ – أَحْزَابٌ # 정당

حُسْنُ ٱلضِّيَافَةِ # 환대, 후대

لِحُسْنِ ٱلْحَظِّ 다행히

حَسَنًا 좋다!, 훌륭하다!

حُسَيْنٌ 후사인(남자 이름)

حَصَلَ ـُ، حُصُولٌ # (~을) 얻다 (عَلَى)

حُصُولٌ (عَلَى) (~을) 획득(함), 취득(함)

حَاصِلٌ – ون (عَلَى) (~을) 획득한

حَضَرَ ـُ، حُضُورٌ # (~에) 출석하다, 참석하다

حَضَرَ ـُ، حُضُورٌ # (~에) 오다 (إِلَى، لِ)

حَاضَرَ، مُحَاضَرَةٌ III 강의하다

حُضُورٌ (~에) 출석(함), 참석(함)

حُضُورٌ (إِلَى) (~에) 옴

حَضَارَةٌ 문명, 문화

مُحَاضَرَةٌ – ات 강의

حَاضِرٌ – ون 참석한, 출석한; 현재의

لِحُسْنِ ٱلْحَظِّ # 다행히

حَفَرَ ـِ، حَفْرٌ # 파다, (구멍을) 뚫다

حَافَظَ، مُحَافَضَةٌ (عَلَى) # III (~을) 유지하다, 보존하다; 방어하다

حَقَّقَ، تَحْقِيقٌ # II 실현하다, 성취하다

حَقٌّ – حُقُوقٌ 권리; 진실

حَقًّا 정말로, 실로

حَكَمَ ـُ، حُكْمٌ # 통치하다, 다스리다

حَكَمَ ـُ، حُكْمٌ (عَلَى) (~에게) 판결을 내리다, 심판하다

حِكْمَةٌ – حِكَمٌ 속담, 격언, 금언

حَكِيمٌ – حُكَمَاءُ 현명한; 현인

حُكُومَةٌ – ات	정부	حِينٌ – أَحْيَانٌ	시간; 경우
حَاكِمٌ – ون، حُكَّامٌ	통치자	حِينَ	~할 때에
حَلٌّ – حُلُولٌ	# 해결; 해체, 해산	أَحْيَانًا	때때로
اَلْحَمْدُ لِلّٰهِ	# 찬양이 하나님께 (있다)		

[خ]

أَحْمَدُ	아흐마드(남자 이름)
مُحَمَّدٌ	무함마드(남자 이름)
مُحَمَّدٌ عَلِيٌّ	무함마드 알리(이집트의 왕)
حَمَلَ ـِ، حَمْلٌ	# 운반하다, 나르다
حَمْلَةٌ – حَمَلَاتٌ (على)	(~에 대한) 원정
حَاجَةٌ – ات (إِلَى)	# (~의) 필요
بِحَاجَةٍ إِلَى	~이 필요한
حِوَارٌ	# 대화, 회화
حَالٌ – أَحْوَالٌ	# [남,여] 조건, 상황, 환경
كَيْفَ ٱلْحَالُ؟	어떻게 지내십니까?
حَيَاةٌ – حَيَوَاتٌ	# 삶, 생활
حَيَوِيٌّ	활기찬
حَانَ ـِ	# (시간이) 되다

أَخْبَرَ، إِخْبَارٌ (بِ)	# IV (~에 대해) 누구에게 알리다; 말하다
خَبَرٌ – أَخْبَارٌ	소식 한 토막; [복] 새소식
خَاتِمٌ – خَوَاتِمُ	# 반지
خَدَمَ ـِ،ـُ، خِدْمَةٌ	# (~에) 봉사하다
اِسْتَخْدَمَ، اِسْتِخْدَامٌ	X 사용하다
خِدْمَةٌ – خَدَمَاتٌ	봉사
خَرَجَ ـُ، خُرُوجٌ (مِنْ)	# (~에서) 나가다
خَرَّجَ، تَخْرِيجٌ	# II 배출하다, 졸업시키다; 교육시키다
أَخْرَجَ، إِخْرَاجٌ	IV 데리고 나가다, 제거하다, 추방하다
خَارِجٌ	밖(의), 외국(의)
فِي ٱلْخَارِجِ	해외에
خَارِجَ	~의 밖에

خَارِجِيٌّ	밖의; 외국의	خَيْمَةٌ – خِيَامٌ	# 천막
اَلْخَارِجِيَّةُ	외교(활동), 외무		
اَلْخَرْطُومُ	# 하르뚬(수단의 서울)	**[د]**	
خَاصٌّ	# 특별한; 개인적인	دَاخِلِيٌّ	# 안의, 내부의; 국내의
خَاصَّةً	특히	دَرَسَ ـُ، دِرَاسَةً، دَرْسٌ	# 공부하다
خِطَابٌ – ات	# 연설	دَرَّسَ، تَدْرِيسٌ	II 가르치다
تَخَاطُبٌ	대화, 회화	دَرْسٌ – دُرُوسٌ	과
خِلَالَ	# ~의 동안에	دِرَاسَةٌ – ات	공부(함), 연구
اَلْخَلِيلُ بْنُ أَحْمَدَ	알할릴 이븐 아흐마드(아랍의 문법학자)	مَدْرَسَةٌ – مَدَارِسُ	학교
مُخْلِصٌ – ون	# 성실한	مَدْرَسَةٌ حُكُومِيَّةٌ	공립학교
اِخْتَلَفَ، اِخْتِلَافٌ (عَنْ، مَعَ)	# VIII (~와) 다르다, (~와) 일치하지 않다	مَدْرَسَةٌ خَاصَّةٌ	사립학교
خَلِيفَةٌ – خُلَفَاءُ	[남] 할리파, 칼리프	مَدْرَسَةٌ لُغَوِيَّةٌ	언어학교
خَمْسَةٌ	# 다섯, 5	تَدْرِيسٌ	가르침, 교수, 교육
خَمْسُونَ	[주] 쉰, 50; (한정[단] +): 쉰번째의	مُدَرِّسٌ – ون	선생, 교사
خَامِسٌ	다섯번째의	دُسْتُورٌ – دَسَاتِيرُ	# 헌법
خَيْرٌ – خُيُورٌ	# 좋은 (것), 선, 축복, 이익; 복지	دَقِيقَةٌ – دَقَائِقُ	# (시간, 각도의) 분
بِخَيْرٍ	안녕하다	دُكْتُورٌ – دَكَاتِرَةٌ	# 박사

دُكْتُوراه	박사학위
# دِمَشْقُ	다마스쿠스(시리아의 서울)
دارٌ – دُورٌ، دِيارٌ	# [여] 집
مُديرٌ – ون	장, 지배인, 국장, 이사
دَوْلَةٌ – دُوَلٌ	# 나라, 국가
اَلدُّوَلُ ٱلْكُبْرَى	강대국들
دُوَليٌّ	국제적인
دُولارٌ – ات	# 달러
دُونَ	# [전] ~ 없이
دُونَ أَنْ	[속] ~ 없이

[ذ]

ذلِكَ – أُولئِكَ (تِلْكَ)	# [ʔu-] 그 (사람/것), 저 (사람/것)
كَذلِكَ	그처럼, 그렇게, 또한
أَلَيْسَ كَذلِكَ؟	그렇지 않느냐?
ذَكَرَ ـُـ، ذِكْرٌ	# 언급하다
مُذَكِّرَةٌ – ات	비망록, 메모

# ذَهَبَ ـَـ، ذَهابٌ (إِلَى)	# (~에) 가다
ذَهَبَ ـَـ، ذَهابٌ (بِ) (إِلَى)	(~을) (~으로) 데려가다, 가져가다
ذاهِبٌ – ون	가고 있는

[ر]

رَأْسٌ – رُؤُوسٌ	# [남,여] 머리
رَئيسٌ – رُؤَساءُ	우두머리, 대통령
رَئيسُ ٱلْوُزَراءِ	국무총리
رَئيسُ ٱلْجُمْهُوريَّةِ	대통령
رَأْيٌ – آراءٌ (في)	# (~에 대한) 의견, 견해
رَبَطَ ـُـِـ، رَبْطٌ (إِلَى، بَيْنَ ... وَبَيْنَ)	# (~에) 묶다, 연결하다; (~와 ~을) 결합하다
اَلرِّباطُ	라바트(모로코의 서울)
رابِطَةٌ – رَوابِطُ	결합, 연결; 연합; 연맹
اَلرّابِطَةُ ٱلْقَلَميَّةُ	문학회
رُبْعٌ – أَرْباعٌ	# 1/4 ; 15분
أَرْبَعَةٌ	넷, 4
أَرْبَعُونَ	[주] 마흔, 40; (한정 [단] +) 마흔 번째의

رَابِعٌ	네번째의
تَرْبِيَةٌ – ات	# 교육, 양육([관형] تَرْبَوِيٌّ)
رَجَعَ ـِ، رُجُوعٌ	# 돌아가다, 돌아오다
رَجُلٌ – رِجَالٌ	# 남자
رَجَاءٌ	# 소망, 희망
رَحَّبَ، تَرْحِيبٌ (بِ)	# Ⅱ (~을) 반기다, 환영하다
مَرْحَبًا	안녕!
رَحَلَ ـَ، رَحِيلٌ	# 돌아다니다, 여행하다
مَرْحَلَةٌ – مَرَاحِلُ	단계
رَاسَلَ، مُرَاسَلَةٌ	# Ⅲ (~와) 서신 연락하다
أَرْسَلَ، إِرْسَالٌ	Ⅳ 보내다
تَرَاسَلَ، تَرَاسُلٌ	Ⅵ 서로 서신 연락하다
رِسَالَةٌ – رَسَائِلُ	편지
مُرَاسِلٌ – ون	기자
رَسَمَ ـُ، رَسْمٌ	# 그리다
رَسْمِيٌّ	공식적인, 의식상의, 형식적인
مُرَشَّحٌ – ون	# 입후보자, 후보
رَغِبَ ـَ، رَغْبَةٌ (فِي)	# (~을) 원하다, 바라다
رُوسِيَا	# 러시아(나라 이름)
اَلرِّيَاضُ	# 리야드(사우디아라비아의 서울)

[ز]

زَمَنٌ – أَزْمَانٌ	# 기간; 시대; 시간
اَلأَزْهَرُ	# (알)아즈하르 (대학, 모스크)
تَزَوَّجَ، تَزَوُّجٌ، زَوَاجٌ (مِنْ)	# Ⅴ (~와) 결혼하다
زَوْجٌ – أَزْوَاجٌ	남편
زَوْجَةٌ – ات	아내
زَوَاجٌ	결혼
زِيَارَةٌ – ات	# 방문
زَائِرٌ – ون	방문하는
زَائِرٌ – زُوَّارٌ	방문객
مَا زَالَ	# 아직도
لَا يَزَالُ	아직도

[س]

سَـ # [래] ~할 것이다

سَأَلَ ـَ، سُؤَالٌ # 묻다

سُؤَالٌ – أَسْئِلَةٌ 질문

سَبْعَةٌ # 일곱, 7

سَبْعُونَ [주] 일흔, 70; (한정 [단] +) 일흔 번째의

سَابِعٌ 일곱번째의

سِتَّةٌ # 여섯, 6

سِتُّونَ [주] 예순, 60; (한정 [단] +) 예순 번째의

سَدٌّ – سُدُودٌ # 댐

اَلسَّدُّ ٱلْعَالِي 하이댐

سَادِسٌ # 여섯번째의

مَسْرَحٌ – مَسَارِحُ # 극장, 무대

أَسْرَعَ، إِسْرَاعٌ # IV 서두르다

سَاعَدَ، مُسَاعَدَةٌ (عَلَى، فِي) # III (~에) 돕다

سَعِيدٌ – سُعَدَاءُ (بِ) (~으로) 행복한

اَلسَّعُودِيَّةُ، اَلسُّعُودِيَّةُ 사우디(아라비아)

سُعَادُ 수아드(여자 이름)

سَافَرَ، سَفَرٌ # III 여행하다; 떠나다

سَفَرٌ – أَسْفَارٌ 떠남; 여행

سَكَتَ ـُ، سُكُوتٌ # 조용히 하다, 말이 없다

سِكْرِتِيرٌ – ون # 비서

سَكَنَ ـُ، سَكَنٌ # 살다, 거주하다

سَاكِنٌ – ون 살고 있는, 거주하고 있는

سَاكِنٌ – سُكَّانٌ 주민, 거주자

أُسْلُوبٌ – أَسَالِيبُ # 문체

سَلَامٌ # 평화; 인사

اَلسَّلَامُ عَلَيْكُمْ # 안녕하세요?('평화가 당신들에게')

وَعَلَيْكُمُ ٱلسَّلَامُ 안녕하세요?('당신들에게 평화가'; 답례)

سَلَامَةٌ 안녕, 복지

مَعَ ٱلسَّلَامَةِ 안녕히 가십시오

سَلِيمٌ 살림(남자 이름)

سُلَيْمَانُ ٱلْحَكِيمُ 현자 솔로몬

إِسْلَامٌ 이슬람

مُسْلِمٌ – ون 무슬림

سَمَحَ ـَـ، سَمَاحٌ (لِـ) (بِـ) # (~에게) (~을) 허용하다

سَمِيرٌ # 사미르(남자 이름)

سَمِعَ ـَـ، سَمَاعٌ # 듣다

اِسْتَمَعَ، اِسْتِمَاعٌ (لِـ، إِلَى) Ⅷ (~을) 듣다, 경청하다

سَامِي # 사미(남자 이름)

اِسْمٌ – أَسْمَاءٌ # 이름; 명사

اِسْمِيٌّ 이름의; 명사의

سَنَةٌ – سَنَوَاتٌ # 해, 연

سَنَوِيٌّ 일년의, 해마다의

سَهْلٌ # 쉬운

سَيِّئٌ # 나쁜

اَلسُّودَانُ # [남] 수단(나라 이름)

سَيِّدٌ – سَادَةٌ # ~님, ~씨

سُورِيَا # 시리아(나라 이름)

سِيَاسَةٌ – ات # 정책; 정치

اَلسُّوَيْسُ # 수에즈(도시 이름)

سَاعَةٌ – ات # 시간; 시계; ~시

سَوْفَ # [래] ~할 것이다

مَسَافَةٌ – ات 거리, 간격

سِوَى # (+ [소], [연]) ~을 제외하고

مُسَاوٍ (لِـ) (~와) 같은, 평등한

سِيبَوَيْهِ # 시바와이흐(중세의 문법학자)

سَيَّارَةٌ – ات # 차, 자동차

سَيْطَرَ، سَيْطَرَةٌ (عَلَى) # [4] 통제하다, 조종하다

سِينَمَا # [여] 영화관

سِيُول، سِيوُل # 서울(한국의 서울)

[ش]

شَأْنٌ – شُؤُونٌ # 일, 문제; 상태

بِشَأْنِ ~에 관해서는

شُبَّاكٌ – شَبَابِيكُ # 창(문)

شَرٌّ – شُرُورٌ # 악, 해

شَرِبَ ـَـ، شُرْبٌ # 마시다

شَرَابٌ – أَشْرِبَةٌ — 마실 것, 음료

شَارِعٌ – شَوَارِعُ — # 거리, ~가

أَشْرَفَ، إِشْرَافٌ (عَلَى) — # IV (~을) 감독하다

اَلشَّرِيفُ — 샤리프(남자 이름)

شَرْقٌ — # 동쪽

اَلشَّرْقُ ٱلْأَوْسَطُ — 중동

مُسْتَشْرِقٌ – ون — 동양학자

شَارَكَ، مُشَارَكَةٌ (فِي) — # III (~에) 참석하다, 참가하다

شَرِكَةٌ – ات — 회사

شَعْبٌ – شُعُوبٌ — # 국민, 민족

شِعْرٌ – أَشْعَارٌ — # 시(가)

شُكْرٌ – شُكُورٌ — # 감사, 사의

شُكْرًا — 고맙습니다

شَكْلٌ – أَشْكَالٌ — # 형태, 형상, 유형

مُشْكِلَةٌ – مَشَاكِلُ — 문제

شَمِلَ ـَ، شَمَلَ ـَ، شَمَلٌ، شُمُولٌ — # 포함하다

شَاهَدَ، مُشَاهَدَةٌ — # III 보다, 지켜보다, 목격하다

شَهَادَةٌ – ات — 증거, 학위, 증명서

شَهْرٌ – أَشْهُرٌ — # (한) 달

مَشْهُورٌ – ون (بِ) — (~으로) 유명한

مُشْتَاقٌ – ون (إِلَى) — # (~을) 갈망하다, 고대하다

شَيْءٌ – أَشْيَاءُ — # 일, 사물

شَيْطَانٌ – شَيَاطِينُ — # 악마, 사탄

[ص]

أَصْبَحَ — # IV ~이 되다

صَبَاحٌ — 아침

صَبَاحَ ٱلْخَيْرِ — 안녕하세요?(아침 인사)

صَبَاحَ ٱلنُّورِ — 안녕하세요?(답례)

صَحْرَاءُ – صَحَارَى — # [여] 사막([관형] (صَحْرَاوِيٌّ))

صَحِيفَةٌ – صُحُفٌ — # 신문([관형] (صُحُفِيٌّ))

أَصْدَرَ، إِصْدَارٌ — # IV 수출하다; 출판하다

صَادَقَ، مُصَادَقَةٌ — # III (~와) 친구가 되다, 사귀다

صَدِيقٌ – أَصْدِقَاءُ — 친구

طَصَرَّفَ، تَصَرُّفٌ # V 처신하다, 행동하다

اِنْصَرَفَ، اِنْصِرَافٌ VII 떠나가다, 가버리다

صَعْبٌ – صِعَابٌ (عَلَى) # (~에게) 힘든, 어려운

صَغِيرٌ – صِغَارٌ # 작은; 젊은

صَفٌّ – صُفُوفٌ # 학급, 학년; 교실

صِنَاعَةٌ – ات # 산업, 공업

مَصْنَعٌ – مَصَانِعُ 공장

صُورَةٌ – صُوَرٌ # 그림, 형상, 사진

صَائِغٌ – صَاغَةٌ # 금세공인, 보석 세공인

صَيْفٌ – أَصْيَافٌ # 여름

[ض]

ضَحِكَ –َ، ضَحْكٌ، ضِحْكٌ # 웃다

حُسْنُ الضِّيَافَةِ # 환대

[ط]

طَاوُلَةٌ، طَاوِلَةٌ – ات # 탁자, (책)상

طَبِيبٌ – أَطِبَّاءُ # 의사

طَرَدَ –ُ، طَرْدٌ (مِنْ) # (~으로부터) 밀어내다, 해고하다, 추방하다

طَارِقُ بْنُ زِيَادٍ # 따리끄 이븐 지야드(이베리아의 정복자)

طَعَامٌ – أَطْعِمَةٌ # 음식

مَطْعَمٌ – مَطَاعِمُ 식당

طَلَبَ –ُ، طَلَبٌ # 요청하다

طَالَبَ، مُطَالَبَةٌ (بِ) III (~에게) (~을) 요구하다

تَطَلَّبَ، تَطَلُّبٌ V 필요로 하다

طَلَبٌ – ات 요청, 신청, 요구

طَالِبٌ – طُلَّابٌ 학생

تَطَوَّرَ، تَطَوُّرٌ # V 발전하다

طَوِيلٌ – طِوَالٌ # 긴, 오랜; (키가) 큰

طَوِيلًا 길게, 오랫동안

مَطَارٌ – ات # 공항

طَائِرَةٌ – ات 비행기

[ظ]

ظَلَّ ــَ	# 남다; 계속 ~하다	مَعْرِفَةٌ – مَعَارِفُ	앎, 지식
أَظْهَرَ، إِظْهَارٌ	# IV 보이다, 나타내다	مَعْرُوفٌ	(잘) 알려진
اَلظَّهْرَانُ	다흐란(사우디아라비아의 도시)	اَلْمَعْرُوفُ أَنَّ	~이라는 것이 알려져 있다
		اَلْعِرَاقُ	# [남] 이라끄(나라 이름)

[ع]

عَبَّرَ، تَعْبِيرٌ (عَنْ)	# II 나타내다, 표현하다	عَزِيزٌ – أَعِزَّاءُ	# 사랑하는, 친애하는
اِعْتَبَرَ، اِعْتِبَارٌ	VIII (~을) (~으로) 여기다	عَشَرَةٌ	# 열, 10
عَبَّاسٌ مَحْمُودٌ اَلْعَقَّادُ	# 압바스 마흐무드 (알)악까드(작가)	عِشْرُونَ	[주] 스물, 20; (한정 [단] +) 스무번째의
عُثْمَانِيٌّ	# 오스만 제국의	عَاشِرٌ	열번째의
أَعْجَبَ، إِعْجَابٌ	# IV (~의) 마음에 들다	عَاصَرَ، مُعَاصَرَةٌ	# III (~와) 동시대이다
عَدَدٌ – أَعْدَادٌ	# 수	مُعَاصِرٌ	동시대의, 당대의, 현대의
إِعْدَادِيٌّ	예비의; 중학교의	عَظِيمٌ – عُظَمَاءُ	# 위대한, 큰, 굉장한
مُسْتَعِدٌّ – ونَ (لِ)	(~에) 준비가 된	مُعْظَمٌ	# (+ [소]) 대부분의
عَرَبِيٌّ – عَرَبٌ	# 아랍(어)의; 아랍 사람	عَفْوًا	# 별말씀을(شُكْرًا에 대한 답례)
اَلْعَرَبِيَّةُ	아랍어	عَقَدَ ــِ، عَقْدٌ	# (모임을) 열다
عَرَفَ ــِ، مَعْرِفَةٌ	# [완] (~에 대해) 찾아내다, 알아내다; [미] 알다	اِنْعَقَدَ، اِنْعِقَادٌ	VII (모임이) 열리다
عُرِفَ (بِ)	(~으로) 알려져 있다	اِعْتَقَدَ، اِعْتِقَادٌ (بِ)	VIII (~을) 믿다
		اِعْتِقَادٌ	믿음

عُمَرُ	우마르(남자 이름)	عَلَاقَةٌ – ات (بِ)	# (~와의) 관계, 관련
عَمِلَ –َ، عَمَلٌ	# 일하다	لَعَلَّ	# 아마
عَمِلَ –َ، عَمَلٌ (عَلَى)	(~을 위해) 일하다	عَلِمَ –َ، عِلْمٌ	# 알다, 정통하다
عَمَلٌ – أَعْمَالٌ	일, 직업	عَلَّمَ، تَعْلِيمٌ	II (~에게) (~을) 가르치다
عَمَلِيٌّ	일의; 실용적인	تَعَلَّمَ، تَعَلُّمٌ	V 배우다
عَامِلٌ – عُمَّالٌ	근로자	عِلْمٌ	배움; 지식; 과학, 학문
عَمَّانُ	# 암만(요르단의 서울)	عَالَمٌ – عَوَالِمُ	세계
عَنْ	# ~에 관하여	تَعْلِيمٌ	교육
عِنْدَ	# ~에, ~의 근처에, ~의 무렵에; (+ [동]) ~하자마자; ~의 생각에	مُعَلِّمٌ – ون	교사
عِنْدَمَا	~할 때	عَلَى	# ~의 위에
عُنْوَانٌ – عَنَاوِينُ	# 제목; 주소	عَالٍ (عَالِيَةٌ)	높은
مَعْنًى – مَعَانٍ	# 뜻, 의미	عَلِيٌّ	알리(남자 이름)
مَعْهَدٌ – مَعَاهِدُ	# 연구소	عَامَّةً	# 일반적으로
عَوْدَةٌ	# 돌아옴	اَلْعَامِّيَّةُ	구어체 (아랍어)
عَادَةً	보통	اِعْتَمَدَ، اِعْتِمَادٌ (عَلَى)	# VIII (~에) 의존하다
عَائِلَةٌ – ات	# 가족	عَمِيدٌ – عُمَدَاءُ	학장
عَامٌّ – أَعْوَامٌ	# 해, 연	عُمْرٌ – أَعْمَارٌ	# 나이; 일생

تَعَاوَنَ، تَعَاوُنٌ # VI 협력하다	فَتَحَ ـَ، فَتْحٌ # 열다; 정복하다
عَيَّنَ، تَعْيِينٌ # II (~을) (~으로) 임명하다	فَتَّشَ، تَفْتِيشٌ (عَنْ) # II (~을) 찾다, 구하다
عَيْنٌ – عُيُونٌ # [여] 눈	تَفَحَّصَ، تَفَحُّصٌ # V 조사하다
	فَدْوَى طُوقَانُ # 파드와 뚜깐(여류 시인)
	فَرِيدٌ # 파리드(남자 이름)
[غ]	مُفْرَدَاتٌ [복] 단어들, 어휘
غَدٌ # 내일, 다음 날	فَرَضَ ـِ، فَرْضٌ (عَلَى) # (~을) (~에게) 부과하다
غَدًا 내일	فِرْعَوْنِيٌّ # 파라오의
غَرْبٌ # 서쪽	فَرَنْسَا # 프랑스(나라 이름)
غَرِيبٌ – غُرَبَاءُ 낯선 이, 이방인; 낯선, 이상한	اَلْفُصْحَى # 문어체 (아랍어)
اَلْمَغْرِبُ [남] 모로코(나라 이름)	تَفْصِيلٌ – ات، تَفَاصِيلُ # 세부, 세목
غَالِبٌ # (+ [소]) 대부분의	فَضَّلَ، تَفْضِيلٌ (عَلَى) # II (~보다) (~을) 더 좋아하다
غَيَّرَ، تَغْيِيرٌ # II 바꾸다	فَعَلَ ـَ، فِعْلٌ # 하다, 행하다; 만들다
تَغَيَّرَ، تَغَيُّرٌ V 바뀌다	فِعْلٌ – أَفْعَالٌ 행함, 행동; 동사
غَيْرٌ ~이외의 다른 것	فَقَدَ ـِ، فَقْدٌ، فُقْدَانٌ # 잃다, 여의다
	فَقْرٌ # 가난, 빈곤
[ف]	فَقَطْ # 단지, ~뿐
فَ # 그리고; 그리고 나서; 그래서	

مُقَابَلَةٌ – ات	회견		فَكَّرَ، تَفْكِيرٌ (بِ)	# Ⅱ (~에 대해서) 생각하다
قَدْ	# ([완] 앞에서) 이미, '-었-'		فِكْرَةٌ – فِكَرٌ	생각, 사상, 개념
قَدَّمَ، تَقْدِيمٌ	# Ⅱ 주다, 제공하다; (봉사를) 하다		فِكْرِيٌّ	지적인, 정신적인
تَقَدَّمَ، تَقَدُّمٌ	Ⅴ 전진하다, 발전하다		مُفَكِّرٌ – ون	사상가
تَقَدَّمَ، تَقَدُّمٌ (بِ)	Ⅴ (~을) 제출하다, 내다		فِلَسْطِينُ	# 팔레스틴(지명)
قَدِيمٌ – قُدَمَاءُ	오래된		فَلْسَفَةٌ	# 철학
قَدِيمًا	오래 전에		فِلْمٌ، فِيلْمٌ – أَفْلَامٌ	# [film] 영화, 필름
إِلَى قُدَّامِ	앞으로		فَمٌ – أَفْوَاهٌ	# 입
تَقَدُّمٌ	전진, 발전		فَنٌّ – فُنُونٌ	# 예술, 미술, 기술
قَادِمٌ – ون	오는; 다음의		فِي	# ~의 안에, ~에
قَرَّرَ، تَقْرِيرٌ	# Ⅱ 결정하다			
قَرَأَ ﹷ، قِرَاءَةٌ	# 읽다			
اَلْقُرْآنُ	꾸란		**[ق]**	
قَرِيبٌ – ون (مِنْ)	# (~에서) 가까운		قَبِيحٌ – قِبَاحٌ	# 못생긴
قَرِيبٌ – أَقْرِبَاءُ	친척		قَابَلَ، مُقَابَلَةٌ	# Ⅲ (~와) 만나다
قَرِيبًا	곧		أَقْبَلَ، إِقْبَالٌ (عَلَى)	# Ⅳ (~에) 다가가다, 가다; (~에) 전념하다, (~하기) 시작하다
قَرْنٌ – قُرُونٌ	# 세기		اِسْتَقْبَلَ، اِسْتِقْبَالٌ	Ⅹ 맞아들이다, 영접하다
			قَبْلَ	~의 앞에

مَقَالَةٌ، مَقَالٌ – ات   기사, 소론, 수필

قَامَ ـُ، قِيَامٌ (بِ) #   (~을) 행하다

قَاوَمَ، مُقَاوَمَةٌ   III 저항하다, 싸우다

قَوْمِيٌّ   민족적인, 민족주의의; 민족주의자

قَوْمِيَّةٌ   민족주의

إِقَامَةٌ   머무름, 체류, 거주

قَيْدٌ – قُيُودٌ #   사슬, 족쇄, 속박

[ك]

كَ #   ~와 같은, ~처럼

كَذٰلِكَ   ذٰلِكَ의 아래를 보라

أَلَيْسَ كَذٰلِكَ   ذٰلِكَ의 아래를 보라

كَمَا   (+ 문장) ~도 또한, 역시

كَارْل بْرُوكِلْمَان #   카를 브로켈만(독일의 아랍 학자)

كَالِيفُورْنِيَا #   캘리포니아(지명)

كُبَّةٌ #   쿱바(음식 이름)

كَبَابٌ   카밥, 케밥(음식 이름)

اَلْقُرُونُ ٱلْوُسْطَى   중세

قَاسِمٌ أَمِينٌ #   까심 아민(작가)

قِصَّةٌ – قِصَصٌ #   이야기, 소설

اِقْتِصَادٌ #   경제

اِقْتِصَادِيٌّ   경제적인

أَقْصَرَ، إِقْصَارٌ #   IV 짧게 하다

قَصِيرٌ – قِصَارٌ   짧은

اَلْأُقْصُرُ   룩소르(도시 이름)

اِنْقَطَعَ، اِنْقِطَاعٌ #   VII 끊어지다, 끝나다

قَاعِدَةٌ – قَوَاعِدُ #   규칙; [복] 문법

قَلْبٌ – قُلُوبٌ #   마음

قَلَمٌ، أَقْلَامٌ #   연필

قَنَاةٌ – قَنَوَاتٌ #   운하

اَلْقَاهِرَةُ #   카이로(도시 이름)

قَهْوَةٌ – قَهَوَاتٌ #   커피; 다방

قَائِدٌ – قُوَّادٌ، قَادَةٌ #   지도자, 사령관, 장수

قَالَ ـُ، قَوْلٌ #   말하다

كَبِيرٌ – كِبَارٌ # 큰; 나이 많은; 고위의

كَتَبَ ـُ، كِتَابَةٌ # 쓰다

كِتَابٌ – كُتُبٌ 책

كَاتِبٌ – كُتَّابٌ 작가, 작자, 서기

مَكْتَبٌ – مَكَاتِبُ 사무실

مَكْتَبَةٌ – ات 도서관, 서점

كُتْلَةٌ – كُتَلٌ # 단체, 진영

كَثِيرٌ – كِثَارٌ # 많은

كَثِيرًا 매우, 대단히; 자주

كَثِيرٌ مِنْ 많은, 다수의

كُرْسِيٌّ – كَرَاسٍ # 의자

أَكْرَمَ، إِكْرَامٌ # IV 존경하다

كَرِيمٌ 카림(남자 이름)

كُلٌّ # 모두

اَلْكُلُّ 모든 것

تَكَلَّمَ، تَكَلُّمٌ # V 말하다, (언어를) 사용하다

كَلِمَةٌ – ات 단어

كَلَامٌ 말(하기), 담화

كَمْ # 얼마나?

أَكْمَلَ، إِكْمَالٌ # IV 끝내다, 완성하다, 이루다

كُورِيَا # 한국(나라 이름)

كُونْغْرِس # (미국의) 의회

اَلْكُوَيْتُ # [남] 쿠웨이트(나라 이름)

كَانَ ـُ، كَوْنٌ # ~이다, 있다

مَكَانٌ – أَمَاكِنُ 장소, 곳

مَكَانَةٌ – ات 위치, 지위

كَيْ، لِكَيْ # اَ를 보라

كَيْلَا، لِكَيْلَا # اَ를 보라

كَيْفَ # 어떻게?

كَيْفَ اَلْحَالُ؟ 어떻게 지내십니까?

[ل]

لِ # [전] ~을 위하여; ~에 속한, ~의; [속] ~하기 위해서; (+ [축]) ~하게 하라!

لِكَيْ، كَيْ، لِأَنَّ (+ [접]) ~하기 위하여

لِكَيْلَا، كَيْلَا، لِئَلَّا (+ [접]) ~하지 않도록

لِمَاذَا، لِمَ 왜?

لَ # [강] 참으로

لَا # 아니오

لَكِنْ، لَكِنَّ # 그러나, 하지만

لُبْنَان # [남] 레바논(나라 이름)

لَعَلَّ # عَلَّ 를 보라

لُغَةٌ – ات # 언어

لُغَوِيٌّ 언어의, 언어학의; 언어학자

لِقَاءٌ # 만남, 마주침

لَمْ # (+ [단]) ~하지 않았다

لَمَّا # ~할 때

لَنْ # (+ [접]) ~하지 않을 것이다

لَنْدَن # 런던(영국의 서울)

لَهْجَةٌ – لَهَجَاتٌ # 방언

لَوْحٌ – أَلْوَاحٌ # (칠)판

لَيْسَ # ~이 아니다, 없다

لَيْلَةٌ – لَيَالٍ # 밤; 저녁

[م]

مَا # [의] 무엇?(전치사의 목적어로는 مَ 로 씀)

مَاذَا (동사의 목적어) 무엇?

لِمَاذَا، لِمَ 왜?

مَا [관] ~하는 것

مَاجِسْتِير # 석사학위

مِئَةٌ، مَائَةٌ # 백, 100

مِئَاتٌ مِنْ 수 백의

مَتَى # 언제?

مِثْلٌ # (+ [소]) ~와 같은 사람/것

مِثْلَ [전] ~와 같은

مَثَلًا 보기를 들면

اِمْتِحَانٌ – ات # 시험

مُدَّةٌ – مُدَدٌ # 기간

مَدَحَ ـَ، مَدْحٌ	# 칭찬하다	
مَدِينَةٌ (مَدَنِيٌّ) – مُدُنٌ	# 도시([관형] 도시)	
اِمْرَأَةٌ، اَلْمَرْأَةُ – نِسَاءٌ، نِسْوَةٌ	# 여자([관형] (نِسَائِيٌّ))	
مَرْيَمُ	# 마르얌, 미리암, 마리아(여자 이름)	

오른쪽:

- مَاءٌ – مِيَاهٌ # 물
- مَيُّ زِيَادَةُ # 마이 지야다(여류 작가)

مَدَحَ ـَ، مَدْحٌ # 칭찬하다

مَدِينَةٌ (مَدَنِيٌّ) – مُدُنٌ # 도시([관형] 도시)

اِمْرَأَةٌ، اَلْمَرْأَةُ – نِسَاءٌ، نِسْوَةٌ # 여자([관형] (نِسَائِيٌّ))

مَرْيَمُ # 마르얌, 미리암, 마리아(여자 이름)

اَلْمِسِيسِبِّي # 미시시피(강 이름)

مَسَاءٌ # 저녁

مَسَاءً 저녁에

مِيشِغَان # 미시간(지명)

مِصْرُ # 이집트(나라 이름)

مَعَ # ~와 함께

مَعًا 함께

تَمَكَّنَ، تَمَكُّنٌ (مِنْ) # V (~을) 할 수 있다

مَلِكٌ – مُلُوكٌ # 왕

مَنْ # 누구?, [관] ~하는 이(들)

مِنْ # ~에서부터, ~의 중에; ~의 중의 하나/일부

مَنَحَ ـَ، مَنْحٌ # (~에게) (~을) 수여하다

مَنَعَ ـَ، مَنْعٌ (مِنْ، عَنْ) # (~에게) (~을) 금(지)하다

[ن]

نَابُلْيُون # 나뽈레옹(프랑스의 황제)

اِسْتَنْبَطَ، اِسْتِنْبَاطٌ # X 끌어내다, 유도하다

نَبِيٌّ – أَنْبِيَاءُ # 예언자

أَنْتَجَ، إِنْتَاجٌ # IV 생산하다, 산출하다

نَتِيجَةً لـِ ~의 결과로

إِنْتَاجٌ 생산, 산출; 작품

نَاتِجًا عَنْ ~에서부터 기인한

نَجِيبٌ مَحْفُوظٌ # 나깁 마흐푸드(이집트 작가)

نَجَحَ ـَ، نَجَاحٌ # 성공하다

نَحْنُ # 우리

اِنْتَخَبَ – اِنْتِخَابٌ # VIII 선거하다

اِنْتِخَابٌ – ات 선거

نَازِكُ اَلْمَلَائِكَةُ # 나직 (알)말라이카 (여류작가)

مُنَاسَبَةٌ – ات	# 적합, 어울림	اَلنِّظَامُ	# (안)낫담(사람 이름)
نِسَاءٌ، نِسْوَةٌ	# اِمْرَأَةٌ 을 보라	نَعَمْ	# 예
نِيسَانُ	# 4월	نَفْسٌ – أَنْفُسٌ	# [여] 영혼, ~ 자신, 똑같은
أَنْشَأَ، إِنْشَاءٌ	# IV 세우다, 창설하다, 창립하다	نَقَلَ ـُ، نَقْلٌ	# 나르다, 옮기다
نَشَرَ ـُ، نَشْرٌ	# 발행하다; 발표하다, 공표하다	اِنْتَقَلَ، اِنْتِقَالٌ (إِلَى)	VIII (~으로) 움직이다, 옮아가다, 이사하다
اِنْتَشَرَ، اِنْتِشَارٌ	VIII 흩어지다, 퍼지다, 만연되다	مَنْهَجٌ – مَنَاهِجُ	# 프로그램
نَشْرٌ	발행	مَنْهَجُ ٱلتَّعْلِيمِ	교과과정
نَشْرَةٌ – نَشَرَاتٌ	책자, 회람, 공보, 간행물	نَهْرٌ – أَنْهَارٌ، أَنْهُرٌ	# 강
مُنْتَشِرٌ	흩어져 있는, 퍼져 있는, 만연된	نَهْضَةٌ – ات	# 깸, 각성, (부흥)운동
نَصٌّ – نُصُوصٌ	# 본문	اِنْتَهَى، اِنْتِهَاءٌ (مِنْ)	# VIII 끝나다; (~으로) 끝내다
نِصْفٌ – أَنْصَافٌ	# 반, 1/2	اِنْتِهَاءٌ (مِنْ)	(~의) 끝남, (~으로) 끝냄
مِنْطَقَةٌ – مَنَاطِقُ	# 지역, 구역	أَنْوَرُ ٱلسَّادَاتُ	# 안와르 (앗)사다트 (이집트의 대통령)
نَظَرَ ـُ، نَظَرٌ	# 보다, 여기다	أَبُو نُوَاسٍ	# 아부 누와스(중세의 시인)
نَظَرَ ـُ، نَظَرٌ (فِي)	(~을) 검토하다, 연구하다	تَنَاوَلَ، تَنَاوُلٌ	# 취급하다, 다루다
اِنْتَظَرَ، اِنْتِظَارٌ	VIII 기다리다	نَوَالُ ٱلسَّعْدَاوِيُّ	# 나왈 (앗)사아다위 (여류작가)
نَظَرٌ – أَنْظَارٌ	응시, 전망; 의견	اَلنِّيلُ	# 나일(강 이름)
كَانَ فِي ٱلاِنْتِظَارِ	기다리고 있다	نِيُويُورْك	# 뉴욕(도시 이름)

[هـ]

هٰذَا – هٰذَانِ، هٰذَيْنِ – هٰؤُلَاءِ (هٰذِهِ – هَاتَانِ، هَاتَيْنِ – هٰؤُلَاءِ)	# 이 (사람/것)
أَلْأَهْرَامُ	# (알)아흐람(이집트의 신문; ‘피라미드들’)
هَلْ	# [문] ~입니까?
أَلْهِلَالُ	# (알)힐랄(이집트의 문학지; ‘초승달’)
هُمْ	# [남] 그들
أَهَمِّيَّةٌ	# 중요성
اِهْتِمَامٌ – ات	관심
هَامٌّ	중요한
هُنَّ	# [여] 그들
هُنَا	# 여기
هُنَاكَ	저기
هِنْدُ	# 힌드(여자 이름)
مُهَنْدِسٌ – ون	# 기사, 기술자
هُوَ	# [남] 그
هِيَ	# [여] 그

[و]

وَ	# 그리고; (상태문에서) ~하면서
وَاشِنْطُن	# 워싱턴(미국의 대통령, 지명)
وَجَبَ يَجِبُ، وُجُوبٌ (عَلَى) (أَنْ)	# (~가) (~하는 것이) 필요하다, ~해야 한다
وَاجِبٌ – ات	의무
وَاجِبٌ (عَلَى)	(~에게) ~할 의무가 있는, ~할 필요가 있는
مَوْجُودٌ	# 출석한, 있는
مُوجَزٌ	# 요약
وَجْهٌ – وُجُوهٌ	# 얼굴
وَاحِدٌ	# 하나, 1
أَلْأُمَمُ ٱلْمُتَّحِدَةُ	# 국제연합
أَلْوِلَايَاتُ ٱلْمُتَّحِدَةُ (ٱلْأَمْرِيكِيَّةُ)	# (미)합중국
وِدَادُ	# 위다드(여자 이름)
وَرَقَةٌ – ات (وَرَقٌ)	# [개] 종이 (한 장)[집]
وَزِيرٌ – وُزَرَاءُ	# 장관
وَزِيرُ ٱلْخَارِجِيَّةِ	외무장관, (미국의) 국무장관
رَئِيسُ ٱلْوُزَرَاءِ	국무총리

وِزَارَةٌ – ات	부, 성	وَقْتٌ – أَوْقَاتٌ	# 시간
أَوْسَطُ – أَوَاسِطُ	# 가운데의, 중앙의	وَقَعَ يَقَعُ، وَقْعٌ	# 위치하다
اَلشَّرْقُ ٱلْأَوْسَطُ	중동	وَاقِعٌ	위치하고 있는, 자리잡은
وَصَلَ يَصِلُ، وُصُولٌ	# 도착하다; (+ [목], [연]) ~에게 전해지다	وَلَدَ يَلِدُ، وِلَادَةٌ	# 낳다
وُصُولٌ	도착	وَلَدٌ – أَوْلَادٌ	자식, 아이, 소년
وَاصِلُ بْنُ عَطَاءٍ	와실 이븐 아따(이슬람 학자)	مِيلَادِيٌّ	서기의('탄생의')
وَضْعٌ – أَوْضَاعٌ	# 상황, 상태	وَالِدٌ	아버지
مَوْضُوعٌ – مَوَاضِيعُ	주제, 과목	وَالِدَانِ	[주,쌍] 어버이, 부모
وَطَنِيٌّ	# 국가적인, 국립의; 민족주의자	وِلَايَةٌ – ات	# 주
وَظِيفَةٌ – وَظَائِفُ	# 직(책), 직분	اَلْوِلَايَاتُ ٱلْمُتَّحِدَةُ (ٱلْأَمْرِيكِيَّةُ)	# (미)합중국
مُوَظَّفٌ – ون	고용인, 직원, 사원; 공무원	هِبَةٌ – ات	# 선물
مَوْعِدٌ – مَوَاعِدُ، مَوَاعِيدُ	# 약속 (시간)		
مِيعَادٌ – مَوَاعِيدُ	약속 (시간)		
تَوَفَّرَ، تَوَفُّرٌ	# V 충분히 주어지다	**[ي]**	
تَوْفِيقٌ (بَيْنَ)	# (~의 사이의) 화해, 조화	يَا	# [호] ~아!, ~여!
مِنَ ٱلْمُتَّفَقِ عَلَيْهِ (أَنَّ)	~하는 것이 일치되는 바이다	يَدٌ – أَيَادٍ	# [여] 손
وَفَاةٌ	# 죽음	يَدَوِيٌّ	(يَدٌ의 [관형]) 손의, 수공의
		يَوْمٌ – أَيَّامٌ	# 날

اَلْيَوْمَ 오늘

يَوْمِيٌّ 나날의